國際
經濟法

陳麗娟 著

第二版序言

　　全球化的時代，國際經濟法為國際經貿社會重要的行為規範與遊戲規則，自2001年杜哈回合歷經十多年冗長的談判以來，終於在2013年12月中旬達成「峇里套案」，使國際經貿多邊體系又向前邁進一大步。過去幾年，國際經貿法規亦因全球化潮流與全球金融海嘯有新的規則，因此本書為與時俱進亦配合WTO的「峇里套案」修改及增補內容，以感謝廣大讀者對本書的支持與愛護。再次對於五南圖書出版公司的全體同仁致以最高的謝意，感恩幕後工作人員為本書的辛勞。

陳麗娟謹誌

台北天母

2014/6/16

序言

　　國際經貿關係瞬息萬變，在全球化與國際化的趨勢下，國際經濟法已經成為一門新興的法律學門。有鑑於此，筆者將多年來的上課教材內容整理，希冀對於有志於國際經濟法研究的讀者提供入門的與有系統的參考資料。惟國際經濟法的內容包羅萬象，如有疏漏不足之處，祈盼廣大讀者不吝指教。在此要感謝五南圖書出版公司與幕後為本書辛勞的所有工作人員，有了他們的汗水與支持，才促使本書的順利付梓問世。

陳麗娟 謹誌

臺北士林

2008/8/23

目　錄

第一章

國際經濟法基本概念

目 次

壹、國際經濟法的意義

　　國際經濟法是規範國際經濟關係的各種法律的總稱。國際經濟關係是指國家間、國際組織間、國家與國際組織間、跨國參與經濟活動的人（包括自然人和法人）間的各種經濟關係。經濟全球化快速發展，使得世界貿易總額和跨國投資總額持續大幅上升，為各國的經濟發展開啟了新的機遇，促成全球整體經濟的穩定成長，但另一方面經濟全球化卻造成世界財富分配不平均，擴大南北半球的貧富差距，而造成國際經濟秩序新的挑戰，因此而造成國際經濟法的新課題[1]。國際經濟法涵蓋的範圍很廣泛，內容涉及國際公法、國際商法、各國涉外的經濟法、民商法等，因此是一個綜合性質的法律規範。

　　在全球化與國際化的趨勢下，世界各國經濟貿易往來日益頻繁，各國相互依賴與相互合作的程度更加密切，彼此亦不斷產生競爭，由於各國有不同的法律、經濟與社會制度，因此國際經濟法規範國際間的經貿關係，建立一個新的國際經濟法律秩序，而使得國際經濟法成為現代國際社會的一個重要學門。為適應全球化的國際經貿關係，增強國際競爭力，因此不可忽視國際經濟法的重要性，特別是我國亦為國際經貿社會的一員。

---

[1]　Report on the World Social Situation 2005: The Inequality Predicament, http://www.un.org/esa/socdev/rwss/media%2005/cd-docs/media.htm.

貳、國際經濟法與國際公法、國際私法、國際商務慣例之關聯

一、國際經濟法vs.國際公法

	國際公法	國際經濟法
主體	國家、國際組織	國家、國際組織、民間的經濟組織、各國國民
內容	各領域的法律關係（外交、軍事、經濟……）	經濟的法律關係
法源	各領域的國際條約和國際慣例	經濟性的國際條約和國際慣例

二、國際經濟法vs.國際私法

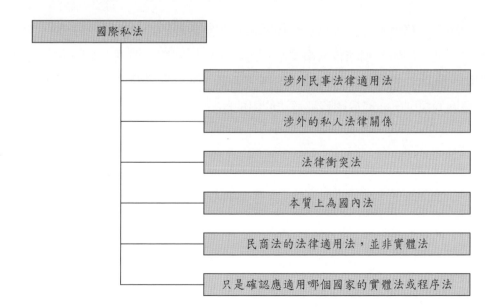

　　國際私法主要是指規範私人間涉外的民商法律關係，本質上為國內法與法律適用法；但國際經濟法則是國家與國際組織規範國際經濟往來的法律關係，國際經濟法涵蓋國際公法、私人間的商務往來與涉外的經濟立法。因此，國際私法與國際經濟法有密切的關係，但又有明顯的區別，為各自獨立的法律部門。

三、國際經濟法vs.國內經濟法

　　國內經濟法係指一國制定用以規範各種經濟關係的國內法。國內經濟法是涉及國際經濟的國內法規，原則上是由各國自治的規範，也就是不需與其他國家合作，但典型的國際經濟法主要是由各國以國際協定方式制定規則，然後由締約國轉換立法，所以事實上國內立法時很少可以自主的規範，因此國際經濟法亦成為國內法的一部分，最重要的部分為公法性質的關稅法與對外貿易法，以及私法性質的國際私法。

四、國際經濟法vs.國際商務慣例

　　國際商務慣例係指各國際性民間組織制定規範國際私人經濟關係的各種商務規則。例如：國際貿易術語解釋通則、信用狀統一慣例、共同海損理賠規則。國際商務慣例是跨越國界的經濟活動，在長期實踐的基礎上逐漸形成和發展的規則，亦屬於國際經濟法的組成部分。

參、國際經濟法的基本原則

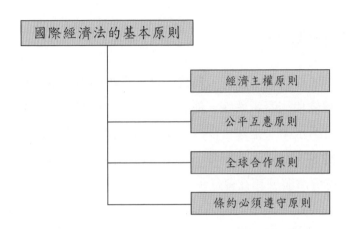

一、經濟主權原則

經濟主權原則是國際經濟法的基本規範，1974年12月12日，聯合國大會通過各國經濟權利和義務憲章，揭櫫下列原則：

1.各國對國內與本國涉外的一切經濟事務，享有完全、充分的獨立自主權利，不受任何外來的干涉。

2.各國對境內一切自然資源享有永久主權。

3.各國對境內的外國投資與跨國公司的活動享有管理監督權。

4.各國對境內的外國資產有權收歸國有或徵收。

5.各國對世界性經貿政策享有平等的參與權與表決權。

二、公平互惠原則

1947年的關稅暨貿易總協定（GATT）即採公平互惠原則（互惠、最惠國、禁止差別待遇原則）；1964年時聯合國貿易暨發展會議上，77個開發中

國家要求已開發國家排除不利於開發中國家出口的障礙，針對來自開發中國家的商品予以普遍的、非互惠的和無差別待遇的關稅制度（generalized tariff preference），是對開發中國家的優惠制度、是互惠原則的例外。

三、全球合作原則

全球合作原則的基本目標，為實行世界經濟結構改革，建立公平合理的國際經濟新關係和國際新秩序，使全球所有國家都實現更普遍的繁榮，提高全球人民的生活水準。全球合作的基本範圍，就是所有的國家都有責任在公平互利的基礎上，在經濟、社會、文化、科學和技術等各領域中通力合作，以促進世界的經濟發展和社會進步。

四、條約必須遵守原則

條約必須遵守原則（pacta sunt ser vanda）亦為國際經濟法的一個基本原則，國家間、不同國籍的當事人間簽訂各種經濟條約、經濟契約，只有在締約當事人都誠信遵守和切實履行條件下，才能達到預期的經濟效果。

1980年1月正式生效的維也納條約法公約亦強調條約必須遵守的原則。第6條明文規定，每一個國家皆有締結條約之能力；第26條規定，凡有效之條約對其各當事國有拘束力，必須由各國善意履行；第27條規定，一當事國不得援引其國內法規定為理由而不履行條約，此項規則不妨礙第46條。

條約必須遵守原則的前提要件，為條約必須是合法、有效的。依據維也納條約法公約第11條之規定，一國承受條約拘束之同意得以簽署、交換構成條約的文書、批准、接受、贊同或加入，或任何其他同意之方式表示之。第24條規定條約生效的要件，即：

1.條約生效之方式及日期，依條約之規定或依談判國之協議。
2.若無此種規定或協議，條約一俟確定所有談判國同意承受條約之拘束，即行生效。

3.除條約另有規定外，一國承受條約拘束之同意如係於條約生效後之一日期確定，則條約自該日起對該國生效。

4.條約中為條約約文之認證，國家同意承受條約拘束之確定，條約生效之方式或日期，保留、保管機關之職務以及當然在條約生效前發生之其他事項所訂立之規定，自條約約文議定時起適用之。

（一）條約無效的情形

維也納條約法公約第46條與第47條規定條約無效的情形，另外第48條至第53條、第64條亦規定條約無效的情形，包括：

1.一國不得援引其同意承受條約拘束之表示為違反該國國內法關於締約權限之一項規定之事實以撤銷其同意，但違反之情事顯明且涉及其具有基本重要性之國內法之一項規則者，不在此限；違法情事若由對此事依通常慣例並秉善意處理之任何國家客觀視之為顯然可見者，即係顯明違反。

2.如代表表示一國同意承受某依條約拘束之權力附有特定限制，除非在其表示同意前已將此項限制通知其他談判國，該國不得援引該代表未遵守限制之事實以撤銷其所表示之同意。

3.錯誤：維也納條約法公約第48條規定，一國得援引條約內之錯誤以撤銷其承受條約拘束之同意，但此項錯誤以涉及該國於締結條約時假定為存在且構成其同意承受條約拘束之必要根據事實或情勢者為限；如錯誤係由關係國家本身行為所促成，或如當時情況足以使該國知悉有錯誤之可能，不適用前述規定；僅與條約約文用字有關之錯誤，不影響條約之效力，但應依據第79條更正條約。

4.詐欺：維也納條約法公約第49條規定，若一國因另一談判國之詐欺行為而締結條約，該國得援引詐欺為理由撤銷其承受條約拘束之同意。

5.賄賂：維也納條約法公約第50條規定，若一國同意承受條約拘束之表示係經另一談判國直接或間接賄賂其代表而取得，該國得援引賄賂為

理由撤銷其承受條約拘束之同意。

6.強迫：維也納條約法公約第51條、第52條規定，一國同意承受條約拘束之表示係以行為或威脅對其代表所施之強迫而取得者，應無法律效果。條約係違反聯合國所包含的國際法原則，以威脅或使用武力而獲締結者無效。

7.違反國際法的強制規則：維也納條約法公約第53條、第64條規定，條約在締結時與一般國際法強制規則牴觸者無效。就適用本公約而言，一般國際法強制規則指國家之國際社會全體接受並公認為不許損抑且僅有以後具有同等性質之一般國際法規始得更改之規則。遇有新一般國際法強制規則產生時，任何現有條約之與該項規則牴觸者即成為無效而終止。

（二）條約必須遵守原則的例外：情事變更原則第62條

情事變更指當事人在訂立契約且在發生效力後，履行契約前，訂約的基礎或前提的相關事實和情事，由於不可歸責於當事人的原因，發生了無法預見的根本變化。若仍依原有的契約條件履行契約，對當事人顯失公平。因此當事人可以要求變更原有的約定內容，而不構成違約。

維也納條約法公約第62條規定情事變更，所謂情事變更，係指條約締約時存在之情況發生根本變化，而非當事國所預料者，原則上情事變更不得援引作為終止或退出條約的理由；但在例外的情形：(1)此等情況之存在構成當事國同意承受條約拘束之必要根據；及(2)該項變化之影響將根本變動依條約尚待履行之義務之範圍。

情況根本變化不得援引為終止或退出條約之理由：

(1)倘該條約確定一邊界；或

(2)倘情況根本變化係援引此項理由之當事國違反條約義務或違反對條約任何其他當事國所負任何其他國際義務之結果。

一當事國得援引情況根本變化為終止或退出條約之理由，該國亦得援引

該項變化為停止施行條約之理由。

肆、國際經濟法的主體

　　國際經濟法是國際法的一部分，因此一般的國際法亦適用於國際經濟關係，與國際經濟有關的一般國際法的基本要點，亦應適用於國際經濟法。國際法的主體並不是規範哪些機構或人員在國際關係事實上扮演的角色，而是國際法制度承認哪些機構或人員的資格，以成為國際法上權利與義務的主體，國際法可直接規範國際法的主體的行為。

　　通常國際法的主體可分為國家與其他的國際法主體，特別是國際組織[2]，但國際法主體與國際經濟的行為者並非是同一的，國際經濟的行為者是其行為涉及國際商品、資金與人力交易的機構或個人，因此除了國家與國際組織外，還包括直接參與國際交易的自然人和法人，尤其是跨國企業。

一、國家

　　隨著全球化的經濟發展，國與國間的國界已經愈來愈不重要，國家的影響與操縱可能性逐漸消失，但國家仍在國際經濟關係中扮演著核心的角色。國家在國際經濟法中扮演著雙重的角色，一方面是權利主體的角色，即國家以國內的與國際的立法和執法、以及遵守或違反法規影響國際經濟關係的綱要條件；另一方面，國家是經濟主體的角色，國家自己亦參與經濟的交易，例如以國家壟斷或國營事業開採與銷售原料，國家作為經濟主體的重要性亦隨著計畫經濟模式轉型與全球國營事業民營化的趨勢，而愈來愈不重要了[3]。

2　Graf Vitzthum (Hrsg.) (2004), Völkerrecht, 3.Auflage, 3. Abschnitt, Rn.39-43.
3　Markus Krajewski (2006), Wirtschaftsvölkerrecht, Heidelberg: C. F. Müller Verlag, S.14.

　　由於國際法是國家間的法律，因此國際法主體必須以國家為要件，國家的權利主體地位是原始具有的，並不是由其他的權利主體派生而來，因此國家的國際法權利主體並不是局限在特定的事物，而是具有一般的國際法權利主體的地位。

　　國家的三大構成要素，為領土、人民與主權[4]，第四個要素是與其他國家建立關係的能力，通常需要有一個有效率和持續的政府存在為前提，其他國家或組織承認一個國家並無創設的效力，而只有宣示的意義[5]。

二、國際組織

　　國際組織在國際經濟關係中扮演著一個核心的角色，不僅是全球性的國際組織，例如聯合國、國際貨幣基金、世界銀行、世界貿易組織，而且區域性的國際組織，例如經濟合作暨發展組織（OECD）、歐洲聯盟（European Union）等，都扮演著非常重要的角色。

　　國際組織的國際法權利主體是從國家的國際法權利主體派生而來，因此國際組織的國際法權利主體是衍生而來的，通常國際組織僅針對特定事務享有國際法的權利能力[6]。

　　國際組織的國際法權利主體是由其創設的會員國的政治意思創設而來，而授與國際組織權利和義務，通常國際組織的創社會員國會明確的規定於國際組織的設立條約中，例如在WTO設立條約第8條第1項即規定，WTO具有法律人格，由其會員國授與其權利能力，以維護其任務。

　　國際組織的國際法權利主體亦得由其設立條約隱含的推知，例如位於荷蘭海牙的國際法院（International Court）即對聯合國是否有國際法律人格採取肯定的見解，也只有聯合國是國際法的權利主體，才可能履行聯合國憲章。

---

[4]　Graf Vitzthum，前揭書，3.Abschnitt, Rn.77ff.
[5]　Ipsen-Epping/Gloria (2004), Völkerrecht, 5.Auflage, §22, Rn.25ff.
[6]　Markus Krajewski，前揭書，S.16.

國際組織的國際法權利主體的地位是相對的，原則上是對其會員國而言，對於非會員國，仍須非會員國的一個正式聲明或因建立一個法律上的關係，而事實的承認國際組織的國際法權利能力。因此，只有對會員國與明確承認的非會員國，國際組織才得為國際法上的權利主體[7]。

三、個人

至20世紀中葉止，普遍不認為個人得為國際法上的權利主體，國際法創設的權利義務首先適用於國家，而與個人有關的權利義務，尚須由國家轉換立法，在國際法層次，只有國家才能享有這些權利，此一見解已經不合時宜了[8]。雖然在國際法上，個人的權利還是要透過國家的外交保護，但區域的和國際的人權卻是對個人直接創設國際法上的權利，特別是歐洲人權公約。目前國際法普遍的見解，個人亦得為部分的國際法的權利主體[9]。

四、跨國企業

跨國企業透過其分支機構在數個國家內從事經濟活動，是國際關係的主要行為者，肩負國際商品與服務貿易、外國直接投資與國際資金和支付流通的大部分責任，跨國企業的經濟力也愈來愈重要，跨國企業亦影響國際條約的談判，例如美國的許多大型企業即影響烏拉圭回合中關於服務貿易，以及與智慧財產權有關的貿易談判。

雖然跨國企業事實上對於國際經濟關係有很大的影響力，但跨國企業是否可以成為國際法的權利主體，仍有許多爭議。目前的通說認為，跨國企業不是國際法上的權利主體，也就是國際法規對於跨國企業沒有直接適用的效

---

[7]　Markus Krajewski，前揭書，S.17.

[8]　Ipsen-Epping/Gloria，前揭書，§7.

[9]　Markus Krajewski，前揭書，S.18.

力，國際法並無法直接對跨國企業創設權利和義務[10]。

　　但應從具體個案檢視跨國企業是否是國際法上的權利主體，例如在投資保護協定中，可以授與跨國企業權利，已在投資人與地主國的爭端解決範圍內解決爭端，若跨國企業可以行使這些權利，而不需其所在國的同意時，則此一投資保護條約便創設跨國企業的國際法上的權利地位。在這種情形，跨國企業亦享有部分的國際法上的權利能力。

　　又如OECD亦公布許多具有不具法律拘束力的行為準繩，成為規範跨國企業行為的規約，OECD的多國籍企業準則（OECD Guidelines for Multinational Enterprises）[11]；國際勞工組織亦公布關於多國籍企業的原則宣言（Tripartite Declaration of Principles Corncerning Multinational Enterprisess）[12]，即為著名的例子，這些準則都是基於自願遵守，而沒有法律上的拘束力。

五、民間組織

　　在國際關係上，國內的與國際的民間組織（non-governmental organization；簡稱NGO）愈來愈重要，尤其是在國際人權保護與環境保護領域；在國際經濟關係上，尤其是企業協會或聯合會（例如國際商會、歐洲產業聯合會），以及民間的團體等。

　　基本上，民間組織在國際法上並沒有權利義務，但有些國際組織卻又與民間組織維持形式上的關係，例如在聯合國經濟暨社會理事會又授與民間組織不同的參與權。

---

[10] Markus Krajewski，前揭書，S.18.

[11] http://www.oecd.org/dataoecd/56/36/1922428, pdf, last visited 2008/7/20.

[12] http://www.ilo.org/ilolex/english/iloquerymtnl.htm, last visited 2008/7/20.

伍、全球化下國際經濟法之意義

最近國際經濟法律制度有重大的轉變，通稱為全球化（globalization），另一方面即為自由化（liberalization）、整合（harmonization）與單一化（unification）國家間的政策；另一方面，法律影響跨國的貿易、投資、金融與商業交易。這些過程和成果的結合與相容關係到國家的與全球的經濟發展，以及全球的福祉。這些議題都屬於國際經濟法的範圍，規範與經濟交易規範有關的政府間關係的法律與政策，具有跨國的效果。因此，國際經濟法的內容涵蓋這些關於經濟關係的國際法與制度，而目前的國際經濟法可以分為3大類，即：

1. 國際貿易、投資與競爭法。
2. 國際金融法與貨幣法。
3. 國際商業交易。

而這些國際經濟法律制度與許多國際經濟組織的活動有關，這些國際經濟組織包括世界貿易組織（WTO）、東南亞國協（ASEAN）、亞太經濟合作會議（APEC）、北美自由貿易區（NAFTA）、歐洲聯盟（EU）與國際投資爭端解決中心（International Center for Settlement of Investment Disputes；簡稱ICSID）[13]。除了貿易、投資與競爭外，銀行、保險與證券亦屬於國際經濟法的範疇，布萊頓森林會議（Bretton Woods Conference）建立的國際金融制度，世界銀行（World Bank）與國際貨幣基金（International Monetary Fund）為國際金融制度的重要國際組織。

國際經濟法在性質上屬於四種法律領域，即國內法、國際法、公法和

---

[13] 國際投資爭端解決中心主要目的在調解與仲裁國際投資爭議。ICSID公約為一多邊協定，係由國際復興暨開發銀行（International Bank for Reconstruction and Development）的行政理事會草擬，於1966年10月14日生效。http://icsid.worldbank.org/ICSID, last visited 2008/5/26

私法[14]。國際經濟事務主要就是商業,因此國際經濟法亦包括國際商業法在內,很重要的一部分屬於國際私法;經濟又屬於公共政策學的一部分,因此又是屬於經濟活動的組織制度,又為國際公法的一部分。事實上國際公法與國際私法有密不可分的關係,雖然二者規範不同的主體,即個人與國家,但二者關係密切。國際私法與國際公法規範著國際關係,這些國際關係是國家與個人間的關係,因此國際經濟法是國內法與國際法的結合,規範著個人與國家,以及在私人商品市場與公眾商品市場的競爭。規範公眾商品市場的競爭規定亦會影響私人的商品市場。事實上嚴格界定國際法與國內法已經沒有很大的意義,因為國內法也會影響不同國家的關係與在不同國家裡人們的關係,因此要適用國內法或國際法來處理特定的事務,完全取決於制度的設計[15]。

　　國際經濟法與國際公法是無法分開的類型,簡單來說,國際經濟法是具有國際經濟目標的國際公法,事實上經濟統合是當前國際公法的主要動機[16],也是在國際公法新立法與憲法化最豐碩的來源。國際經濟法不僅包含在國際法領域的新立法,而且擴大立法,國際經濟法是修訂傳統國際法的重要動力來源。國際經濟法對於國際憲法化的新紀元提供了一個功能的基礎[17]。因此,傳統的國際公法係在憲法的架構下創設類似憲法的條約,只是創設適用實體的規則;但國際經濟法的目標卻是要積極的制訂憲法與立法的規則,當然國際經濟法又具有從經濟到政治的擴散效果,例如在第二次世界大戰結束後,Jean Monnet與Robert Schuman在設計歐洲經濟共同體

---

[14] Joel P. Tractman, The International Economic Law Revolution, 17 University of Pennsylvania Journal of International Economic Law (1996), p.34.

[15] Joel P. Tractman,前揭文,17 University of Pennsylvania Journal of International Economic Law (1996), p.34.

[16] John H. Jackson, International Economic Law: Reflections on the "Boilerroom" of International Relations, 10 American University Journal of International Law and Policy (1995), p.596.

[17] J. H. H. Weiler, The Transformation of Europe, 100 Yale Law Journal (1991), p.2403.

（European Economic Community）時，即開啟了國際經濟法的新紀元，不僅使國際經濟法在地理上、而且在功能上都形成一個單一的制度，尤其是在不同國家的法律間與不同的公共政策領域間要管理複雜和詭譎的關係，一個國家做成的決策亦會影響其他國家人民的權益，在一個領域做成的決策亦會影響其他領域的決策。無庸置疑的是，在1958年歐洲經濟共同體誕生後，這種國際經濟法的發展演進逐步擴大成歐洲聯盟（European Union；簡稱EU），其自由貿易的原則與多邊主義已經成為全球其他地區與在多邊制度中的典範與參考模式。

第二章
聯合國架構下的國際經濟法

目 次

聯合國（United Nations）是第二次世界大戰結束後最重要的國際組織，雖然是一個政治性的國際組織，但聯合國對於世界經濟的發展亦扮演著非常重要的角色。聯合國的組織架構如下：

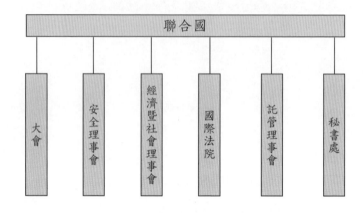

聯合國憲章第55條規定國際經濟及社會合作，即為造成國際間以尊重人民平等權利及自決原則為根據之和平友好關係所必要之安定及福利條件起見，聯合國應促進：

1. 較高之生活程度，全民就業及經濟與社會進展。
2. 國際間經濟、社會、衛生及有關問題之解決；國際間文化及教育合作。
3. 全體人類之人權及基本自由之普遍尊重與遵守，不分種族、性別、語言或宗教。

聯合國的經濟功能主要是透過聯合國制度的各機構加以執行。聯合國架構下的主要經濟組織為：

壹、經濟暨社會理事會

經濟暨社會理事會（Economic and Social Council）是聯合國的主要機構

之一，依據聯合國憲章第62條之規定，經濟暨社會理事會的職權包括：

1. 得作成或發動關於國際經濟、社會、文化、教育、衛生及其他有關事項之研究及報告；並得向大會、聯合國會員國及關係的專門機構提出關於此種事項之建議案。

2. 為增進全體人類之人權及基本自由之尊重及維護起見，得作成建議案。

3. 得擬具關於其職權範圍內事項之條約草案，提交大會。

4. 得依聯合國所定之規則召集經濟暨社會理事會職務範圍內事項之國際會議。

依據聯合國憲章第61條之規定，經濟暨社會理事會由大會選舉聯合國54個會員國組織之，任期3年，經濟暨社會理事會的席位按地區代表分配，非洲國家14個、亞洲國家11個、東歐國家6個、拉丁美洲和加勒比海地區國家10個、西歐和其他國家13個[1]。經濟暨社會理事會主席團在每次年會的開始由全體理事會選舉產生。主席團的主要職權為在聯合國秘書處的協助下，提出議事日程、起草工作計畫和組織會議。每一理事會應有代表一人，理事會每年應開2次會議，春季會議在紐約舉行，討論社會和人權問題；夏季會議在日內瓦舉行，討論經濟和發展問題。

依據聯合國憲章第68條之規定，經濟暨社會理事會應設立經濟與社會部門及以提倡人權為目的之各種委員會，並得設立行使職務必須的其他委員會。目前的委員會有統計委員會、人權委員會、毒品委員會、婦女地位委員會、人口與發展委員會、社會發展委員會、預防犯罪和刑事司法委員會、永續發展委員會，以及科學和技術促進發展委員會。

經濟暨社會理事會還設有5個區域委員會，即1947年設立歐洲經濟委員會，總部位於日內瓦、1947年設立的亞洲及太平洋經濟委員會，總部位於曼谷；1948年設立的拉丁美洲經濟委員會，總部位於聖地牙哥；1958年設立的

---

[1] http://www.un.org/chinese/ecosoc/2008/structure.htm, last visited 2008/2/12.

非洲經濟委員會，總部位於阿迪斯阿貝巴；1973年設立的西亞經濟委員會，總部位於貝魯特。區域委員會按地區設立，在經濟暨社會理事會的領導下，在特定地區執行經濟暨社會理事會的職務，加強區域內國家相互間的經濟關係，與其他區域間的關係。此外，經濟暨社會理事會尚有研究處理特定的經濟社會問題，例如跨國公司委員會、自然資源委員會等。

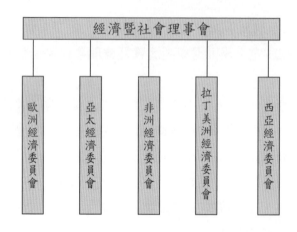

貳、貿易暨發展會議

貿易暨發展會議（United Nations Conference on Trade and Development；簡稱UNCTAD）為聯合國大會設立的輔助機構，於1964年在聯合國經濟暨社會理事會主持下，召開第一屆的貿易暨發展會議，目前共有192個會員國。NUCTAD每4年召開一次會議。

貿易暨發展會議的主要任務，是促進貿易的發展，以加快各國的經濟發展，確定促進貿易和經濟發展的原則，並提出實施這些原則的建議，與聯合國有關機構協商，採取措施進行談判，並批准多邊貿易法令，協調各國政府

和區域性經濟集團在貿易和經濟發展方面的政策[2]。

　　歷屆貿易暨發展會議討論了大量關於國際貿易和經濟發展的問題，確立了許多新的原則，包括第一屆貿易暨發展會議制定的國際貿易原則18條，這些原則雖然沒有直接的或獨立的法律效力，但是揭示了全面調整國際貿易關係的實踐，對加強國際合作，推動南北對話，建立國際經濟新秩序有重要的意義，為開發中國家的對外貿易和經濟發展創造了有利的條件。

　　2008年4月20日至25日在加納（Ghana）舉行第十二屆會議，2008年UNCTAD的議題為全球化對於發展的機會與挑戰[3]，由於21世紀貿易與資金流通快速的全球化，使得許多國家（包括開發中國家與經濟轉型的國家）經濟蓬勃發展與快速成長、出口急速擴張，這些國家很明顯的增加了實質所得、就業與消弭了貧窮。UNCTAD是在聯合國制度內對貿易與發展，以及在金融、科技、投資與永續發展的相關議題的整合上扮演一個核心的角色，未來UNCTAD將更投入宏觀經濟政策、貿易、投資、負債、貧窮，及與這些議題相關聯的研究與分析。這些研究係為協助開發中國家達成其發展的目標，包括消弭貧窮、改善人民福祉、面對全球化的機會與挑戰。

　　UNCTAD在全球與發展策略上，將更關注下列的議題：

1.指出在貿易、金融、投資、科技和宏觀經濟政策間的相互關聯上的特別需要與措施，以促進發展。
2.持續的整合在國際經濟規則、實務與過程間對國家政策與發展策略有更好的瞭解。
3.支持開發中國家致力於規劃發展策略，以調整其特殊的情況、適應全球化的機會與挑戰。
4.指明內陸的開發中國家、小的島國與其他結構脆弱、易受影響和小規模經濟的開發中國家所面對的複雜和廣泛有特別需要的問題。

2　聯合國大會1964年第1995號決議。
3　UNCTAD, Accra Accord, Addressing the opportunities and challenges of globalization for development, XXII Session, 20-25 April 2008.

5.致力於以突顯全球化、貿易與發展相互間連結討論全球的發展政策。

參與國際貿易體系為開發中國家創造機會與挑戰，特別是對於低度開發的國家，商品競爭愈來愈激烈，而趨向於區域主義，減少貿易障礙可以促進更有效率的生產、更高的生產力和所得、增加商品和服務貿易。更開放的市場通常在開發中國家，伴隨而來的會需要更多的調整費用，因此對開發中國家應保證貿易自由化，以完全的促進成長、發展與消弭貧窮。在國際貿易自由化最大化利益和最小化費用需要在所有的層次相互支援與凝聚的政策和治理。

未來在發展多邊的貿易制度的挑戰，就是要確保貿易是經濟成長和永續發展及消弭貧窮的發動機。一個有好作用的、普遍的、以規範為基礎的、開放的、無差別待遇的、和平等的多邊貿易制度可以給發展帶來最大的利益。杜哈（Doha）多邊貿易談判回合應致力於達成這些目標，因此杜哈回合應致力於將開發中國家，特別是低度開發的國家與經濟轉型的國家，納入國際貿易體系中，杜哈回合最終的結果應確保在全體會員國間公平、均衡、平等與市場開放的承諾。

加入WTO是大部分國家發展策略的一個整合的部分，以便能夠完全的從國際貿易制度中獲利，但加入WTO對於開發中國家與低度開發國家亦必須去實踐加入時所作的承諾，而符合WTO協定的規定。50%的全球商品貿易係由區域貿易協定（regional trade agreement）達成，並不適用最惠國待遇原則。區域統合協助開發中國家克服小型經濟規模的限制，可以創造更多的貿易機會，對外國直接投資提高效率與吸引力，提高規模經濟與確保參與區域統合國家更大的交涉力，因此可以促進這些開發中國家的經濟和社會發展，以及致力於區域和平與穩定。區域貿易協定應是透明的（transparent）與符合多邊的貿易規則，且應致力於環境的永續發展。服務業經濟是擴張貿易、生產力與競爭力的新方法，近年來有些開發中國家亦積極參與全球的服務業經濟與增加參與服務業貿易。

跨國公司（transnational corporation）成功的納入國際貿易、生產與科技

網絡，尤其是藉由在本國中小企業與全球的跨國公司間建立商業連結，而使得開發中國家的中小企業可以進入全球與區域的價值鍊。為達成全球化的目標，因此在國內與國際層次應藉由促進商業連結、產業結合企業化鼓勵企業的發展。外國直接投資因流入資金，創造就業、移轉技術和知識、進入國際市場與提高競爭。更進一步，外國直接投資補充國家、區域與國際的成果，以動員發展的資源。當然外國直接投資可能會帶來違反競爭的行為、移轉價格、對環境和社會的衝擊等，因此每個國家都應冷靜思考外國直接投資的質與量，尤其是國際投資條約應平衡母國、地主國與外國投資人的利益。

參、發展計畫署

1965年聯合國大會將所屬的技術援助擴大方案和投資援助的特別基金合併，成立了聯合國發展計畫署（United Nations Development Programme；簡稱UNDP），總部設在紐約，是聯合國的全球發展網絡。聯合國發展計畫署的宗旨，是協助開發中國家實現自力更生和加強人類自身的持續性發展能力[4]。發展計畫署6大優先援助領域，為減輕貧困和基層人力資源與地區發展、環境和自然資源、管理開發、開發中國家間的技術合作、技術移轉與運用、婦女發展。發展計畫署的資源來源是各國捐款，技術援助項目是無償的，援助方式主要是派遣專家和顧問提供技術服務，資助受援國專業技術人員到國外考察和進修，援建試驗或示範性項目等。

---

[4] http://www.undp.org/about, last visited 2008/6/13.

肆、國際貿易法委員會

聯合國大會在1966年設立國際貿易法委員會（United Nations Commission on International Trade Law；簡稱UNCITRAL），是聯合國架構下在國際貿易法領域的核心機構。國際貿易法委員會是整合影響國際貿易法規的重要論壇[5]。

國際貿易法委員會由大會選出的36個委員國組成，委員國應該對世界上的地理區域和重要的經濟法律制度有代表性。委員國任期為6年，每3年改選一半。國際貿易法委員會的主要任務，是起草國際貿易、國際貨物運輸、國際商務仲裁和調解的國際統一法律規範。例如 1980年聯合國商品買賣契約公約（UN Convention on Contracts for the International Sale of Goods）、1978年聯合國海上貨物運輸契約公約（即所謂的漢堡規則）、1976年聯合國國際貿易法委員會仲裁規則（UNCITRAL Abritration Rules）、1985年聯合國國際商務仲裁模範法（UNCITRAL Model Law on International Commercial Abritration）。

伍、聯合國的專門機構

聯合國與國際經濟發展有關的專門機構，主要有：

一、糧食暨農業組織

聯合國糧食暨農業組織（Food and Agriculture Organization；簡稱FAO）

---

[5]　Folsom/Gordon/Spanogle (2004), International Trade and Economic Relations, St. Paul, MN.: Thomson West, p.22.

於1945年設立於加拿大的魁北克，1951年時總部遷移至義大利的羅馬。聯合國糧食暨農業組織的宗旨，為提高農產品的產量和分配、改善農民生活狀況、促進世界經濟的發展和保證人類免於飢餓。資金來源是各會員國按比例繳納的會費和聯合國有關機構所提供。

糧食暨農業組織的職權範圍包括農業、林業、牧業、漁業生產、科技、政策及經濟各方面。主要工作包括下列各項：

1.蒐集、整理、分析、向世界各國傳播關於糧食生產和貿易的訊息。

2.向會員國提供技術援助。

3.動員國際社會進行農業投資、利用技術優勢進行國際開發和金融機構的發展項目。

4.向會員國提供糧食農業政策和計畫的諮詢服務。

5.討論國際糧食農業領域的重大問題。

6.制定有關的國際行為準則和法規。

7.加強會員國間的諮商合作。

二、國際勞工組織

國際勞工組織（International Labour Organization；簡稱ILO）成立於1919年，總部設在瑞士的日內瓦，並於1946年成為聯合國第一個專門機構。國際勞工組織的宗旨，是改善工作和生活條件、促進就業機會、處理職業安全與衛生、員工和管理人員培訓、勞資關係、婦女和移民勞工、社會保障，以及其他迫切的社會問題，以維持世界永久的和平與建立社會正義。

國際勞工組織制定的勞工標準共有19項，即

1.結社自由與組織權利的保障。

2.組織與集體談判的權力。

3.工資保障與工資保障建議書。

4.就業政策與就業政策建議書。

5.就業歧視。

6.強迫勞動與廢除強迫勞動。

7.工作時間與減少工作時間建議書。

8.每週休息。

9.工資照付年假。

10.工業安全與衛生。

11.福利設施。

12.住房和業餘時間。

13.社會保障最低標準。

14.社會政策基本目標和標準。

15.產業關係。

16.女工。

17.童工與未成年工人。

18.老年工人。

19.海員。

三、工業發展組織

　　聯合國工業發展組織（United Nations Industrial Development Organization；UNIDO）成立於1966年，總部位於維也納，1985年8月，正式成為聯合國的專門機構。聯合國工業發展組織的宗旨，就是藉由運用國內和國際的資源，重點發展加工工業，以促進和加速開發中國家的工業化。工業發展組織利用聯合國發展計畫署等多邊機構的資金、各國的自願性捐款和自有資金，向開發中國家提供技術合作，幫助這些國家制訂工業發展政策、培訓人員、提供各種必要的諮詢及提供專家服務等。

四、農業發展基金

聯合國農業發展基金（International Fund for Agricultural Development）成立於1977年，總部設於羅馬，宗旨為藉由低息貸款與贈款的方式，供給農村發展資金，以在廣泛地區內提高開發中國家的農業生產。農業發展基金的資金來源，主要是各國的捐款，提供農業貸款則是農業發展基金的主要活動，這是第一個向最貧窮國家與農村提供農業資金的國際機構。

五、國際電信聯盟

1934年國際電信公約生效，成立國際電信聯盟（International Telecommunication Union），總部設於日內瓦，1961年1月1日正式成為聯合國負責國際電信的專門機構。國際電信聯盟的宗旨，是維持和擴大國際合作，以改進和合理使用陸地、水上、航空、太空、廣播等各種電信業務，協調各國的行動，促進技術措施的發展與最有效的運用。國際電信聯盟的主要任務，是分配無線電頻譜與登記無線電頻譜的分配、協調各方面以致力於廢除無線電臺間的有害干擾、致力於為電信服務確定盡可能低的收費率、藉由聯合國的相關方案，鼓勵開發中國家發展電信事業、督促採取各種措施與以電信業務合作保障生命安全、為成員國的利益從事研究工作與提供建議和意見。

六、萬國郵政聯盟

1874年在瑞士的伯恩簽訂了第一個國際性的郵政公約，即為伯恩公約，並成立郵政總聯盟；1878年時，在法國巴黎舉行的第二次國際郵政代表大會修訂伯恩公約，並更名為萬國郵政公約，組織亦更名為萬國郵政聯盟（Universal Postal Union），總部設於伯恩。1947年7月4日，萬國郵政聯盟與聯合國簽訂了協定，1948年成為聯合國負責國際郵政業務的專門機構。

　　萬國郵政聯盟的宗旨，是由各會員國組成一個單一的郵政領域，以期互相交換信件，在整個領域內保障郵政自由、組織和改善國際郵政業務、發展國際合作、提供會員國可能的郵政技術援助。萬國郵政聯盟主要的活動，為制定會員國的郵政管理機關進行各種郵政業務所需的各種郵政規章制度。

七、國際民用航空組織

　　1944年11月在美國芝加哥舉行了第一次國際民用航空會議，會後簽署了國際民用航空公約，於1947年4月4日生效，並成立了國際民用航空組織（International Civil Aviation Organization；簡稱ICAO），並將總部設於加拿大的蒙特利爾，1947年5月成為聯合國的一個專門機構。

　　國際民用航空組織的宗旨，是發展國際空中航行的原則和技術、促進國際航空運輸發展，以保證國際民用航空的安全和有秩序的成長、促進為和平用途的航空器的設計和操作技術，鼓勵發展供國際民航使用的航路、航站和航行設備、符合世界人民對安全正常有效和經濟的空運需要，以防止因不合理的競爭而造成經濟上的浪費、保證充分尊重締約國的權利，使每一締約國具有開航國際航線的均等機會，以及避免在締約國間的差別待遇。國際民用航空組織的主要任務，為統一國際民航技術標準和國際航路上的工作制度、制定關於國際民航的各種具有法律性質的公約、提供各國所需的技術援助及其他的管理和調整工作。

八、世界智慧財產權組織

　　1967年在瑞典斯德哥爾摩修訂巴黎保護工業財產權公約與伯恩保護文學藝術作品公約，並簽訂了建立世界智慧財產權組織公約，而成立了世界智慧財產權組織（World Intellectual Property Organization；簡稱WIPO），總部設立於瑞士的日內瓦。1974年12月世界智慧財產權組織成為聯合國的專門機構。

　　世界智慧財產權組織的宗旨，是進行各國間的合作、與其他相關的國際組織適當配合、促進在全世界範圍的智慧財產權保護、確保巴黎公約、伯恩公約與馬德里國際商標權公約間的合作。世界智慧財產權組織的主要任務，是協調各國在智慧財產權保護的立法措施、鼓勵簽訂新的國際協定、蒐集和傳播關於智慧財產權的訊息、公布相關的成果、給予開發中國家法律援助與技術援助，以及提供會員國其他要求的服務。

九、國際海事組織

　　國際海事組織（International Maritime Organization；簡稱IMO）的前身是1958年根據聯合國經濟暨社會理事會通過的政府間海事協商組織公約成立的政府間海事協商組織（Inter-Governmental Maritime Consultative Organization），是聯合國的第12個專門機構，1975年時更名為國際海事組織（International Maritime Organization；簡稱為IMO），總部設立於英國的倫敦。國際海事組織的宗旨，是協調政府間的海事運輸、統一國際海事立法、促進世界航運貿易。

陸、國際貨幣基金

　　大部分的國家有自己的貨幣與追求自己的國內貨幣政策，以期符合自己的政治和經濟目標。歐洲聯盟目前有18個會員國[6]使用共同貨幣歐元（Euro），而由位於德國法蘭克福的歐洲中央銀行（European Central

---

[6] 至2008年止，使用歐元的國家包括德國、法國、義大利、荷蘭、比利時、盧森堡、希臘、西班牙、葡萄牙、奧地利、芬蘭、愛爾蘭、斯洛維尼亞、馬爾他與賽浦路斯。2009年1月1日，斯洛伐克正式使用歐元，2011年1月1日，愛沙尼亞亦加入歐元區，2014年1月1日，拉脫維亞亦正式使用歐元。

Bank）統籌歐洲的貨幣政策。但對於世界貨幣體系，自1944年國際貨幣基金
（International Monetary Fund；簡稱IMF）成立以來，原則上各國協調彼此的
貨幣政策[7]。

　　1944年7月參加籌備聯合國的44國代表在美國New Hampshire州的布萊頓
森林（Bretton Woods）召開會議，以討論第二次世界大戰後國際金融合作問
題，即為通稱的布萊頓森林會議（Bretton Woods Conference）。會議結束後
簽署了聯合國貨幣金融會議最後議定書與國際貨幣基金協定、國際復興暨開
發銀行協定。換言之，國際貨幣基金與國際復興暨開發銀行（International
Bank for Reconstruction and Development）[8]均係在1944年舉行的布萊頓森林
會議的產物。世界銀行的宗旨，主要是在復興第二次世界大戰結束後的殘破
經濟。國際貨幣基金則係以穩定各國貨幣間的匯率，協助會員國的收支平衡
與恢復其他因戰爭對於國際貨幣制度所造成的損害[9]。國際貨幣基金協定確立
了戰後以美元為中心的國際貨幣制度，並成立了國際貨幣基金，總部位於美
國的華盛頓。國際貨幣基金不僅是聯合國的一個專門機構，也是目前世界上
最大的政府間金融機構。

　　國際貨幣基金協定的主要內容為：

1.確立美元的中心貨幣地位，會員國負有維持有秩序黃金交易的義務。

2.會員國負有穩定匯率的義務，實行固定匯率制度，各國政府有義務在
　外匯市場上進行干預措施，以保證外匯市場交易的穩定。各國貨幣與
　黃金或美元的法定匯率，未經國際貨幣基金組織同意，不得任意變
　更。

3.取消外匯管制，即會員國不得限制經常項目的支付，不得採取差別待
　遇的貨幣措施，應在兌換的基礎上實行多邊支付，但在特殊情形，會
　員國可例外維持或施行外匯限制措施。

---

[7] Folsom/Gordon/Spanogle，前揭書，p.76.
[8] 國際復興暨開發銀行附屬於世界銀行（World Bank）。
[9] Folsom/Gordon/Spanogle，前揭書，p.76.

4.採取資金融通措施，由國際貨幣基金向會員國提供財政援助，以協助
　會員國調整和平衡國際收支。

國際貨幣基金的宗旨為：

1.藉由設立一個常設機構，以利於國際貨幣問題的磋商與合作，促進國
　際貨幣合作。

2.有助於國際貿易的擴大與均衡發展，以促進和維持高水準的就業和實
　際收入，以及促進全體會員國生產資源的發展，作為經濟政策的首要
　目標。

3.促進匯率穩定與維持會員國間有秩序的匯兌關係，以避免競爭性的貨
　幣貶值。

4.在會員國間對於經常性的交易建立一個多邊支付和匯兌制度，並消除
　阻礙國際貿易發展的外匯管制。

5.在暫時的基礎上和有充分保障的條件下，為會員國融通資金，使會員
　國有信心利用此機會在毋需採取損害本國和國際經濟繁榮的措施情況
　下，糾正國際收支的不平衡。

6.縮短會員國國際收支不平衡的時間，減輕其程度。

國際貨幣基金主要的任務為：

1.在關於匯率政策與經常項目有關的支付、貨幣的可兌換性問題上，確
　定一套行為準則，並負責監督會員國對準則的執行和義務的履行。

2.當對會員國糾正國際收支失衡或避免其發生時，提供短期的資金，以
　協助會員國遵守上述準則。

3.協助會員國進行諮商，協調彼此間的貨幣政策提供論壇。

值得一提的是IMF架構下的特別提款權（Special Draw Rights；簡稱
SDR），所謂的特別提款權是由IMF建立一個國際貨幣形式，並非一個國家
的貨幣，會員國的存款憑證（certificate of deposit）係以SDR表示。在商業上
可以獲得短期的SDR貸款，有些石油輸出組織（OPEC）國家亦開始以SDR評

價其貨幣。SDR是國際的匯兌工具，SDR是由39%的美元、32%的歐元、18%的日圓與11%的英鎊為基準，換算出來的一個組合價值[10]。

　　SDR猶如一個超國家的貨幣（supranational currency），在技術上係由國際貨幣基金所創造的計算單位（unit of account）[11]。若一個會員國處於負的收支平衡狀態時，而欠缺貨幣儲備[12]時，該會員國可以自IMF的特別提款帳戶（Special Drawing Account）行使其特別提款的權利，基於特別提款請求，IMF會要求其他有充分儲備的會員國提供給提出要求的國家所需的貨幣。在返還提供的貨幣時，提供的國家可以獲得額外的特別提款請求權。每個IMF會員國參與特別提款權的制度，在其有可能需要使用特別提款權時，可以有限的分配特別提款權，也就是特別提款請求權的制度是會員國交換貨幣，以協助其他國家維持其貨幣與國際社會其他貨幣間現存的相對價值[13]。

　　在IMF的機制下，由一個複雜的借貸制度，允許一個會員國向其他會員國或透過特別提款權的方法向IMF借款，以期達到緩和廣泛的貨幣浮動與穩定該國貨幣和其他國家貨幣間的關係。這種貨幣提款的設計允許一會員國和其他國家的貨幣維持一個比較的相對價值，以支撐其貨幣，通常這些可比較國家的貨幣為硬的儲備貨幣（hard reserve currency），例如：瑞士法朗、歐元、日圓與美元[14]。長久以來，黃金與美元都是作為國際清算兌換的國際貨幣，也就是用來作為共同的參考（reference）標準，但近年來歐元有逐漸取代傳統上美元做為優先的國際貨幣之趨勢[15]。

---

[10] Folsom/Gordon/Spanogle，前揭書，pp.78-79.

[11] Folsom/Gordon/Spanogle，前揭書，p.79.

[12] 各國通常會以硬貨幣或黃金作為貨幣儲備，硬貨幣例如：美元、英鎊、歐元、瑞士法朗等。

[13] Folsom/Gordon/Spanogle，前揭書，pp.79-80.

[14] Folsom/Gordon/Spanogle，前揭書，p.77.

[15] Folsom/Gordon/Spanogle，前揭書，p.78.

柒、世界銀行集團

一、世界銀行成立的經過

　　世界銀行（World Bank）[16]與國際貨幣基金同時成立，1947年11月成為聯合國的一個專門機構，總部設於美國華盛頓。1944年舉行布萊頓森林會議時，各國關注於重建一個開放的世界經濟和穩定的匯率制定，隨著歐洲經濟的復興，資金問題愈來愈重要，而世界銀行的貸款條件嚴格，無法滿足開發中國家的資金要求。1960年9月24日國際開發協會（International Development Association）在華盛頓正式成立，是世界銀行的附屬機構，也是聯合國的一個專門機構。1954年世界銀行與各會員國政府協商後決定成立國際金融公司（International Finance Corporation），並於1956年7月24日正式成立，總部設於美國華盛頓，亦為世界銀行的附屬機構；1957年2月20日成為聯合國的一個專門機構。

　　國際復興暨開發銀行、國際開發協會與國際金融公司三大機構合稱為世界銀行集團（World Bank Group）。1965年3月18日，世界銀行簽署華盛頓公約，以解決一國與他國國民間的投資爭端，並在世界銀行的總部設立了解決投資爭端國際中心（International Center for Settlement of Investment Disputes），作為解決國家與他國國民投資爭端的國際性專門機構，亦屬於世界銀行集團的一員。1985年10月時，世界銀行年會通過了多邊投資擔保機構公約，成立了一個多邊投資保證局（Multinational Investment Guarantee Agency），成為世界銀行集團第5個成員。

---

[16] 世界銀行即為1945年成立的國際復興開發銀行（International Bank for Reconstruction and Development）。

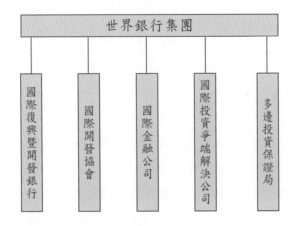

二、國際復興暨開發銀行／世界銀行

　　世界銀行是一個全球性政府間的國際金融組織，依據國際復興暨開發銀行協定第7條之規定，具有完全的法人地位，有權簽約、取得和處分動產和不動產，以及進行法律訴訟。其財產和資產不得搜查、徵收、沒收或任何行政或立法形式的扣押，檔案享有不可侵犯權。會員國應採取措施，以保障銀行的法律地位、特權與豁免。

　　國際復興暨開發銀行的宗旨是：

　　1.提供用於生產目的之投資，以協助會員國的復興與開發，鼓勵落後國家生產與資源的開發。

　　2.以擔保或參與私人貸款和私人投資的方式，促進私人對外投資。

　　3.鼓勵國際投資，開發會員國的生產資源，促進國際貿易長期的均衡發展，維持國際收支平衡。

　　4.在提供貸款時，與其他方面的國際貸款配合。

　　國際復興暨開發銀行的目標，最主要是促進國際貿易長期的穩定發展和提高人民的生活水準。世界銀行的資金來源，為會員國繳納的股金、借款與讓與債權的所得。

三、國際開發協會

國際開發協會主要是為提供給落後國家貸款而成立的，其宗旨是促進落後國家的經濟發展，對這些國家的公共工程和發展項目提供條件較寬的長期貸款，以協助世界銀行的貸款工作。

國際開發協會的資金來源，主要是會員國認繳的股金、會員國和其他資助國無償贈與的補充資金和特別捐款、世界銀行每年從其淨益中撥給國際開發協會的一部分捐款，以及國際開發協會信貸的償還。

四、國際金融公司

國際金融公司的宗旨，是鼓勵會員國、特別是落後的會員國中有生產能力的私人企業的成長，為其新建、改建和擴建等提供資金，促進這些國家的經濟發展，以期補充世界銀行的活動。國際金融公司的資金來源是會員國的認股、借款和公司留存的收益。

國際金融公司的主要業務，是對私人企業提供貸款，另一個重要業務是提供諮詢服務，尤其是向開發中國家的政府和企業提供包括民營化和企業改組、資本市場發展、技術援助等方面的諮詢服務。

五、國際投資爭端解決中心

國際投資爭端解決中心的宗旨，是為各締約國和其他締約國的國民間投資爭端，提供方便的調解和仲裁，以鼓勵私人資本的國際流通，促進國際私人投資的成長。

國際投資爭端解決中心具有完全的法人人格，享有締約、取得和處分動產和不動產與提起訴訟的權利能力，在各締約國境內享有公約規定的豁免和特權，其資產、財務和收入，以及公約許可的業務活動的交易，應免除一切稅捐和關稅。

　　國際投資爭端解決中心並不直接負責調解或仲裁的工作，而是為解決爭端提供便利，由國際投資爭端解決中心提供一個調解人和仲裁人的名單供當事人選擇以解決糾紛，同時還提供必要的程序上協助。國際投資爭端解決中心只受理締約國和另一締約國國民間直接因投資所產生的爭端，經雙方以書面方式同意將爭端提交中心解決，任何當事人不得單方面撤回。爭端必須是關於投資的法律爭端，即關於法律上的權利義務是否存在與其範圍，或因違反義務請求的損害賠償。

六、多邊投資保證局

　　多邊投資保證局係對國際私人投資的政治風險提供國際的保護。多邊投資保證局具有完全的法人的地位，有締約權，並有權取得和處分動產和不動產與進行法律訴訟。

　　多邊投資保證局的宗旨，是鼓勵在會員國之間，尤其是向開發中國家會員國融通生產性投資，以補充國際復興暨開發銀行、國際金融公司和其他國際開發金融機構的活動，因此多邊投資保證局應在一會員國從其他會員國取得投資時，對投資的非商業性風險提供擔保、展開適合的輔助性活動，以促進對開發中國家會員國與在開發中國家會員國間的投資流通。

　　多邊投資保證局的主要任務，是對開發中國家會員國領土內所作的投資提供擔保。承保的範圍，包括貨幣禁兌、徵收和類似措施、戰爭和內亂三項非商業的風險。根據投資者與地主國的聯合申請，經董事會[17]以多數決議批准，得將承保範圍擴大到其他特定的非商業性風險。

　　多邊投資保證局所承保的必須是合格的投資，應符合下列的條件：
　　1.包括股權投資，其中包括持股者為相關企業發行或擔保的中長期貸款、董事會所確定其他形式的直接投資、董事會以特別多數決議的其

---

[17] 董事會是多邊投資保證局的執行機構。

他中長期投資。

2.應在要求多邊投資擔保機構予以擔保的申請登記完成後才執行的投資。

3.必須在經濟上是合理的,即對地主國的經濟發展有貢獻,符合地主國的法律規定,符合地主國宣布的發展目標和重點,該投資在地主國將受到公平和平等的待遇與法律保護。

總而言之,多邊投資保證局對於穩定和改善開發中國家的投資環境、推動國際投資發展,扮演著非常重要的角色。

第三章
世界貿易組織

目　次

壹、世界貿易組織之設立

一、從GATT到WTO

　　第二次世界大戰後，各國檢討戰爭發生之原因，除政治因素外，經濟因素亦是主因，特別是1930年代世界經濟大蕭條，各國貿易保護主義盛行，因此各國均認為亟須建立一套國際經貿組織網，以解決彼此間之經貿問題。有鑑於此，各國除同意成立聯合國外，並進一步建構所謂的布萊頓森林機構（The Bretton Woods Institutions）作為聯合國之特別機構，擬議中之經貿組織包括：世界銀行（World Bank）、國際貨幣基金（International monetary Fund），以及國際貿易組織（International Trade Organization；簡稱ITO）。並於1948年3月在哈瓦那舉行之聯合國貿易與就業會議中通過國際貿易組織憲章草案。後來因美國政府將成立國際貿易組織之條約送請其國會批准時，遭到國會之反對，致使國際貿易組織未能成立，故目前布萊頓森林機構，僅有世界銀行及國際貨幣基金兩個經貿組織。

　　國際貿易組織雖然最後未能成立，但當時國際貿易組織23個創始會員為籌組國際貿易組織，曾在1947年展開關稅減讓談判，談判結果達成45,000項關稅減讓，影響達100億美元，約占當時世界貿易額十分之一。各國為避免籌組國際貿易組織之努力完全白費，且美國政府參與關稅減讓部分之談判業經國會之授權，因此包括美國在內之各國最後協議，將該關稅談判結果，加上原國際貿易組織憲章草案中有關貿易規則之部分條文，成為眾所熟知之關稅暨貿易總協定（General Agreement on Tariffs and Trade；簡稱GATT）；另外由於美國國會並未批准加入國際貿易組織，各國亦同意以「暫時適用議定書」（Provisional Protocol of Application）的方式簽署GATT。雖然GATT的適用法律依據係臨時性質，且係一個多邊協定並不具有國際法上的法律人格，

但卻是自1948年以來成為唯一規範國際貿易之多邊機制[1]。

　　由於GATT僅是一項多邊國際協定，以GATT為論壇所進行之歷次多邊談判，雖係以關稅談判為主，但均是對於原有協定之修正，因此每一次之多邊談判乃稱為回合談判。自1948年GATT生效施行以來，迄今共舉行八次回合談判，其中以第七回合（東京回合）與第八回合（烏拉圭回合）談判最為重要，因該二回合之談判除包括關稅談判外，亦對其他之貿易規範進行廣泛討論。

　　GATT於1986年9月15日在烏拉圭的東岬（Punta Del Este）舉行部長會議，宣布新回合的關稅暨貿易談判，即為烏拉圭回合談判。烏拉圭回合談判的目標，為：

1.促進全球貿易之擴大與自由化。

2.擴大GATT的適用範圍，強化GATT的功能。

3.加強GATT與國際經濟環境配合，尤其是應考慮貿易型態的轉變，高科技產品貿易之發展與開發中國家外債增加的問題。

4.強化國際金融、貨幣與貿易政策之協調，並促進國際貿易與國內經貿政策之協調，兼顧個別國家之發展。

　　1993年12月15日烏拉圭回合多邊貿易談判達成最終協議，1994年4月15日在摩洛哥馬拉喀什（Marrakesh）舉行部長會議，確認通過的文件，即為烏拉圭回合最終協議（Final Act of Uruguay Round），並通過於1995年1月1日設立世界貿易組織（World Trade Organization；簡稱WTO）。自2013年3月2日起，共有159個會員國。

　　WTO依據其設立協定於1995年1月1日正式成立，總部設在瑞士的日內瓦，以便有效管理及執行烏拉圭回合之各項決議。為便利各國完成國內之相關立法程序，各國同意GATT與WTO並存一年後，之後GATT功能即完全

---

[1] R. Bhala (2000), International Trade Law: Theory and Practice, 2nd Edition, New York, pp.127-128.

被WTO所取代，使GATT由原先單純之國際經貿協定轉化成為實質之國際組織。在WTO架構下，原有之關稅暨貿易總協定（即1947年所制定之GATT，又稱為GATT 1947），加上歷年來各次回合談判對該協定所作之增補、解釋與決議，稱為「GATT 1994」，成為有別於GATT 1947之另一個獨立協定，並納入WTO所涵蓋的協定之一。

二、GATT與WTO之差異

GATT	WTO
1.僅為一項多邊的國際協定，不具有國際組織的獨立法人人格。	1.為一個具有法律人格的國際組織。
2.僅為一個針對關稅與貿易事務的獨立協定。	2.除關稅與貿易外，還包括服務貿易總協定，與貿易有關的智慧財產權協定，及爭端解決規則與程序瞭解書等。
3.非國際組織，其成員稱為締約國（Contracting Parties）。	3.為一國際組織，其成員稱為會員國（Members）。
4.決議以締約國全體（Contracting Parties）代表GATT。	4.為一具有國際法人人格的永久機構，其決議可以直接以WTO代表會員國之意思。
5.僅為一暫時的協定，並未經所有締約國的國會正式批准。	5.WTO與其協定經各會員國依據其憲法的規定正式批准，各會員國政府對WTO之承諾具有全面性與永久性的效力。
6.僅規範商品交易。	6.包括商品交易、服務貿易，及與貿易有關的智慧財產權。
7.欠缺詳細爭端解決的程序規定。	7.明文規定爭端解決機制，決議具有法律上的拘束力。

三、WTO之目標與功能

WTO設立之目的，在於確保自由貿易，透過多邊諮商建立國際貿易規範，降低會員國間之關稅與非關稅貿易障礙，提供一個穩定及可預期之國際貿易環境，以促進投資、創造就業機會、拓展商機、增進世界經濟發展、提

升生活水準。

WTO之主要功能[2]有下列4項：

1.具國際法人之地位，可監督、管理及執行WTO各項協定。

2.提供會員國進行諮商、尋求擴大貿易機會的重要場所；並定期檢討各
會員國之貿易政策，使各會員國的貿易政策更加透明化。

3.提供會員國間解決貿易爭端的場合，有效且迅速解決各國間貿易糾
紛。

4.與其他國際組織合作，決定全球之經貿政策。

四、WTO的六大原則

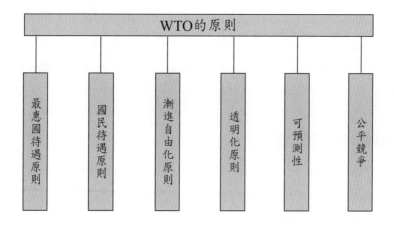

（一）最惠國待遇原則

最惠國待遇原則又稱為不歧視、無差別待遇原則。任一會員國對於來自
或輸往其他國家之任一產品，所給予的任何利益、優惠、特權或豁免，應立

2　WTO設立協定第3條。

即且無條件的給予來自或輸往所有其他會員國之同類產品相同待遇，也就是最惠國待遇原則係要求會員國對於來自其他不同會員國之同類產品，在進口時或進口後，均給予相同之待遇。

（二）國民待遇原則

國民待遇原則係另一形式之不歧視原則。相對於最惠國待遇，國民待遇係對本國與外國間之不歧視待遇，即任一會員國對來自其他會員國之輸入品所設定之內地稅或其他國內規費，以及影響此輸入品在國內之販賣、採購、運送、配銷或使用的法律及命令，不得低於本國相同產品所享有之待遇；除此之外，也就是會員國應對來自其他會員國之進口產品給予與本國產品相同之待遇，例如內地稅與其他內地規費，影響內地銷售、購買、運輸、配銷、使用之法令規章，以及在產品之混合、加工、使用上要求特定數量或比例之內地法規之政府措施，均不得對前述進口產品造成歧視，也就是國民待遇原則係要求會員國對於進口到其國內之其他會員國產品，給予不低於其本國產品之待遇。

（三）漸進自由化原則

WTO自成立以來，不斷的藉由談判大幅降低各國關稅，WTO僅容許以關稅作為限制貿易之手段。各會員國因國情不同，為保護國內產業或為提高財政收入，均對進口品課徵不同幅度之關稅；但WTO期望經由各會員國之合作，將關稅降低到最低限度，並防止差別適用關稅稅率。WTO主張各會員國應基於互惠、不歧視原則，相互協商以制定關稅減讓表，關稅減讓結果，應一體適用於其他會員國，非依據WTO有關條文規定，不得任意修正或撤銷其減讓。在服務貿易的市場開放與對智慧財產權的保護方面，亦給予各會員國一段調適期，允許會員國以漸進方式開放市場。

（四）透明化原則

WTO建立了貿易政策檢討機制，對所有會員國的貿易政策作定期檢查，藉由貿易政策檢討機制，促使各會員國的貿易政策更加透明化。貿易政策檢討機制之目的，在於加強對各國貿易政策的監督與協調。透明化原則即要求各國減少貿易障礙，使貿易更自由，讓貿易量因而增加，使各國獲益。

（五）可預測性

可預測性是指市場開放的確定性與可確定性，由於WTO強調透明化的原則，各國在執行有關WTO相關措施時，必須將相關的法規以及行政命令通知所有會員國；且各會員國在烏拉圭回合對關稅減讓及服務市場開放方便所作的承諾，皆已告知所有會員國。因此各會員國的廠商可以預測其投資風險。

（六）公平競爭

WTO致力於確保各會員國間的公平貿易條件，以期建立一個公開、公平與不扭曲的競爭制度。

貳、世界貿易組織的組織架構

除此之外，WTO秘書處雖非 WTO之業務機構，但卻是 WTO運作之靈魂。該處係由秘書長（Director-General）所掌理，其功能主要在協助各國執行WTO所屬各機構之決議事項，並負責處理WTO日常行政事務，工作人員約500人。以下僅就WTO所屬機構之業務內容簡述如下[3]：

---

[3] 羅昌發（2004），國際貿易法，初版第五刷，臺北：元照出版有限公司，第24頁至第28頁。

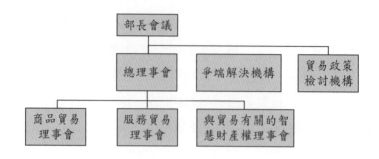

一、部長會議

　　部長會議（Ministerial Conference）是WTO的最高決策機構，由所有會員國代表組成，至少每兩年應開會一次，亦可依據會員國之請求，針對各個多邊貿易協定之所有事務做成決議，並具有任命WTO秘書長之權力。除透過總理事會綜理WTO事務外，在總理事會下，另設有貿易與環境、貿易與發展、區域貿易協定、收支平衡措施、預算、財務與行政等委員會。WTO第一屆部長會議於1996年12月9日至13日在新加坡舉行；第二屆部長會議於1998年5月18日至20日在瑞士日內瓦舉行；WTO第三屆部長會議於1999年11月30日至12月3日在美國西雅圖舉行；第四屆部長會議於2001年在卡達首府杜哈舉行；第五屆部長會議於2003年在墨西哥坎昆舉行；第六屆部長會議於2005年在香港舉行；第七屆部長會議於2009年在瑞士日內瓦舉行；第八屆部長會議於2011在瑞士日內瓦舉行；第九屆部長會議於2013年在印尼峇里島舉行，就長達12年的杜哈回合談判部分議題通過「峇里套案」（Bali Package），重建全球對多邊貿易體制的信心。

　　WTO歷屆部長會議時間表：

	會議地點	時間
第一屆	新加坡	1996
第二屆	日內瓦	1998
第三屆	西雅圖	1999
第四屆	杜哈	2001
第五屆	坎昆	2003
第六屆	香港	2005
第七屆	日內瓦	2009
第八屆	日內瓦	2011
第九屆	峇里島	2013

二、總理事會

在部長會議休會期間，由總理事會（General Council）代為執行其職權，並監督商品貿易理事會、服務貿易理事會及與貿易有關之智慧財產權理事會之運作。總理事會同時亦以爭端解決機構（Dispute Settlement Body；簡稱DSB）之名義，處理貿易爭端案件。換言之，總理事會為WTO的常設最高權力機關，處理WTO各項決策並彙整重要決策及建議，提請兩年一次之部長會議採認或核可。總理事會原則上一年召開5次例會，會議內容除包括例行之檢討或採認所屬理事會所做成之決定或建議外，亦包括處理新秘書長之選任，並協調、彙整各會員國有關新回合談判之不同意見等事宜。

總理事會直轄之其他個別機構有下列的委員會：

（一）貿易與環境委員會

貿易與環境委員會依據其工作方案廣泛討論環境與各項貿易議題的關聯性，並繼續探討建立環保規範之法律架構。相關討論議題包括下列10項：有關環境公約與貿易體系相關規範的關係、有關環境公約內涉及貿易措施之執行條款、有關環保標準和環保標章與相關稅捐、有關環境法規透明化、有關

環境與爭端解決、有關環境與市場開發、有關違禁品之出口管制、有關環境
與智慧財產權、有關環境與服務業貿易,以及有關環境與其他國際組織。

(二)貿易與發展委員會

　　貿易與發展委員會應提供開發中國家與低度開發國家會員國所需技術協
助,定期檢討以協助該等會員國發展為目的之多邊貿易協定特別條款之執行
情形,俾向總理事會提出報告並採適當措施。貿易與發展委員會亦協同WTO
秘書處訂定行動計畫,協助該等會員國改善經貿體質與投資環境,對其產品
及服務提供優惠之市場通路環境,使其國際貿易順暢發展。目前貿易與發展
委員會與聯合國貿易暨發展會議、國際貿易中心、聯合國發展計畫、世界銀
行、國際貨幣基金等機構合作,依據1997年召開「低度開發國家高階官員會
議」採認之貿易發展綜合方案,積極協助該等會員國厚植人力資源、強化貿
易機制、增加產品輸出、訓練運用資訊科技能力等。

(三)區域貿易協定委員會

　　區域貿易協定委員會係依據總理事會決議及其賦予之職權而設立,負責
檢視各會員國間關稅同盟或自由貿易區協定之內容及其執行時程,並檢討該
區域貿易協定對多邊貿易體制之影響,以消弭區域間貿易障礙與關稅壁壘現
象,促進各區域經濟體良性整合,加速全球貿易自由流通與經濟發展。

(四)國際收支委員會

　　國際收支委員會負責檢視各會員國基於國際收支平衡目的而採行之進口
限制措施,並開放有意願之會員國參加委員會進行討論。對低度開發國家會
員國或致力自由化之開發國家會員國之審查得按1972年通過之全面諮商程序
進行協商,俾儘速消除扭曲自由貿易之各項價格與數量限制措施。

（五）預算委員會

預算委員會負責監督WTO預算、財務支用情況及行政管理業務，並定期向總理事會提出年度報告。

（六）審理個別入會申請案之工作小組

入會工作小組受理各國之入會申請案，為任務性編組，由總理事會決定主席人選，賦予職權範圍，由各會員國自由決定與會，並於審查完畢後，將工作小組報告及附件送總理事會採認後自動解散。

（七）貿易與投資關係工作小組

貿易與投資關係工作小組依據WTO新加坡部長會議宣言第20條所揭櫫原則設立，以審查貿易及投資間之互動關聯性，並探究其經濟意涵。除此之外，並與其他國際經貿組織合作，共同推動全球多邊貿易體制之發展。

（八）政府採購透明化工作小組

政府採購透明化工作小組係依據新加坡部長會議宣言第21段之決定而設立，目的在研究政府採購措施之透明化，並據以研擬可列入協定之要項。歷來主要討論議題以列入現有國際正式文件中有關政府採購透明化之相關條款，以及各國之措施與實務等為主。

（九）貿易與競爭政策互動工作小組

貿易與競爭政策互動工作小組係依據1996年新加坡部長會議之決定而成立，目的在討論會員國所提與貿易及競爭政策互動相關之議題。該決定並要求總理事會隨時檢討貿易與競爭政策互動工作小組之工作。

三、商品貿易理事會

商品貿易理事會（Council for Trade in Goods）主要任務為討論並採認所屬下列相關委員會或工作小組所提之報告案或建議案，自有議題較少。共有下列15個委員會：

（一）市場進入委員會。

（二）農業委員會。

（三）食品安全檢驗與動植物防疫檢疫措施委員會。

（四）技術性貿易障礙委員會。

（五）補貼及平衡措施委員會。

（六）反傾銷委員會。

（七）關稅估價委員會。

（八）原產地規則委員會。

（九）輸入許可程序委員會。

（十）與貿易相關之投資措施委員會。

（十一）防衛措施委員會。

（十二）紡品監督機構。

（十三）國營事業工作小組。

（十四）裝運前檢驗工作小組。

（十五）資訊科技產品貿易擴展委員會。

四、服務貿易理事會

服務貿易理事會（Council for Trade in Services）負責監督服務貿易協定與其他相關服務議定書的執行情形。例如金融、自然人之移動、基本電信、電子商務研究、貿易便捷化研究。另應就服務自由化議題進行全面性及個別產業的評估，包括對低度開發國家的特別待遇。

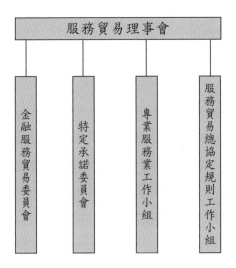

五、與貿易有關的智慧財產權理事會

與貿易有關的智慧財產權理事會（Council for Trade-Related Aspects of Intellectual Property Rights）係在總理事會指導下運作，並監督與貿易有關智慧財產權協定之執行情形，包括審查已開發國家與新入會國家相關智慧財產權法規、各國法規異動所提出的通知之審查等相關業務，每年舉行5次例會。

六、爭端解決機構

爭端解決機構每年排定10次例會，並得應會員國之要求加開臨時會，負責處理爭端案件之訴訟程序，採認爭端解決小組及上訴機構之裁決報告，以及監督裁決案件之執行情形。爭端解決機構一向被譽為WTO架構下最能發揮功能的機構，所以各會員國利用此一機制解決貿易爭端的情形愈來愈普遍。

爭端解決機構採負面共識決制度之設計，使原告國的指控得以確保在此一機制中獲得處理；甚至在判決後，另設計監督執行的程序，凡是開始執行判決結果的個案，敗訴國在開始執行後6個月，其執行進度便自動列入爭端

解決機構例行會議的議程中，以便利各國瞭解敗訴國是否切實執行其判決結果。

七、貿易政策檢討機構

貿易政策檢討機構藉由集體檢討方式，評估各會員國之貿易政策與措施及其對多邊貿易體系之影響，使各會員國之貿易政策與措施更趨透明化且易瞭解，促使各會員國遵守多邊貿易協定及複邊貿易協定之規範與承諾，使多邊貿易體系順暢運作，國際貿易環境良好發展。

參、世界貿易組織的決策程序

WTO之決策沿續過去之作法，儘量避免投票表決，而係依共識決做成決策。共識決之優點在於會員國較易為了多邊貿易體系之整體利益，而形成共識；但由於各會員國仍有機會表達其立場，並進行辯論，因此共識決之程序亦可使個別會員國之利益受到適當考量。如果就特定案件無法達成共識時，則WTO設立協定亦有投票表決之規定，投票表決係依一會員國一票之原則，以多數決達成決議。

依據WTO設立協定第9條第2項與第10條之規定，有下列4種情形須進行投票表決：

1. 任何多邊協定之解釋案，應以四分之三之多數決通過。
2. 有關豁免特定會員國在多邊協定下之特定義務之決議，應以四分之三之多數決通過。
3. 多邊協定條文之修正案，應視各該條文之性質採一致決，三分之二多數決，或四分之三多數決；惟其修正內容如改變會員國之權利義務則僅對接受修正案之會員國生效。

4.新會員國之加入，須在部長會議中經三分之二多數決通過。關於此部
　分，WTO總理事會於1996年10月之一項會議中決議，對於新會員國
　之入會審查案，將採共識決之方式。此後，對新會員國之入會審查，
　已改為以共識決為原則，但原條文有關三分之二多數決之規定仍然有
　效。

肆、加入世界貿易組織之程序

　　WTO的會員國組成，可以分為創始會員國與新加入的會員國。依據
WTO設立協定第11條之規定，原1947年GATT之締約國，只要能接受烏拉圭
回合最終協議，並提出各會員國所有能接受之有關市場開放的關稅減讓表，
以及有關服務業的特別承諾表，均有資格成為WTO之創始會員國。歐洲共同
體（European Community）與其全體會員國同時為WTO的創始會員國。
　　申請入會應依據WTO設立協定第12條之規定提出入會申請案，申請時除
提交一份表達申請入會意願之函件外，尚須提交一份「外貿體制備忘錄」，
詳述申請國之外貿體制、總體經濟情形與貿易規範之內容。總理事會於受理
申請案後，立即成立一「工作小組」對該入會申請案進行審查。此後之入會
程序如次：

（一）完成入會雙邊諮商工作

　　各WTO會員國均可向入會工作小組提出要求，與入會申請國就該國之市
場開放議題進行雙邊諮商。申請國應與各要求雙邊諮商之會員國進行入會諮
商，並逐一簽署雙邊協議，協議之內容包括協議文、關稅減讓表及服務承諾
表，並由當事國雙方及秘書處各執存一份。鑒於申請入會國之外貿體制中常
存有種種之非關稅貿易障礙，該等非關稅障礙均必須在入會前予以消除，或
修正為符合WTO規範之措施。雖該等問題係屬於體制性之多邊議題，而非雙

邊問題，但因涉及入會市場開放問題，因此亦有可能納入雙邊協議中。

（二）草擬工作小組報告及入會議定書

申請國在各項雙邊諮商獲致具體進展後，且工作小組對該國之外貿體制審查亦已接近完成階段時，WTO秘書處將根據各項雙邊諮商及歷次工作小組會議討論所獲得之結論，草擬工作小組報告及入會議定書草案。

（三）彙總及核驗關稅減讓表及服務業承諾表

申請國與各會員國諮商獲致之各項關稅減讓內容及服務業承諾必須予以彙編成「關稅減讓彙總表」及「服務貿易特別承諾表」等兩項彙總文件，附加於工作小組報告及入會議定書成為該兩份文件之附錄。各參與雙邊諮商之會員國應依據其雙邊諮商之協議，對該減讓表與承諾表進行核驗，以便確保申請國在未來入會後，其市場開放義務能充分正確地刊載於兩項文件中。

（四）入會工作小組採認相關入會文件

各國完成入會申請國關稅減讓彙總表及服務業特別承諾表之核驗，以及確認工作小組報告與入會議定書之內容後，入會工作小組即可採認相關入會文件，並建議總理事會或部長會議通過申請國之入會申請，並採認其工作小組報告與入會議定書。

（五）部長會議或總理事會採認申請國入會案

根據WTO總理事會於1995年11月15日所通過之決議，入會案原則上應採共識決方式決定，而不再訴諸投票表決；若WTO部長會議或總理事會無法就該案達成共識時，就法理而言，仍然可以援引WTO協定第12條之規定付諸投票表決。惟在實務上，迄今尚未發生無法達成共識而採投票表決入會申請案之案例。

申請會員國依其國內體制之規定完成批准程序，並將前述各項文件連同

確認接受邀請入會函遞交WTO秘書處。在秘書處接獲上述文件30天之後，申請會員國即可正式成為WTO會員國。

　　中國與臺灣分別於2001年12月底與2002年1月1日加入WTO，成為第143個與第144個會員國，2003年坎昆部長會議通過柬埔寨、尼泊爾加入WTO議定書，2007年時越南成為第150個WTO會員國，至2008年7月止，共有153個會員國。

伍、世界貿易組織協定的內容

　　WTO設立協定第2條規定，WTO所轄之範圍包括1994年烏拉圭回合談判結束時所達成的多邊貿易協定、複邊貿易協定與附屬的法律文件，共分為4大類，列為附件（附件1至附件4），成為WTO設立協定之一部分。

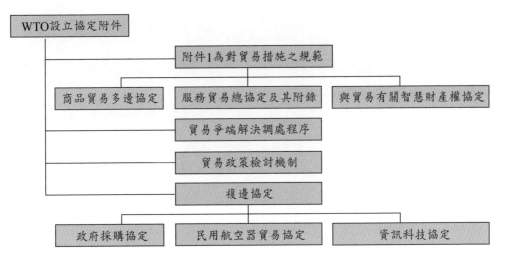

　　WTO的多邊貿易協定具有強制性的效力，對於全體會員國均有法律上的約束力，而複邊貿易協定則屬於選擇性的協定，僅對簽署的會員國具有法律上的約束力。

一、商品貿易多邊協定

商品多邊貿易協定GAT

1994 GATT

農業協定

食品安全檢驗與動植物防疫檢疫措施協定

紡織品與成衣協定

技術性貿易障礙協定

與貿易有關之投資措施協定

反傾銷協定

關稅估價協定

裝運前檢驗協定

原產地規則協定

輸入許可協定

補貼及平衡措施協定

防衛措施協定

　　複邊協定屬於選擇性的協定，僅對簽署的會員國有法律上的拘束力。

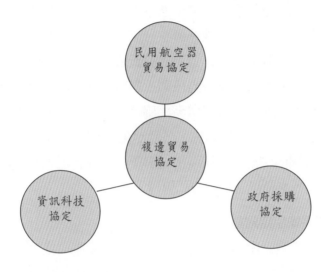

二、服務貿易總協定

　　服務貿易總協定（General Agreement on Trade in Services；簡稱GATS）
是第一套具有法律執行效力的多邊服務貿易規範。WTO的服務貿易理事會負
責監督GATS之運作情形。

（一）GATS的內容

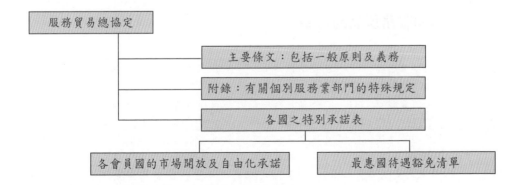

1. 服務貿易總協定條文

　　服務貿易原則上應符合最惠國待遇原則，各相關法規應符合透明化及公平性的要件，例外規定為區域性經濟整合協定或基於公共道德或國防安全之理由，可排除服務貿易總協定之適用。會員國在服務貿易總協定下，承諾開放之服務業市場，應依最惠國待遇原則，對所有會員國開放市場，不得加以互惠條件或其他的限制，但服務貿易總協定亦允許會員國對少數部門提出最惠國待遇適用豁免或採取保留措施，各類豁免一般限用10年，且每5年應檢討一次。由於各國國內法規、非邊境措施對服務貿易有極大的衝擊，因此亦規定所有規定之執行必須以合理的方式管理。

2. 服務貿易總協定附錄

　　為克服不同性質之服務類型適用同一服務貿易總協定之困難，特別以附錄的方式另行規範性質特殊之服務別，惟附錄之特別規定未予規範之處，則仍須適用服務貿易總協定之規範。服務業別附錄包括最惠國待遇適用之豁免、提供服務之自然人移動、金融、電信、基本電信、空運及海運等8項。

3. 承諾表

　　由於各國服務貿易發展程度不同，要求齊頭式開放各國服務貿易市場恐對一國經濟自主權產生重大影響，故GATS將市場開放及國民待遇兩原則列為特別承諾，期望透過各國承諾與談判之方式逐步自由化。承諾表即為會員國載明其對各類服務貿易在市場開放及國民待遇方面之限制或條件。

（二）跨國服務貿易的類型

跨國提供服務 （cross-border supply）	服務提供者在一會員國境內向他會員國境內之消費者提供服務。例如遠距教學。
國外消費服務 （consumption abroad）	一會員國境內之服務提供者對於進入該境內之他會員國之消費者提供服務。例如觀光旅遊。
商業據點呈現 （commercial presence）	一會員國之服務提供者在他會員國境內以設立商業據點方式提供服務。例如外國銀行在他國設立營業據點。
自然人呈現 （presence of natural persons）	一會員國之服務提供者在他會員國境內以自然人（個人）身分提供服務。例如服裝模特兒、工程顧問。

三、與貿易有關之智慧財產權協定

與貿易有關之智慧財產權協定（Agreement on Trade-Related Aspects of Intellectual Property Rights；簡稱TRIPS）於1996年1月1日開始生效，為現行國際上保護與貿易有關之智慧財產權種類最為完整之單一多邊協定。WTO的全體會員國都必須遵守TRIPS的規定。

智慧財產權議題已經形成WTO的三大支柱之一，由於智慧財產權已經成為一種非關稅的貿易障礙，同時知識密集的產品與服務在國際貿易中也愈來愈重要，智慧財產權早已經成為國際貿易的一個重要的競爭手段。

（一）智慧財產權的類型

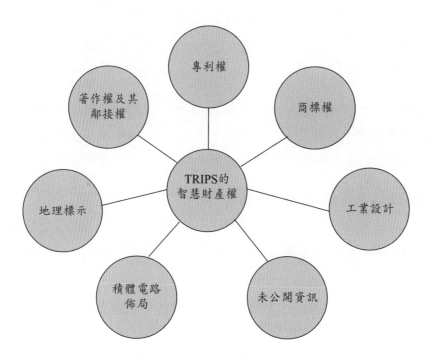

依據TRIPS第1條第2款之規定，智慧財產權包括：

著作權	指文學、藝術和科學作品的作者對其創作的作品享有民法上的權利。
鄰接權	為著作權的相關權利，指作品的傳播者對其傳播的作品，享有民法上的權利，主要包括表演者權、錄製者權、廣播組織權、出版者權。
商標權	指法人或自然人將自己的商品或服務與其他法人或自然人的商品或服務可資區別的可識別的標記。
專利權	指依法授與發明者在一定的時期內專屬使用其創造發明的權利。
地理標示	為貨源標記和原產地名稱的總稱，主要是指酒類（尤其是葡萄酒）和農畜產品的原產地的標記。
工業設計	指對產品的形狀、圖案或其結合，以及色彩與形狀、圖案的結合所做出富有美感、適用於手工業應用的新設計。
積體電路佈局	指相互連結的電子線路組成分子，藉由其在某一媒介上加以整合，而作為一個單位，進而產生功能。積體電路之設計與開發都是使用在電腦，電腦的硬體組成部分主要即為積體電路。積體電路佈局包括系統設計、功能設計與邏輯設計三大部分，而形成積體電路的形式。
未公開資訊	指經營者在生產、銷售、經營、服務的過程中對外保密，不為公眾所知悉，具有財產價值，能給經營者帶來競爭優勢的資訊，例如營業秘密、技術秘密。

（二）TRIPS的主要內容

TRIPS協定的主要內容可分為3個部分：

1. 設定權利內容之最低保護標準

與貿易有關之智慧財產權協定，為會員國設定保護智慧財產權之最低標準。保護期間、保護之客體、例外規定等，於本協定中皆有明確的規定。這些標準來源主要有二：

(1)藉由TRIPS條文中若干橋接條款（bridging clauses）之設計，引用世界智慧財產組織（WIPO）架構下之巴黎公約（Paris Convention）、伯恩公約（Berne Convention）、羅馬公約（Rome Convention）與馬德里公約（Madrid Convention）等相關公約所規定的保護標準。

(2)TRIPS針對前述公約不足部分之新增補充條款，由此兩部分構成TRIPS保護智慧財產權之實質權利內容。

2. 執行部分

與貿易有關之智慧財產權協定之執行部分，設定若干基本原則，規範執行智慧財產權之民事、刑事程序、邊境措施，及救濟管道等，規定會員國需提供智慧財產權人主張、執行智慧財產權所需之程序與救濟管道與行政機關之配合措施等。

值得一提的是，TRIPS將WTO的會員國分為4大類，即

(1)工業先進國家。

(2)開發中國家。

(3)正處於由中央計畫經濟轉型到市場經濟的國家。

(4)低度開發國家。

對於上述這4類國家在執行TRIPS的條款時，有不同的過渡時期。依據TRIPS第65條之規定，自1995年1月1日TRIPS生效時起，所有的工業先進國家自1996年1月1日日起必須全面施行TRIPS的規定；開發中國家、正處於由中央計畫經濟轉型到市場經濟的國家，適用5年的過渡時期，即自2000年1月1日起，應履行TRIPS的規定；至於低度開發國家適用11年的過渡時期，在過渡時期結束後，可因個別需要提出延長的申請，在經過批准後，得予以延長期限。2005年11月29日時，WTO決議，低度開發國家在2013年7月1日前可以不遵守TRIPS之規定，而對著作權、專利權、商標權、地理標示、工業設計與營業秘密進行保護，也就是又對低度開發國家適用TRIPS的過渡期限延長了7年半。

專利權	巴黎公約
著作權	伯恩公約、羅馬公約[4]
商標權	巴黎公約、馬德里公約
積體電路佈局	積體電路智慧財產權條約（又稱為華盛頓條約）
營業秘密	巴黎公約
地理標示	巴黎公約

3. 爭端解決

與貿易有關之智慧財產權協定之爭端解決部分，仍適用WTO之爭端解決程序。

與貿易有關之智慧財產權協定亦包含WTO之若干基本原則，例如普遍最惠國待遇、國民待遇原則等。與貿易有關之智慧財產權協定設定WTO會員國保護智慧財產權的最低標準，在最低標準以上，會員國得規定更嚴格的保護措施。TRIPS第64條明文規定，將WTO的爭端解決機制明確的適用於智慧財產權的磋商與爭端解決。

（三）TRIPS的基本原則

1. 國民待遇原則

TRIPS第3條重申已經在既有的國際公約中的國民待遇原則（National Treatment），即在保護智慧財產權方面，應遵守巴黎公約、伯恩公約、羅馬公約、積體電路智慧財產權條約中各自規定的例外規定前提下，每個會員國給予其他會員國國民的待遇不得低於給予本國國民的待遇；但對表演者、錄音製品的製作者和廣播組織者，國民待遇原則僅適用於TRIPS規定的權利。國民待遇原則的例外應是為保證遵守不牴觸TRIPS的法律規定所必須的，且不會對貿易造成限制的效果。

---

[4]　羅馬公約是於1961年10月26日在羅馬簽署的保護表演者、錄音製品錄製者與廣播組織國際公約。

2. 保障公共秩序、社會道德和公眾健康原則

TRIPS的前言即明確的指出，體認到各國智慧財產權保護制度的基本公共政策目標，包括發展目標和技術目標。TRIPS第7條規定，智慧財產權的保護和施行應有助於促進技術創新、技術移轉和傳播、有助於技術知識的創造者和使用者的相互利用，以及有助於社會和經濟福祉與權利義務的平衡。TRIPS第8條規定，在制定或修改其法律規章時，各會員國可採取對保護公共健康和營養、促進對其社會、經濟和技術發展有重大公共利益所必須的措施，但以這些措施符合TRIPS的規定為限。TRIPS第27條第2款規定，各會員國可拒絕對某些發明給予專利權，以期在其領土內阻止對這些發明的利用，以維護公共秩序或道德，包括保護人類、動物或植物的生命或健康，或避免對環境造成嚴重損害所必須的，只要這種拒絕授與並非僅因為利用為其法律所禁止。

3. 對權利的合理限制原則

由於智慧財產權是相對的權利，因此對智慧財產權應有合理的與適當的限制。智慧財產權保護制度應維護權利人的合法利益與社會公眾利益的平衡，同時權利人不得濫用智慧財產權而破壞市場的正常貿易秩序，損害公平競爭。對於智慧財產權的限制，必須是為保護第三人的合法利益，不得影響權利的合理利用，以及不得損害權利人的合法權益。

4. 權利在地域上的獨立原則

巴黎公約與其他的智慧財產權國際公約很早即已確立權利的地域上獨立原則，即各會員國對智慧財產權保護的法律制度是相互獨立的，僅在依法取得智慧財產權的會員國內受保護。TRIPS第2條重申此一原則，智慧財產權是具有地域性的，各國的智慧財產權法律制度是相對獨立的，但各會員國有權制定自己的智慧財產法律制度，不得違反其所參加的相關國際公約的規定，也就是在符合有關智慧財產權國際公約的規定基礎與符合國際慣例的基礎上，允許各會員國採取不同的保護措施。

5. 專利與商標申請的優先權原則

巴黎公約第4條明文規定優先權適用於第一次提出申請的專利或商標。TRIPS第62條第3款規定，巴黎公約第4條的優先原則應適用於服務商標。

6. 著作權自動保護原則

TRIPS第9條規定，伯恩公約規定的著作權保護原則亦適用於TRIPS的全體會員國。

7. 最惠國待遇原則

TRIPS第4條規定最惠國待遇原則，即一會員國給與任何一會員國國民的任何利益、優惠、特權或豁免，應立即且無條件的給與所有其他會員國的國民。依據TRIPS第4條之規定，有下列4種例外：

(1)從一般性的、並非專門限於智慧財產保護的相關司法協助或法律實施的國際協定所派生的利益、優惠、特權或豁免。

(2)依據伯恩公約或羅馬公約的規定所給與利益、優惠、特權或豁免，這類規定允許所給與的待遇不屬於國民待遇性質，而是屬於互惠待遇的性質。

(3)TRIPS所未規定關於表演者、錄音製品製作者，以及廣播組織的權利。

(4)在WTO設立協定生效前已經生效的關於智慧財產權的國際協定所派生的利益、優惠、特權或豁免，但以此類協定已經通知TRIPS理事會，並對其他會員國的國民不會造成恣意的或不合理的差別待遇。

8. 透明化原則

TRIPS第63條規定，一會員國有效實施關於本協定智慧財產權的效力、範圍、取得、施行和防止濫用的法律和規章普遍適用的司法終審判決和行政裁定，應以本國語言公布，若無法以本國語言公布時，應使之可以公開獲得，以便使政府和權利人知悉。一會員國政府或政府機構與另一會員國政府

或政府機構間實施關於本協定所規範智慧財產權協定也應予以公布。各會員國應將實施的法律和規章通知TRIPS理事會，以便在理事會審議本協定運用情況時提供協助；理事會應努力將各會員國履行此義務的負擔減少到最小程度，若與WTO共同建立法律和規章共同登記處的磋商時，則可豁免直接向TRIPS理事會通知此類法律和規章的義務。基於其他會員國的書面申請，會員國應提供上述相關法律和規章的資訊。

（四）TRIPS與WIPO四大國際公約之關係

TRIPS廣泛的直接採納WIPO既有的國際智慧財產權保護公約，包括巴黎公約、伯恩公約、羅馬公約與積體電路智慧財產權條約（又稱為華盛頓條約）。

巴黎公約	為目前全世界最重要的國際智慧財產權公約，適用範圍包括發明專利、新型專利、工業設計、商標、服務標章、廠商名稱、產地標示、原產地名稱、防止不公平的競爭。
伯恩公約	是保護文學藝術作品的國際公約，主要保護著作權。
羅馬公約	為目前在著作權的鄰接權保護上最重要的國際公約，唯一非開放性的公約，只有參加伯恩公約或世界著作權公約的國家才可以參加羅馬公約。
華盛頓條約	是針對積體電路智慧財產權的國際條約。

TRIPS第2條明文規定，在僅就智慧財產權的可獲得性、範圍與利用標準、智慧財產權的執行等，適用上述的四大國際公約。換言之，以橋樑方式，TRIPS充分採納既有的國際智慧財產權保護公約的重要規定，而形成智慧財產權標準、執法與程序方面更完備的規則體系，而又連接WTO的爭端解決機制，以期使四大國際智慧財產權公約在一個更有效力的多邊架構和制度內更有效率的施行。

另外，TRIPS第2條亦指出，WTO的會員國彼此間仍繼續履行依據巴黎公約、伯恩公約、羅馬公約和華盛頓條約所承擔的現有義務。TRIPS的前言強調，應與世界智慧財產組織（WIPO）及其他的國際組織建立和發展相互支

持的關係，也就是TRIPS成為WTO與其他現有的智慧財產權國際公約、國際組織維持一個協調和一致的關係。

四、爭端解決規則及程序暸解書

以規則為基礎的多邊貿易體制，若缺乏一個有效解決爭端的機制，將變得毫無價值，因為將無法有效地執行其規則。因此，WTO對於有關貿易爭端解決的程序，係以法律規則做為基礎，如此可以使貿易制度更加具有安定性及可預測性。此一爭端解決程序，係基於一套明確的規則，對於完成每一個案件的時間均訂有時間表。首先，係由爭端解決小組（Panel）做成裁決，並提交WTO全體會員國予以採認或否決。接著，當事國並有機會得對於爭端解決小組之裁決提起上訴，以便能以法律觀點再為審查。爭端解決整個程序的重點並不在於做成最後裁決，而係在於爭端當事國應儘可能地透過諮商方式解決彼此的貿易爭端。

爭端解決程序可分為6個階段：

1. 諮商

爭端解決程序的第一步在進行諮商，被告國應在原告國提出諮商要求的10日內予以回應、30日內展開諮商，以及於60日內試圖達成協議。否則原告國得要求成立爭端解決小組。

2. 斡旋、調解及調停

在爭訟程序之外，爭端當事國亦得隨時透過斡旋、調解及調停等管道解決爭端，或由秘書長出面協助解決。

3. 爭端解決小組

要求成立爭端解決小組的提案，於第二次列入爭端解決機構會議議程時，除非會員國全體以共識決一致反對成立爭端解決小組，否則即依法通過成立。爭端解決小組原則上由3名成員組成，該等成員應自爭端解決機構所

通過的儲備名單中選任，除非另有合意且不得為爭端當事國的國民。爭端解決小組應在六個月內完成其審查工作，必要時得延長三個月；而在緊急個案中，其審議期間應縮短為三個月。

4. 爭端解決小組報告之通過

爭端解決小組應將審查結果製作爭端解決小組報告，並送交爭端解決機構通過；除非有共識決一致反對（即所謂的負面共識決），否則該機構至少應於收到該報告後60日內通過之。但爭端當事國若對該報告之法律認定不服者，得於收到該報告後60日內向上訴機構提起上訴。

5. 上訴程序

當事國經上訴後，應由上訴機構7位上訴成員中隨機指定3位成員審理該案，並於60日內完成報告書，必要時得延長30日。該上訴報告應送交爭端解決機構通過，且爭端當事國應無條件接受之。

6. 監督與執行

爭端解決小組或上訴機構之報告經通過後，敗訴之被告國應表明接受與執行該裁決之意願；若確有困難而無法立即遵守時，則可要求一合理的緩衝期間。爭端解決機構將長期監督其執行情形，直到該案確實執行完畢。若被告國未能如期執行，則爭端解決機構應授權原告國進行合法的報復。報復項目原則上應儘量針對同一或同類產業，但亦可擴及至其他產業。

五、貿易政策檢討機制

烏拉圭回合協定於1994年設立的貿易政策檢討機制（Trade Policy Review Mechanism，簡稱TPRM），由WTO下所屬之貿易政策檢討機構對所有會員國的貿易政策及採取的措施作定期檢查，以促使各會員國的貿易決策能更加透明化。此一貿易政策檢討機制之目的，在於：

(1)透過定期檢討，增進會員國貿易政策與措施之透明化及更深入了解會

員國之貿易體制；

(2)促進會員國遵行多邊貿易協定規則、規範及承諾，以使多邊體制順利運作；

(3)貿易政策檢討機制無意作為評定受檢討會員國之貿易政策及措施，是否符合WTO規範或作為爭端解決程序之基礎或對受檢討會員國加諸新的承諾。

貿易政策檢討機制具有下列3個特性：

(1)經常性：定期檢討，但不同會員國可以有不同的檢討週期；

(2)普遍性：各會員國必須一視同仁地接受檢討；

(3)全面性：對會員國之貿易政策、法規、措施進行全面檢討，而不侷限於對某一特定事件的處理。

貿易政策檢討範圍主要內容為：

(1)經濟環境：包含主要經濟概況、總體經濟政策、結構性政策、貨品貿易發展、對外投資情形、與貿易有關的外匯體制、未來展望等；

(2)貿易政策體制：包括整體架構、貿易政策發展與管理、貿易政策目標、貿易協定、外人投資體制等；

(3)貿易政策及措施：包含所有影響進、出口、服務業貿易、貨品產量與貿易之措施；

(4)貿易政策：包括農業、林業、漁業、能源、製造業與服務業等。

　　貿易政策檢討頻率係依最近代表期間內，各會員國貿易量占全球的比率而定。排名前4名之會員國（歐洲聯盟視為一個整體）每2年檢討一次；次16名每4年檢討一次；至於其他會員國，除低度開發國家會員國可訂一個較長的期間（通常為10年）外，每6年檢討一次。

　　當一會員國之貿易政策或措施之改變，對其貿易夥伴可能有重要影響時，經諮商後貿易政策檢討機構（Trade Policy Review Body）得要求有關的會員國提前進行下一次的檢討。2014年時，前4名的會員國為美國、歐盟、中國與日本，應每2年檢討一次；台灣則是屬於每4年進行一次貿易檢討，於

2010年8月完成第二次貿易政策檢討。

　　貿易政策檢討機構負責執行貿易政策檢討，在形式上由WTO總理事會依據貿易政策檢討機制相關規定及程序召開貿易政策檢討機構會議，所有WTO會員國皆可參加；政府間組織例如：IMF、World Bank、OECD、UNCTAD可以觀察員身分參加會議。貿易政策檢討機制檢討程序主要可分為蒐集資料、實地訪查、準備文件、籌劃及召開檢討會議、公布相關文件等步驟，各項步驟之進行時程係由WTO秘書處及受檢討會員國共同討論決定。WTO秘書處依其職責依據受檢討會員國所提供之資料及意見，以及自其他管道取得之資料撰寫報告，受檢討的會員國應提供一份貿易政策報告。

陸、杜哈發展議程的新議題

一、杜哈發展議程

　　2001年11月9日至13日在卡達的杜哈（Doha）舉行第四屆的WTO部長會議，會中正式接納中國與臺灣成為第143個與第144個新會員國，部長會議的宣言包含了對於新一回合多邊貿易談判的近程與WTO未來的工作計畫[5]。主要目的為發展出兼顧開發中國家與低度開發國家利益與義務的新回合談判工作計畫，以確保開發中國家和低度開發國家支持和充分參考與談判，因此新回合談判被稱為發展回合（Development Round），而各國部長們在杜哈會議中為新設定的議程，因此稱為杜哈發展議程（Doha Development Agenda；簡稱DDA），正式展開多邊貿易的談判工作，並設立貿易談判委員會（Trade Negotiations Committee），負責推動談判工作之進行和責成總理事會負責監督。

---

[5]　WTO, Ministerial Declaration, WT/MIN (01)/DEC/1, 20 Nov. 2001.

在杜哈發展議程中共有19個工作計畫項目，即：

1.施行與貿易相關的議題。

2.農業。

3.服務業。

4.對非農產品的市場進入。

5.與貿易有關的智慧財產權。

6.貿易與投資的關係。

7.貿易與競爭政策的互動關係。

8.政府採購的透明化。

9.貿易促進。

10.WTO規則，主要是針對反傾銷協定、補貼協定或區域貿易協定。

11.爭端解決瞭解書。

12.貿易與環境。

13.電子商務。

14.小規模經濟體系。

15.貿易、負債與金融。

16.貿易與技術移轉。

17.技術合作與能力建設。

18.低度開發國家。

19.特別與差異的待遇。

其中農業與非農產品市場進入為WTO會員國意見最分歧與最關鍵的兩個議題。這兩個議題遲遲未能解決，特別是在農業補貼、農產品關稅和工業產品關稅的削減幅度、削減公式和削減方法上的意見分歧，導致其他議題的談判亦無法進展。

2003年9月在墨西哥坎昆（Cancun）舉行的第五屆部長會議因會員國對於農業與新加坡議題（投資、競爭、貿易便捷化及政府採購透明化）立場差異過大，導致坎昆會議並無具體結論而宣告破裂。在2004年3月恢復談判，並

在7月16日提出「七月套案」（July Package），除綜合整體各議題之談判進展外，並針對農業、非農產品市場進入、服務業及貿易便捷化等重要議題提出相關談判架構、建議及模式，在經過激烈討論後，終於在2004年8月1日在總理事會中通過「七月套案」。

「七月套案」的主要內容有：

2004年8月，WTO總理事會達成「杜哈回合架構協議」，談判領域包括8個議題：

(1)農業；

(2)非農產品市場進入；

(3)服務；

(4)智慧財產權；

(5)規則；

(6)爭端解決；

(7)貿易與環境；

(8)貿易與發展。

杜哈回合的宗旨為促進WTO：

1. 境內支持（domestic support）

(1)各項具有扭曲貿易效果之境內支持措施總額，包括國內農業總支持（AMS）、微量補貼（de, minimis support）及藍色措施（blue box），應以「分段調降公式」進行削減，也就是補貼水準越高者，削減幅度越大，同時上述這些補貼總額在開始執行的第一年，不得超過「AMS最終約束水準、可允許的微量補貼及藍色補貼上限」等3項補貼總和之80%。

(2)國內農業總支持AMS（例如：稻米保證價格收購計畫），應同樣以「分段調降公式進行」削減，個別產品AMS應設定上限，而上限如

何訂定尚待談判決定。

(3)關於藍色措施方面，各會員國可採取平均農業年產值之5%為補貼上限。

2. 出口競爭（export competition）

(1)取消出口補貼。

(2)應制定糧食援助規範，且國際組織在糧食援助措施中扮演的角色及是否應採取完全贈與方式實施糧食援助，亦應進一步談判。

3. 市場開放

(1)農產品降稅應採「分段降稅公式」進行，高關稅產品之降幅較大，但應給予敏感性產品應有的彈性處理。

(2)會員國可自行選定敏感性產品，而敏感性產品項數則尚待進一步談判。

(3)各項敏感性產品應以增加關稅配額及調降額外關稅等兩者組合方式，實質改善市場進入機會。

4. 其他

(1)已開發國家與有意願的開發中國家，將給與低度開發國家免關稅及免稅額的進口優惠待遇。

(2)新會員國之優惠待遇應以特別彈性條款有效解決。

廢除更多的貿易障礙，期待通過更公平的貿易環境以促進全球的經濟發展。杜哈回合雖然是多邊談判，但真正主導談判的主角是美國、歐盟與由開發中國家組成的G20[6]，「杜哈回合架構協議」明確規定美國與歐盟逐步取消

---

[6] G20正式出現於2003年8月20日的一份文件。G20核心的國家主要為中國、印度、巴西與南非，截至2009年4月G20集團的會員國為阿根廷、玻利維亞、巴西、智利、中國、古巴、厄瓜多爾、埃及、瓜地馬拉、印度、印尼、墨西哥、奈及利

農產品出口補貼及降低進口關稅，為全面達成協議邁出了重要一步。

由於各方利益衝突與意見分歧，歷時多年的杜哈回合談判始終無法打破僵局，2008年的全球金融風暴導致全球貿易嚴重萎縮，因此2009年11月30日在日內瓦舉行第七屆部長會議[7]主題重點為「世界貿易組織、多邊貿易體系與當前全球經濟形勢」。

2011年第八屆部長會議對於討論的議題仍無共識；2013年第九屆部長會議在印尼峇里島舉行，在12月6日終於達成共識通過「峇里套案」（Bali Package）。「峇里套案」議題包括：

1. 貿易便捷化

貿易便捷化（Trade Facilitation）係為改進GATT第5條、第8條與第10條等關於轉運自由、貿易程序與規費、法規透明化的規定。依據貿易便捷化協定，除第一篇有關貿易便捷化措施之義務外，尚包括第二篇開發中國家與低度開發國家的特殊及差別待遇。為加速貿易便捷化協定之生效及落實，會員國同意設立貿易便捷化籌備委員會，負責法律檢討（legal review）、受理會員國就本協定生效時即已實施的貿易便捷化措施之通知，以及草擬貿易便捷化協定納入WTO協定之修正議定書等。總理事會應在2014年7月31日前採認前述所修正議定書，並開放會員國在2015年7月31日前批准存放。貿易便捷化協定共有15條條文，包括資訊的公開與可得性、資訊預先公開與諮商、預先審核、申訴程序、加強公平性、非歧視性與透明化原則之適用、進出口費用與規章、貨物清關與放行、領事事務、邊境機關合作、轉運自由、貿易便捷化事務之海關合作、貿易便捷化委員會之設立與功能、貿易便捷化國家委員會、其他事項。

亞、巴基斯坦、巴拉圭、秘魯、菲律賓、南非、坦尚尼亞、泰國、烏拉圭、委內瑞拉與辛巴威。在貿易協商中，G20催促先進的富有國家終止農業補貼，同時反對他們所屬項目。

[7] 2009年第七屆部長會議已經由153個會員國參與。

2. 農業議題包括關稅配額、出口競爭與糧食安全3項議題

(1)關稅配額：會員國同意針對關稅配額執行率低於65%的產品，應改以「先到先配」方式核配，但開發中國家可免於此項要求。

(2)出口競爭：主要為取消出口補貼相關措施。

(3)糧食安全：會員國同意針對開發中國家以糧食安全為目的之公共儲量政策，相關補貼如超過其境內總支持承諾，可免受其他會員國之控訴，並應在第十一屆部長會議前，協商並通過永久解決方案。

3. 發展

「峇里套案」的發展議題包括特殊待遇與差別待遇之監督機制，低度開發國家優惠原產地規則、執行低度開發國家服務業豁免決議、棉花議題，以及低度開發國家免關稅與免配額市場進入。

總而言之，「峇里套案」已經為杜哈回合冗長的談判有了一個小小的成果，未來將進一步針對「後峇里議程（Post-Bali）」與「強化WTO體制」等工作之討論，以制定第九屆部長會議後的工作計畫。所謂「後峇里議程」，是指第九屆部長會議召開後，WTO該如何進行後續的談判工作，以及是否要有具體的時程規劃，可能涵蓋的議題包括第九屆部長會議小型套案以外的杜哈發展議程議題、21世紀議題（環境、糧食安全、能源）、區域自由貿易協定與多邊體制之調和、匯率、資訊科技協定（Information Technology Agreement；簡稱ITA）、複邊服務業協定（Plurilateral Services Agreement；簡稱PSA）及政府採購協定等。「強化WTO體制」包括WTO決策機制是否改變、貿易政策檢討機制、改善入會程序、強化與其他國際組織的合作、全球價值鏈下之多邊體制運作、改善爭端解決、協助開發中國家與低度開發國家的發展議題等。

WTO定義貿易未來小組（Panel on Defining the Future of Trade）於2014年4月24日公布「貿易的未來：凝聚共識（convergence）的挑戰」報告結論可知，對於一個快速整合的世界經濟而言，如何為日漸開放的貿易環境建立規範，僅是應解決的一個的挑戰。各會員必須投入政治力，凝聚WTO會員國

間的共識，以調和全球與區域自由貿易體制之競合關係、貿易規範與國內政策之落差，以及層出不窮的非關稅貿易障礙，以解決目前對於全球經濟、社會及政治的成本與風險問題。

二、新的貿易議題

（一）貿易與環境

　　1992年的聯合國環境與發展會議（UN Conference on Environment and Development）強調貿易與環境政策共同的目標，應藉由貿易自由化促進持續的發展[8]，且應使貿易與環境相互支持，應捨棄單方面的措施，而致力於多邊的成果。在WTO設立協定前言即表明烏拉圭談判回合多邊貿易協定之目標，最重要的就是要持續發展（sustainable development）的宗旨，不僅要保護環境，而且還要維持環境[9]。WTO應致力於一個更環保的國際貿易，持續的發展即為試圖調解自由貿易與環境保護的衝突[10]。要達到這些目標的方法，就是要用互惠與共同利益達成持續的降低關稅與其他貿易障礙，以及消除在國際經貿關係中的差別待遇。雖然在不同的協定中多次提及環境，但在其他的多邊貿易協定中卻未出現持續發展的文義。WTO的前言指出資源的最適當運用（optimal use）、環境保護（environmental protection）與永續發展等新觀念，凸顯在維護環境保護的架構下發展貿易政策的重要性。

　　GATT/WTO的爭端解決機制已經常常成為解決因環境引起的貿易糾紛最佳的選擇，以下將以4個著名案例說明貿易與環境問題之關聯性：

---

[8]　UN Conference on Environment and Development, June 3-4, 1992, Agenda 21 ch.2.3, UN DOC.A/CONF.151/26/Rev.1(1992).

[9]　Joost Pauwelyn, "The Role of Public International Law in the WTO: How Far Can We Go?", 95 American Journal of International Law, (2001), p.573.

[10]　Suzanne Pyatt, "International Tribunals the WTO Sea Turtle Decision", 26 Ecology Law Quarterly, (1999), p.820.

1. 保護海豚案[11]

第1個保護海豚案係在美國與墨西哥間的貿易糾紛，由GATT的爭端解決小組做成裁決。在東熱帶太平洋海域，鮪魚常隨著海豚一起，漁民們發現他們可以使用高速遊艇與直昇機偵察在水面的海豚，將他們聚成一個球形，再用網子將海豚圍起來，很神奇的是鮪魚全停留在海豚下，海豚因而成為漁民們神奇發現鮪魚群的方法，漁民們便使用這種方法捕捉鮪魚，但漁民們使用這種方法捕捉鮪魚，同時也會殺害在水面的全部海豚。漁民們這種捕捉鮪魚的方法，引起愛好海豚的保育人士與環保人士極度的不滿。美國遂在1972年時公布海洋哺乳動物保護法（Marine Mammal Protection Act），禁止進口使用違反美國所制定危害海豚捕捉鮪魚方法的標準捕獲的鮪魚。

捕捉鮪魚的方法違反美國的海洋哺乳動物保護法規定的標準而造成海豚死亡時，美國便會採取禁止的措施。美國除了研發新的圍捕鮪魚外，還與美洲熱帶鮪魚委員會（Inter-American Tropical Tuna Commission；簡稱IATTC）合作發展了海豚的保育計畫，以研究讓海豚游出網子的技術與在外國捕鮪魚艦隊中進行一系列的技術宣導活動，但由於參與的外國艦隊數量有限，因此漁民們仍發現海豚，情況並未改善。1980年代末期，外國艦隊大肆捕捉鮪魚，海豚的死亡率遠高過生殖率，海豚的數目也逐漸的減少；在此時外國船旗的艦隊同意接受美國觀察員觀察鮪魚船的作業。1986年時美國國家遠洋漁業中心（U.S. National Marine Fisheries Services）在國會的強大壓力下，公布草擬的規則，對於拒絕觀察員上船的國家，將會採取禁止進口來自這些國家的鮪魚。1991年春天時，美國法院下令禁止使用袋網在東熱帶太平洋捕獲的黃鰭鮪魚進口；數月之後，美國又因4個鮪魚進口與出口國家不配合改善第一次的禁止措施，而再度由法院發第二次的禁止命令。

美國的這個保育規定產生域外效力（extraterritorially），墨西哥的漁民

---

[11] United States Restrictions on Imports of Tuna GATT Doc.DS21/R (Sep.3, 1991) 30 I.L.M. 1598 (1991) (Tuna/Dolphin I) and 33 I.L.M. 839 (1994) (Tuna/Dolphin II).

使用大型的袋狀漁網將一群鮪魚一網打盡，在確定墨西哥的漁民捕獲鮪魚使用大型的漁網後，美國開始對墨西哥的鮪魚禁止進口。 GATT的爭端解決小組認為美國的海洋哺乳動物保護法在域外適用於捕獲產品的方法，而非適用於產品本身，美國的禁止進口命令違反GATT，因此判定美國敗訴。美國拒絕接受GATT爭端解決小組的建議。

　　美國國會以單方面的環境貿易措施，強制外國漁民符合美國捕鮪魚艦隊的做法，外國艦隊違反時，即施以禁止進口的制裁。美國艦隊的作業方法就是標準，但外國艦隊並不清楚美國的標準，因此只要不符合美國的規定，讓海豚在完全安全的情況下所捕獲的鮪魚，即禁止進口這些鮪魚，美國的這些環境措施已經是不合理與恣意的做法。在本案GATT的爭端解決小組強調，GATT第20條是例外規定，為維護枯竭的自然資源，締約國可以例外的採取貿易限制措施，GATT第20條的前言也限制了例外規定的範圍，即單方面的環境措施不得在GATT締約國間做為恣意或不公平的差別待遇，或隱藏的限制國際貿易。因此必須採取狹義的解釋方法，必須平衡締約國主張例外規定的權利與相同的締約國尊重其他締約國條約權利上之義務。當時環保人士憤怒的抨擊GATT爭端解決小組的決議，墨西哥在勝訴後也採取措施，以減少海豚的死亡，美國政府邀集環保人士與中南美洲國家在1995年10月時達成協議，制定有利於生態環境的捕獲鮪魚的準繩[12]。美國也在烏拉圭回合的談判最後階段，成功的將有利於環境的規定納入烏拉圭回合的一些文件中[13]。

2. 委內瑞拉控訴美國汽油環保規定案[14]

美國於1977年時公布空氣清淨法（Clean Air Act），以改善空氣品質，但

---

[12] P. L. Stenzel, Why and How the World Trade Organization must Promote Environmental Protection, 13 Duke Environmental Law and Policy Forum (2002), p.16.

[13] Office of U.S. Trade Representative, The GATT Uruguay Round Agreement: Report on Environmental Issues, H. R. Doc. No. 103-316 at 1163 (1994).

[14] WTO, Appellate Body Report: United States - Standards for Reformulated and Conventional Gasoline, 1 I.T.L. Report, No.1, at 71 (1996).

在都會區的臭氧煙霧與空氣污染問題仍持續著且愈來愈嚴重，同時酸雨與有毒氣體之排放對環境與人體健康之威脅亦逐漸受人重視。為了減低都會區空氣污染、酸雨及有毒氣體排放對人類健康及環境所造成的威脅，美國於1980年代著手進行空氣清淨法的修法工作，1990年時通過新的空氣清淨法[15]。依據新的規定，美國的環保署（Environmental Protection Agency）以1990年的汽油品質為基準，做為決定1995年以後市面販售再重組汽油及傳統汽油（conventional gasoline）的比較標準，煉油廠必須標示其產品的成分，以減少傳統汽油所造成的廢棄污染。自1995年1月1日起，美國煉油業、進口商及摻和業在經指定非臭氧污染區域[16]內，不得販售傳統汽油，只允許販售再重組汽油，其他非指定區域則可販售傳統汽油。

　　1994年時，委內瑞拉控訴美國的空氣清淨法違反GATT的規定，因為美國的空氣清淨法規定造成差別待遇的結果，美國則主張其環保政策符合GATT第20條第b項與第g項所規定的例外要件，WTO的爭端解決上訴機構認為，GATT第20條的前言即明文規定此一條款的立法目的，係為避免會員國濫用一般例外原則，也就是會員國在援引主張GATT第20條第a項至第j項所規定的例外要件時，應考量其在GATT下的義務及其他會員國的合法權利，而在適用GATT第20條例外規定的前提要件，為不得對相同情況下的不同國家造成恣意或不正當的差別待遇，或造成隱藏性的貿易限制。因此，WTO爭端

---

[15] 1990年的空氣清淨法具有下列特色：(1)鼓勵運用市場原理及其他方式，如效能標準及排放量銀行式經營及交易方式限制排放總量。(2)利用燃料油最佳成本燃燒效率及技術，引進清淨燃料油。(3)提升低硫煤及天然氣的使用機會。(4)增加天然氣等清淨燃料的市場，以降低石油進口量。(5)鼓勵儲存能源。http://www.epa.gov/oar/oaqps/peg_caa/pegcaain.html, last visited 2006/12/10.

[16] 所謂的非臭氧污染區域，係指人口數超過25萬人，且在1987年至1989年間遭受嚴重臭氧污染，並由美國環保署硬性納入管制區域範圍的地區，或是州政府認為未達臭氧容許標準並經申請許可納入管制之區域。非臭氧污染區域計有洛杉磯、聖地牙哥、芝加哥、休士頓、巴爾地摩、費城、聖克羅門多、密爾瓦基、哈特福（Hartford）、紐約等十個地區。

解決上訴機構判定美國敗訴，認為雖然美國有權維護其國內的空氣品質，但仍不得違反GATT架構下的禁止差別待遇原則。

3. 保護海龜案[17]

保護海龜案可說是WTO最重要的環境保護決議。全球計7種海龜分布於熱帶及亞熱帶海域，為避免人類活動直接或間接影響海龜生存，華盛頓公約已將所有海龜列為瀕臨絕種之生物。美國1973年瀕臨絕種法（Endangered Species Act, ESA）規定在未取得商務部部長或內政部部長許可之前，禁止在美國境內、美國管轄的海域，以及公海從事捕獲海龜之行為。1987年根據瀕臨絕種法，美國發布禁止規定，規範捕蝦拖網漁船應加裝海龜逃脫器（turtle excluder devices, TEDs）或限制拖網時間少於90分鐘，以利海龜脫逃或避免海龜窒息。

1989年時美國國會通過609條款（Section 609），以保護瀕臨絕種的海龜，因為漁民在捕蝦時常常會將海龜一起撈起，而嚴重威脅海龜的生存。最初609條款只適用於加勒比海、西大西洋海域（主要為墨西哥、貝里斯、瓜地馬拉、宏都拉斯、尼加拉瓜、哥斯達黎加、巴拿馬、哥倫比亞、委內瑞拉、千里達托貝哥、蓋亞那、蘇利南、法屬蓋亞馬，以及巴西），並授與該等國家3年改善調整期，此外排除養殖蝦為設限範圍。1993年時，美國修正評估指導原則，規定上述的這些國家在1994年5月1日以前，必須全部加裝TEDs始能名列美國認可之許可蝦類進口之國家別清單。但在1996年時，依據美國國際貿易法庭（US Court of International Trade）之規定，609條款擴大適用於所有的國家，同時新的指令規定所有蝦子與蝦產品在進口到美國時，必須申報並出具蝦子原產國的證明，或係在不會對海龜造成不利影響的條件下捕獲的蝦子。只要是美國認為是以適當的方法捕獲的蝦子，美國即允許來自一些未批准國家的蝦子進口，但這種情形到1996年時，又因為美國國際貿易法庭的

[17] WTO Dispute Panel Report on United States - Import Prohibition of Certain Shrimp and Shrimp Products, WT/DS58/R (May 15, 1998), reprinted in 37 I.L.M. 834.

規定而有所改變。結果最後只有來自美國總統依據609條款批准的國家，以商業捕魚技術捕獲的蝦子，才可以進口到美國。因此，這些事實造成美國依據蝦子的原產國來決定是否可以進口到美國市場的結果。一開始時，GATT的爭端解決小組認為，美國的措施造成禁止或限制蝦子的進口，因此牴觸了GATT第11條第1項之規定。在考量環境保護的例外規定前，GATT的爭端解決小組認為，美國的措施符合GATT第3條的國民待遇原則（principle of national treatment）。依據國民待遇原則，一締約國對於所有其他締約國應一視同仁，也就是締約國對於本國人與外國人應給與相同的待遇[18]。

　　乍看之下，美國的措施對於所有的進口蝦子既沒有直接，也沒有間接的造成差別待遇，因此是合法正當的[19]。但有爭議的問題是，是否會對本國產品與進口產品造成差別待遇，本國產品與進口產品在認定上是否為相同的（like）產品，而採取這些措施的目標與效力是否係為保護本國產品。因此，應考量美國的措施之立法目的是否有保護主義之目的或效力[20]。

　　GATT爭端解決小組秉持一貫的見解認為，GATT第3條的國民待遇原則必須在本國與進口產品間做一比較，而不是比較進口國與原產國間的政策與實務[21]。本國產品與進口產品應是相同的產品，而不論其以何種方式生產或捕獲。美國的措施基本上並不是比較蝦子的種類是否相同，而卻是區別這些蝦子所使用的捕獲技術，顯然的是對進口產品有先入為主的想法，因此已經牴觸國民待遇原則。國民待遇原則就是要將適用於本國產品的標準也適用於進口產品，若將適用於本國產品的生產標準也適用於進口產品，將會對進口產品造成不利的待遇，而違反GATT第3條的國民待遇原則。因此，在法律上

---

[18] 黃立/李貴英/林彩瑜（2002），WTO國際貿易法論，臺北：元照出版有限公司，頁92。

[19] Bhagwati/Hudec (1996), Fair Trade and Harmonization: Prerequisities for free Trade?, Vol.2, Legal Analysis, Boston: The MIT Press, pp.70-80.

[20] J.H.H. Weiler，前揭書，p.135.

[21] United States Restructions on Imports of Tuna 33 ILM 839 (1994)(Tuna/Dolphin II).

（de jure）是符合國民待遇原則，但在事實上（de facto）在生產的標準上卻是違反了國民待遇原則的精神[22]。但在本案，爭端解決小組並未就此爭議詳加闡釋說明，而主要是在釐清GATT的適用範圍與闡明GATT第20條關於環境保護的例外規定。

過去GATT的爭端小組對於第20條的例外規定，均認為應限縮其適用範圍[23]，在第2個保護海豚案中，GATT爭端解決小組認為，當事國有權在其領土主權外保護環境資源，但卻又認為在當事國採取的措施與環境保護目標間必須有直接的因果關係。只有出口國遵守進口國的措施而改變其自己的政策時，才有可能使進口國的措施達成環境保護之目標，而不能主張在GATT環境保護例外規定的構成要件[24]。

在保護海龜案，GATT的爭端解決小組在結論時認為，美國的措施屬於GATT第20條的適用範圍，尤其是美國的措施牴觸GATT第20條的前言，因為在相同的條件下，卻在不同國家間造成不公平的差別待遇。上訴機構指出，進口國在GATT第20條的規範下，可以採取環境的貿易措施，甚至是單方面的禁止進口措施，但這些措施必須要避免在不同的國家間造成不公平的差別待遇。這些單方面的貿易措施，可以合法正當的適用於對進口商品因其在進口國領土外以損害自然資源的方式，或因進口商品係來自進口國認為其環境政策不適當的國家。若這些單方面的貿易措施在不同的國家間造成恣意或不公平的差別待遇時，或造成限制國際貿易的結果時，出口國亦得主張這些措施違反GATT的規定。

上訴機構強調應避免在不同的國家間造成恣意的或不公平的差別待遇，進口國在對出口國決定採取禁止進口的措施前，應給與出口國形式的聽證機會，以便出口國可以主張可比較的環境政策，並須與所有的出口國在平等的

---

[22] J.H.H. Weiler，前揭書，p.135.

[23] T.J. Schoenbaum, International Trade and Protection of the Environment: The Continuing Search for Reconciliation, 91 American Journal of International Law 1997, p.268.

[24] 33 I.L.M. 894 and 898 (1994) (Tuna/Dolphin II).

基礎上進行嚴肅的諮商，而使相同的技術都可以移轉給所有的出口國，進口國應對不利的決定做一個正式的理由說明，並給與覆審的機會。上訴機構就具體個案處理環境貿易措施的合法性，已經比過去有更大的考量空間去思考系爭的環境措施的合法性[25]。

4. EU禁止美國的荷爾蒙牛肉進口案

美國的畜牧業給牛餵食荷爾蒙激素加速肉牛的生長，已經行之多年，而荷爾蒙仍殘留在牛肉上就出售給消費者。雖然仍不確定這些殘留在牛肉上的荷爾蒙是否會對人體健康產生特別的影響，但一般科學證據顯示，消費大量的荷爾蒙有致癌的危險、增加其他致癌物的影響、造成雌性激素增加，包括降低男性的生殖力。歐洲在1980年代時，出現在嬰兒食品中使用荷爾蒙處理的肉品，造成嬰兒胸部發育與開始有月經的現象。因此，歐洲共同體實施一連串的規定，禁止使用特定的荷爾蒙激素餵食家畜與禁止進口含有荷爾蒙的牛肉[26]。1996年時EU公布第22號指令[27]，禁止對農場飼養的家畜使用特定促進生長的荷爾蒙激素、禁止販售本國與進口殘留荷爾蒙激素的肉品，但不包括為治療或動物技術目的而使用荷爾蒙激素的情形。

EU擔憂美國餵食荷爾蒙的牛肉會危害人體的健康，因此禁止美國的荷爾蒙牛肉進口到EU。雖然沒有科學根據證實含荷爾蒙的牛肉會危害人體的健康，但EU的健康與環境政策要求EU採取預防的措施，以處理這些可能發生的問題，但美國卻主張EU禁止含有荷爾蒙牛肉進口的做法已經違反GATT第11條的規定[28]。EU主張適用食品衛生安全與動植物防疫檢疫措施協定

---

[25] Howard F. Chang, Toward a Greener GATT: Environmental Trade Measures and the Shrimp - Turtle Case, 74 Southern California Law Review 2000, p.46.

[26] Layla Hughes, Limiting the Jurisdiction of Dispute Settlement Panels: The WTO Appellate Body Beef Hormone Decision, 10 Georgetown International Environmental Law Review 1998, p.916.

[27] ABlEG 1996 L 125/3.

[28] Natalie Collins, European Environmental Policy and Its Effects on Free Trade, 26 William and Mary Environmental Law and Policy Review 2001, p.211.

（Agreement on the Application of Sanitary and Phytosanitary Measures；簡稱SPS協定）第3.3條與第5.7條的預防原則係為保護人民的健康，以使其措施合法正當，因此認為這樣的規定已經侵害其立法與施行政策保護其人民的權利。雖然欠缺明確的科學證據，但EU主張其禁止規定係符合SPS協定所規定的對消費荷爾蒙有負面影響的合法要件，且係根據預防原則，因此可以採取禁止進口的措施。美國則認為，預防原則在國際法上尚未成熟發展，不足以解釋SPS協定，SPS協定已經明文規定必須依據科學證據才可以採取保護措施。因此EU不僅違反SPS協定，未根據科學證據做風險評估，而且造成恣意的差別待遇。1997年時，WTO爭端解決小組認為EU禁止美國的荷爾蒙牛肉進口，已經違反GATT的禁止差別待遇的貿易原則，EU舉出的荷爾蒙危害健康的證據並不符合科學根據的標準[29]，因此EU的禁止進口係牴觸GATT。

　　雖然GATT第20條第b項規定，基於人類、動物與植物的生命的理由，會員國可以採取例外的限制進口措施。但WTO的爭端解決小組認為，EU禁止含有荷爾蒙的牛肉進口，並沒有科學根據證明係為保護人體、動物或植物的生命所必須的方法，因此EU的禁止進口措施並不符合GATT例外規定的構成要件。除EU外，許多的民間組織（non-governmental organization），包括許多美國的民間組織均不贊同WTO的決議；在上訴時，上訴機構認為，EU可以以科學根據制定一個高於國際健康標準的消費者保護水準[30]，但EU的危害評估並非針對荷爾蒙殘留在牛肉上，因此上訴機構認為EU禁止在牛肉使用荷爾蒙係牴觸GATT，EU宣稱基於食品安全的理由，將繼續禁止美國的荷爾蒙牛肉進口，WTO也同意美國對EU的產品課徵高達1億3千萬美元的報復關稅[31]，但這樣的報復性關稅並沒有解決EU與美國間的貿易糾紛。美國原先

---

[29] SPS協定第5.1條要求WTO的會員國在制定其衛生與安全法規時，應根據科學的風險評估。

[30] WTO Appellate Body Report on EC Measures Concerning Meat and Meat Products, WT/DS26/AB/R, WT/DS48/AB/R (Feb.13, 1998).

[31] Scott Miller, EU to seek WTO backing for Ban on Hormone - Treated U.S. Beef, Wall

立場堅定反對使用科學根據的證據，而認為應將爭點集中在貿易規範上，但2004年時美國改變立場同意WTO爭端解決小組的意見，同意專家應可以協助界定有爭議的問題[32]。美國立場改變也獲得環保團體的支持，環保團體認為食品安全的議題應優先於自由貿易的議題[33]。

5. 省思與展望

在WTO的爭端解決機制中，爭端解決小組小心翼翼的界定系爭事實的範圍。爭端解決小組考量根據有些出口國不遵守進口國的政策而採取限制商品進口的情形，例如在保護海龜案中，爭端解決小組認為爭點是產品，而不是生產標準，但是否涉及產品安全或危險的爭議，是否應以產品的品質，而不是以產品的生產方法為判斷的標準，爭端解決小組並沒有闡釋進口國適用本國的生產標準於進口產品合法性的問題。爭端解決小組認為，每個國家有不同的生產標準，進口國將其生產標準適用於進口產品，是符合GATT的國民待遇原則。但上訴機構卻強烈的批評爭端解決小組的見解，上訴機構認為美國的措施違反GATT第20條的前言，且這些措施在相同的條件下，卻造成對不同國家不公平的與恣意的差別待遇。上訴機構認為美國的措施其實是要誘導出口國改變其政策，遠勝過其所宣稱的保護海龜的目標。上訴機構也認為美國在施行禁止進口的措施以前，並沒有很嚴肅的與所有相關國家進行諮商，而僅與部分國家諮商，很顯然的是不公平的差別待遇；美國的措施對於出口國而言，並不是一體適用，而是針對不同的國家適用不同的期限，因此推論美國的措施具有差別待遇的性質和影響。上訴機構也認為，由於美國並未盡公平的與公正的程序正義，尤其是欠缺程序透明化，未給與當事國聽證或答辯、覆審的機會，因此美國的措施不僅是造成不公平的差別待遇，而且

Street Journal European, Nov.9, 2004, at A02.

[32] Paul Geitner, WTO Delays Decision on EU's Biotech Ban; Scientists Allowed to Testify in Debate, Washington Post, August 27, 2004, at E02.

[33] Paul Blustein, US Farmers Get a Lesson in Global Trade; Cotton Ruling Demonstrates WTO's Power Over Markets, Washington Post, April 28, 2004, at A01.

也造成恣意的差別待遇。

在保護海龜案，WTO上訴機構的決議在貿易與環境領域，對於WTO的法律發展是一個很重要的里程碑，威脅多邊貿易制度之標準，在海龜保護案首次成為環保決議的準繩[34]。上訴機構首次闡明一會員國採取的措施造成促進其他國家改變規範政策的爭議問題，但上訴機構也迴避闡釋GATT第20條的地域適用範圍。上訴機構的裁決依據GATT第20條廣泛的架構，特別是適用比例原則的概念，以及依據GATT第20條的前言做為防止濫用或誤用例外規定的機制，而以GATT第20條的前言作為維護WTO會員國權利和義務間適當均衡的方法。上訴機構在政治上採取權宜的做法，同時給與貿易團體和環保團體協助，也就是在GATT的架構下，這類措施是合法正當的，在保護海龜案，環境保護是一個明確的目標，針對適用這些措施的特殊情況，這些措施並不適當。未來要檢視環保措施是否合法正當，不僅要依據程序上的考量，包括嚴謹的履行諮商的義務，而且還要依據當事國對於特殊情況的反應，以及對於貿易夥伴所採取的不同保守政策的應變能力[35]。

GATT/WTO的爭端解決小組處理環境與貿易議題的謹慎態度，可以看出此一議題的棘手程度。應如何才可以使會員國對違反環保品質的商品採取限制貿易的措施，由於貿易限制措施通常會造成域外效力的效果，因此實際上要界定的是產品標準與生產標準，也就是若貿易夥伴不遵守進口國的產品標準或生產標準時，該會員國是否就可以合法正當的採取措施限制這些產品進口。

杜哈發展議程更明確指出，應在WTO現行的規範與國際多邊環境協定（multilateral environmental agreement）間規範特別貿易義務關係，談判應局限於在現行WTO與多邊環境協定的適用範圍，談判不應侵害未參與多邊環境

---

[34] Lisa K. Seilheimer, Environmental Survey of WTO Dispute Panel Resolution Panel Decisions Since1995: "Trade at All Costs"?", 24 William and Mary Environmental Law and Policy 2000, p.109.

[35] J.H.H. Weiler，前揭書，p.142.

協定的WTO會員國之權利；應在多邊環境協定的秘書處與WTO的相關委員會間建立定期的資訊交流，並互相授與觀察員身分（observer status）；應對環保產品與服務降低或廢除關稅與非關稅的貿易障礙；應指示貿易與環境委員會（Committee on Trade and Environment）在執行議程時，應特別注意：

(1)環保措施對市場進入的影響，特別是對開發中國家與低度開發國家，而在廢除或減少貿易限制和扭曲時應有利於貿易、環境與發展。

(2)與TRIPS有關的規定。

(3)為環保目的之標示規範。

杜哈部長宣言指出，全體會員國應體認在貿易與環境領域內，對開發中國家特別是低度開發國家提供技術協助與能力建構之重要性，並鼓勵與有意在其國內進行環境影響評估之會員國，分享專業知識及經驗，並應於第五屆部長會議中提出這些活動之報告。

技術協助主要是透過各國負責貿易和環境的政府單位代表參加區域研討會，以及藉由與聯合國環境規劃署（UNEP）、聯合國貿易暨發展會議（UNCTAD）、多邊環境協定之秘書處合作的方式進行。技術協助可強化貿易與環境部門官員在國內政策上的協調與一致性，並促使會員國透過技術協助，與UNEP、UNCTAD與多邊環境協定間有更進一步的合作與協調。

杜哈部長宣言亦指示貿易與環境委員會應與貿易與發展委員會（Committee on Trade and Development）就其談判事項從環境和發展的角度進行討論，以期達成永續發展的目標。由於貿易與環境委員會在貿易自由化的環境議題上扮演著重要的角色，因此貿易與環境委員會例會決定致力於農業、非農產品市場進入、服務業等談判議題之相關發展。依據杜哈部長宣言，貿易與環境委員會例會相關工作範圍有下列各項：

1.環境措施對市場進入的影響，尤其是對開發中國家，特別是低度開發國家的影響，以及取消或降低貿易限制與扭曲所能使貿易、環境及發展三方面均獲益的情形。

2.與TRIPS協定的相關條文。

3.為達成環保目的之標示規範，即與環保目的相關產品之規定，包括標準、技術規範、產品包裝、標示及再生利用。

4.多邊貿易體系之規定與依據多邊環境協定為環境目的所採取的貿易措施之關聯性；及多邊貿易體系之爭端解決機制與多邊環境協定中爭端解決機制之關係。

5.與貿易有關的環境政策及具顯著貿易效果的環境措施，以及多邊貿易體系規定間的關係。

6.多邊貿易體系的規定與以環保為目的所徵收之規費、稅捐間的關係。

7.多邊貿易體系中關於以環保為目的之貿易措施及具顯著貿易效果之環境措施之透明化。

8.國內禁止品之出口問題。

9.服務貿易與環境決議。

10.對與政府間組織及非政府組織間關係之適當安排。

11.在貿易與環境領域內，對開發中國家，特別是低度開發國家提供技術協助與能力建構之重要性，亦鼓勵與有意在其國家內進行環境審查之會員國，分享專業知識及經驗。

12.為使永續發展之目標適當地反應在談判中，貿易與發展委員會及貿易與環境委員會應在其職權範圍內，分別扮演發展及環境相關議題的論壇。

　另外值得一提的是，市場進入與環境規範之關連性。環境措施對市場進入之影響議題，為貿易與環境委員會極重要的一項工作。此一議題關係到健全的貿易與環境政策制定上之互補，且提升開發中國家產品市場進入的機會，亦為達成永續發展之關鍵。會員國制定之環保標準可能對其他國家並不適宜，尤其是對開發中國家的中小企業，且可能產生額外的經濟與社會成本。

　雖然WTO會員國普遍認同環保與健康安全政策之正當性，但環保規範之施行常常會影響出口，因此為確保環保措施不會造成無形的出口障礙，現行

WTO已有相關協定予以規範，例如食品安全檢驗與動植物防疫措施協定，以及技術性質貿易障礙協定等。

　　為能兼顧保障市場進入與環境保護，會員國均認為所制定之環保措施必須符合(1)合於WTO規範；(2)具包容性；(3)考量開發中國家的能力；(4)符合進口國的環保目標等，且所制定之環境措施應避免造成負面貿易效果。於制定國際標準初期，即需讓開發中國家有效參與，以期維持環境措施採行之彈性。

　　在論及市場進入議題上，許多會員國著重於貿易機會之認定，為能達成永續發展之目標，貿易與環境委員會可給與開發中國家產品認定之協助，以及協助其具有比較利益的環保產品開發出口市場，透過貿易自由化可落實環境措施。

（二）貿易與發展

　　為提高開發中國家與低度開發國家實施WTO，先進國家與WTO的各機構應積極提供技術援助與能力建設，例如在投資、競爭政策、政府採購、促進貿易議題上，提供政策、分析、評估更接近多邊合作的發展、人力與制度上的發展；提高多邊貿易制度的能力，以致力於持續解決開發中國家與低度開發國家的外債問題，並加強結合國際貿易與金融政策，以防止多邊貿易受到金融和貨幣不穩定的影響；在WTO的架構下，應多對開發中國家進行技術移轉。技術合作與能力建設是多邊貿易制度發展範圍的核心要素，提出WTO技術合作的能力建設、成長與統合的新策略，應對開發中國家與低度開發國家、低所得國家提供WTO的技術援助，以使其適應WTO的規範、履行義務和行使其會員國的權利，同時應確保對WTO技術援助長期的經費。而對於開發中國家，尤其是低度開發國家應給與特別的待遇，以期協助這些國家實施與貿易有關的議題。

　　2013年「峇里套案」亦通過貿易與發展議題的決定，主要內容如下：

1. 監督特殊與差別待遇之機制

為落實特殊與差別待遇條款之執行，杜哈部長會議要求WTO建立一套監督機制，並依據2002年7月總理事會決議建立特殊與差別待遇監督機制，主要內容為：

(1)會員國同意設立監督機制，以檢視所有WTO協定、部長會議與總理事會決議中有關差別待遇條款之執行情形，以加速使開發中國家與低度開發國家融入多邊貿易體系。

(2)監督機制將為WTO檢討特殊與差別待遇條款執行之窗口（focal point），該機制將使WTO檢討機制更完整，而非予以取代。

(3)該監督機制檢討時若發現問題，得考量該問題係來自執行面或特殊與差別待遇條款本身。

(4)該監督機制運作不能改變會員國之權利與義務。

(5)該監督機制不排除向WTO相關機構提出建議，以就檢討過的特殊與差別待遇啟動談判。所提建議可含改進特殊與差別待遇執行，以及對檢討過的特殊與差別待遇啟動談判，以改善其執行。

(6)WTO相關機構應儘速考量該監督機制所提出之建議，且該等建議應納入貿易發展委員會向總理事會所提交之年度報告。

(7)該監督機制每年將召集貿易與發展委員會專責會議兩次，並於首次會議召開後第3年檢討該監督機制之運作。

2. 優惠性原產地規則

為加速低度開發國家的出口，WTO會員國得依據相關原則訂定原產地規劃的標準給與低度開發國家出口的產品優惠待遇。主要內容為：

(1)從價百分比：低度開發國家期盼產品在低度開發國家增值百分比達25%，也就是該產品在其他國家增值部分可達75%，即可認定低度開發國家為原產國，並享受優惠待遇。該增值之計算基準採用離岸價格（FOB）。

(2)稅則列號變更：低度開發國家希望原材料經加工或製造後的產品與原材料歸屬之貨品稅則號列前6位碼相異即為低度開發國家產品，可享有貿易優惠措施。

(3)特殊製程：考慮低度開發國家的生產能力，特殊製程條件宜納入考量，例如化學品、成衣及布料。

(4)低度開發國家累計：在產品製程中，來自不同低度開發國家之原料均可合併採計低度開發國家增值含量內，以適用優惠待遇。

3. 執行低度開發國家服務業豁免決議

2011年WTO第八屆部長會議採認「給予低度開發國家服務與服務提供者之優惠待遇」決議（WT/L/847），該優惠待遇賦予會員國於特定範圍內豁免GATS第2.1條最惠國待遇義務之適用；該決議僅提供會員國給予低度開發國家豁免措施之機制，至於該機制是否具有可操作性及如何操作則無法進一步決定。為有利於會員國有效執行前述優惠待遇，低度開發國家集團提出旨揭執行低度開發國家服務業豁免決議。主要內容為：

(1)服務貿易理事會啟動程序，以促進快速及有效執行予低度開發國家服務業豁免待遇、定期檢討低度開發國家服務業豁免決議執行情形，及就如何增進低度開發國家服務業豁免待遇之執行提出建議步驟。

(2)服務貿易理事會應在低度開發國家提出共同要求之6個月後召開高階層會議，由已開發及有能力之開發中國家確認可提供低度開發國家豁免待遇之服務業別及提供模式。

(3)建議會員國依循目前低度開發國家服務業豁免決議自動給予低度開發國家服務業豁免待遇。

(4)鼓勵低度開發國家透過對話向已開發國家提出技術協助及能力建構要求。

4. 棉花議題

非洲4個棉花產國布吉納法索、馬利、貝南與查德要求全面削減已開發國

家之棉花補貼。主要內容為：

　　(1)重申本案對於部分開發中會員國及低度開發會員國之重要性。

　　(2)再次確認會員國於香港部長會議之宣言，將以具有企圖心、迅速且具體的方式處理棉花議題，並對本議題迄今未能達到此一目標感到遺憾。

　　(3)為強化棉花貿易相關措施之透明化，會員國同意未來將每2年在農業委員會談判特別會議之架構下，從市場進入、境內支持及出口競爭等方面，進行全面檢討。

5. 雙免議題

　　2005年香港部長會議宣言附件下，通過有關給予低度開發國家產品雙免待遇，要求已開發國家應在2008年或不晚於杜哈回合談判結束前，達成提供低度開發國家97%（按稅項計算）以上產品雙免優惠之目標。但開發中國家得分期履行，並在產品涵蓋率享有適當彈性。低度開發國家集團認為，已開發國家執行雙免優惠情形並不徹底，因此提案要求改善。主要內容為：

　　(1)已開發國家尚未提供低度開發國家97%以上產品雙免待遇者，應於下一屆部長會議前，改善雙免適用產品範圍。

　　(2)有能力提供雙免優惠的開發中國家，應於下一屆部長會議前，提高雙免試用產品範圍。

　　(3)會員國應通報給予低度開發國家的雙免優惠計畫。

　　(4)貿易發展委員會應持續每年檢討會員國給予低度開發國家之雙免優惠情形，並向總理事會報告，以採取適當措施。

第四章
國際服務貿易法

目 次

壹、服務貿易的概念

國際服務貿易會隨著國際商品貿易產生，服務貿易的標的為服務（services），自1970年代以來，隨著世界經濟結構的轉變，國際分工的迅速發展和科技的蓬勃發展，使得服務貿易成為國際貿易中發展最快的領域，根據WTO的統計，2004年全球的國際服務貿易總額高達2.125兆美元[1]。

聯合國貿易暨發展會議將國際服務貿易定義為，商品的加工、裝配、維修，以及貨幣、人員、資訊等生產要素由非本國居民提供服務並取得有償對價的行為，是一國與他國進行服務交換的行為。

1947年的GATT僅針對商品交易做規範，並未規範跨國的服務貿易，烏拉圭回合就服務貿易議題成立了專門的談判小組，1993年完成的烏拉圭回合談判將服務貿易談判結果制定為服務貿易總協定（General Agreement on Trade in Services；簡稱GATS），成為WTO重要的多邊貿易協定之一，也是烏拉圭回合的一個重要談判成果，將服務貿易正式納入多邊制度的管轄範圍。

WTO的服務貿易總協定（General Agreement on Trade in Services；簡稱GATS）第1條第2款定義服務貿易的4種類型：

跨國提供	從一會員國向其他會員國提供服務
國外消費	在一會員國內向其他會員國的消費者提供服務
商業據點的呈現	一會員國的服務提供者（service supplier）在其他會員國境內以商業據點的呈現提供服務
自然人移動	一會員國的服務提供者在其他會員國境內提供服務

服務包括任何部門的任何服務，但不包括執行政府功能活動所提供的服務；因此服務包括在生產、分配、行銷、銷售和傳遞上提供的服務[2]。服務提

---

[1] WTO, International Trade Statistics 2005, p.3.
[2] GATS第28條第b款。

供者包括提供服務的自然人和法人[3]；服務消費者是指接受或使用服務的自然人和法人[4]。

服務貿易的4個特徵：

1.服務是一種具有雙向的活動，即同時進行生產與消費，因此服務的形成必須包括服務的提供者和服務的消費者兩個主體。

2.不可儲存性，即服務標的一旦產生，立即被消費或立即進入消費領域。

3.無形性，即服務是結合有形的設施、產品而形成的複合體。

4.品質標準的不確定性，即服務品質和技能因人、因時、因地而異，消費者的狀況亦會影響服務的品質。

貳、WTO規範下的服務貿易法

從1947年至1979年GATT舉行的7個關稅暨貿易談判回合，主題都是在國際商品貿易，直至1986年的烏拉圭回合的多邊貿易談判，才將服務貿易納入談判的議題。由於服務貿易發展的不平衡性，工業先進國家在服務貿易的競爭中具有優勢的地位。出口以資本密集、技術密集和知識密集的服務為主；開發中國家的服務出口，則多集中在勞力密集和自然資源密集的服務。工業先進國家提供的服務主要集中在金融、保險與電信等服務部門。由於服務貿易涉及國家主權、國防經濟、安全、通訊技術設施、人力資本、社會就業、本國服務業的國際競爭力，因此更需要一套原則性的國際服務貿易法律制度，以維護服務貿易競爭秩序的需要。在1994年4月談判結束時簽署了GATS，在新的WTO架構下創立了國際服務貿易多邊的法律制度，使自由貿易規則亦適用於服務貿易。

---

[3]　GATS第28條第g款。

[4]　GATS第28條第i款。

　　GATS是WTO服務貿易法的基本規範，GATS由條文、附件[5]與承諾表3部分組成。GATS條文本身為一般規定，對於所有類型的服務貿易均適用，此一部分所規定的義務，會員國都必須遵守，而不問其是否已做特別的承諾；但GATS各個服務貿易附件的內容僅適用於個別的服務業貿易，僅在會員國有做特別的承諾時，才發生法律上的拘束力[6]。在GATS將市場開放及國民待遇原則列為特別承諾，期望透過各國承諾與談判的方式逐步自由化。承諾表即為會員國載明其對各類服務貿易在市場開放及國民待遇方面之限制或條件[7]。

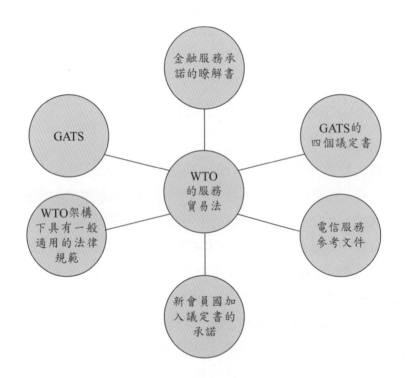

5　GATS之附件包括豁免最惠國待遇之附件、自然人移動之附件、金融服務附件、電信服務附件與航空運輸服務附件。

6　羅昌發（2004），國際貿易法，臺北：元照出版有限公司，第521頁。

7　陳麗娟（2006），國際貿易法精義，臺北：新學林出版股份有限公司，第40頁。

在WTO的架構下服務貿易法還包括：

1.金融服務承諾的瞭解書（understanding）；

2.GATS的四個議定書（protocol）；

3.電信服務參考文件（reference paper）；

4.新會員國加入議定書的承諾；

5.WTO架構下具有一般適用的法律規範。

一、GATS的內容

（一）GATS的宗旨

GATS的前言對其宗旨做了原則性的規定，及希望建立一個服務貿易原則和規則的多邊架構，以其在透明和逐步的自由化的條件下擴大服務貿易，並促進所有貿易伙伴的經濟成長和開發中國家的發展。

GATS的宗旨，包括：

1.服務貿易自由化是手段，不是目的。目的是要促進所有貿易伙伴的經濟成長和開發中國家的發展；

2.服務貿易自由化是一個逐步的過程；

3.在服務貿易自由化的進程中，應給予開發中國家特別的關注。

（二）GATS的基本架構

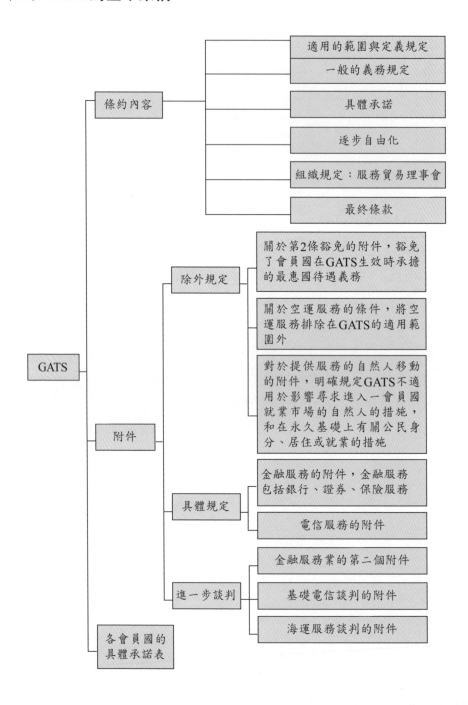

（三）GATS的適用範圍

依據GATS第1條第1項之規定，GATS適用於跨國會影響貿易的服務，GATS第1條第3項第b款規定，服務包括任何部門的任何服務，但在行使政府職權時提供的服務不適用；第c款規定，行使政府職權時提供的服務，指非依據商業基礎提供的服務，也非與一個或多個服務提供者競爭的任何服務。

公共服務指各國政府或公營事業為主導，向社會一般大眾提供的教育、醫療、公共運輸、能源、供水等事關國計民生的基礎性服務。公共服務通常宗旨為：保障民眾基本的生活條件、促進經濟和社會發展、保護環境和文化，通常為以非營利為目的，並不完全適用市場機制，但GATS則是促進服務貿易自由化，因此GATS不適用於公共服務。

服務貿易的類型，包括：

跨國提供	服務本身移動，類似傳統的國際商品貿易	例如：國際運輸服務、通過電信和郵件的諮詢服務
國外消費	服務消費者在國外接受或使用服務	例如：出國旅遊、留學教育
商業據點的呈現	一會員國的服務提供者在其他會員國境內以商業據點的呈現提供服務	例如：設立法人、分支機構或代表處
自然人移動	一會員國的服務提供者在其他會員國境內提供服務	例如：律師提供法律諮詢服務

GATS的承諾表所遵循的服務部門分類是以聯合國中央貨品分類制度（United Nations Central Product Classification System；簡稱UNCPC）為依據，共分為12個服務部門，即：

1.商務服務；

2.通信服務；

3.建築和相關工程服務；

4.分銷服務；

5.教育服務；

6.環境服務；

7.金融服務；

8.健康服務；

9.旅遊服務；

10.娛樂、文化和體育服務；

11.運輸服務；

12.其他服務。

GATS允許會員國視經濟發展情形及需要，以漸進的方式逐步開放市場，各會員國在烏拉圭回合及其後續如電信、金融等行業別談判所承諾開放項目幅度不一，為追求服務業貿易進一步的自由化，GATS第19條明訂，自協定生效起5年內，會員國應定期展開接續性回合談判。

（四）GATS的基本原則

1. GATS的禁止差別待遇原則

(1)最惠國待遇原則：GATS第2條

關於服務貿易的任何措施，一會員國給與任何一會員國的服務或服務提供者的待遇，應立即且無條件地給與其他會員國相同的服務或服務提供者；但下列各項不適用最惠國待遇原則：

A、任何一會員國可表列一個具體不適用最惠國待遇原則的清單，但應在5年後由全體會員國檢討一次這個清單，此一清單最長期限一般不應超過10年。

B、會員國與鄰國為方便邊境服務交換而彼此提供的優惠。

C、為達成經濟統合而締結服務貿易自由化的會員國間彼此給予的優惠待遇。

D、政府採購係為政府作用之目的，而非為商業轉售或使用商業銷售的服務提供，因此亦不適用最惠國待遇原則[8]。

---

[8]　GATS第13條。

(2)國民待遇原則：GATS第17條

在GATS的架構下，國民待遇原則是一個特定義務，每個會員國僅在自己承諾開放的服務部門中給予外國服務和服務提供者以國民待遇。換言之，會員國只在其承諾表中列出的服務和服務提供者的待遇，不得低於本國相同的服務和服務提供者的待遇，且不論這些待遇在形式上是否相同，均不得對其他會員國的服務和服務提供者造成事實上的差別待遇。若形式相同或不同的待遇變更了競爭條件，亦不得有利於本國的服務和服務提供者，而不利於其他會員國的服務和服務提供者。

2. 透明化原則：GATS第3條

各會員國在進行服務貿易時必須遵守透明化原則，即：

(1)除緊急的情況與有不能公開的機密資料外，會員國應迅速公布所有關於GATS或影響GATS施行的相關措施，包括其所參加的國際協定。

(2)各會員國對於現行法律、規章或行政準則有修正，以致於嚴重影響GATS規範下服務貿易的特定義務時，應立即或至少每年向服務貿易理事會提出報告。

(3)在其他會員國要求提供關於服務貿易的一般措施和國際協定的特定資料時，應立即答覆。每一會員國應在WTO生效2年內建立相關的諮詢機構，以便回應其他會員國要求提供資料與向服務貿易理事會提出報告。

(4)每個會員國應建立聯繫點，以便提供其他會員國特別的資料。

(5)任何會員國在採取會影響GATS規定的具體承諾時，應及時通知服務貿易理事會。

3. 以合理、客觀與公正的方式實施國內規章：GATS第6條

在特別承諾的部門，每個會員國應以合理、客觀與公正的方式，確保一般適用影響服務貿易的所有措施。各會員國應在合理的時間內答覆提供服務

的申請;各會員國應提供司法仲裁或行政救濟程序,以便服務提供者就影響其貿易利益的行政決定申訴進行立即的審查;若非由一個獨立的機關做成行政決定時,會員國應確保在事實上進行客觀與公正的審查。會員國的主管機關在提出符合國內法規的申請後一個合理的期限內應告知申請人關於申請的決定;服務貿易理事會應設立適當的機構,發展必要的規則,以確保關於資格要件和程序、技術標準和執照要件,不會對服務貿易造成不必要的障礙;這些規則應以確保下列要件為目的,即:

　　(1)依據客觀和透明的標準,例如提供服務的資格與能力。

　　(2)應確保服務的品質。

　　(3)在發給執照的程序上,不會限制服務的提供。

　　而在服務理事會做成多邊規則前,各會員國在施行自己的標準或要件時,不得對服務提供者造成不必要的貿易限制,以確保不會影響會員國以做出的具體承諾。在專業服務的部門已經做出特別的承諾時,每個會員國應規定適當的程序,以認證其他會員國專業的資格。

　　GATS第7條並規定,會員國應承認其他會員國的服務提供者所具有的學歷或其他資格,並鼓勵會員國間針對專業資格進行相互承認的談判,同時給予其他具有類似標準的會員國參與談判的機會,並應盡可能以國際公認的標準為依據,不得在會員國間造成差別待遇或對服務貿易造成隱藏的限制。

4. 壟斷、專屬的服務提供者與商業慣例的限制:GATS第8條與第9條

　　會員國應確保在其領土內任何壟斷的服務提供者,在相關市場上提供壟斷的服務時,不會違反最惠國待遇原則與特別的承諾;壟斷的服務提供者不得濫用其壟斷的地位,以在其領土內違反特別的承諾;若一會員國對提供某種服務做出具體的承諾後,又對提供該服務給與壟斷的經營權,卻又否認或損害其已做的承諾,該會員國應透過談判給予相當的補償。對於不屬於GATS第8條規定的壟斷的服務提供,會員國承認特定的商業慣例會限制競爭與因而限制服務貿易,每個會員國在其他會員國的要求下,應以諮商廢除這些商業慣例,並應透過提供可公開的非機密資料,以進行合作;在符合本國

法規與國際協定的要件下，並應提供給提出請求的會員國相關的資料。

（五）GATS的例外規定

1. 適用在開發中國家的特別規定

GATS第4條第1項規定，若開發中國家在特定服務部門提出特定的市場進入要求時，已開發國家有義務與開發中國家進行談判，以便開發中國家能更廣泛地參與世界貿易與推動開發中國家的服務貿易發展，即：

(1)增強開發中國家國內服務能力、效率和競爭力，尤其是在商業的基礎上獲得技術移轉。

(2)改善開發中國家進入分銷管道和訊息網絡的機會。

(3)在對開發中國家有出口利益的部門和服務提供方式上，實現市場進入的自由化。

已開發國家與其他有可能的會員國，依據GATS第4條第2項之規定，應在WTO協定生效後2年內建立聯繫點，以便開發中國家的服務提供者獲取有關市場進入的資料，包括：

(1)有關提供商業和技術方面的服務。

(2)有關登記、承認和取得專業資格。

(3)獲得服務技術的可能性。

在施行上述這些規定時，應特別優先考慮低度開發國家，基於這些低度開發國家特別的經濟狀況、經濟發展、貿易和財政需要，再接受特別的承諾存在嚴重的困難，因此應給與特殊的考慮。由此可見，GATS為保證和促進國際貿易的平衡發展，對於不同生產發展水準的國家有不同的目標和要求，並考慮開發中國家個別的特殊狀況。

GATS第5條第3項規定，只有開發中國家可以參加涉及服務貿易自由化的經濟統合協議，應依據相關國家在全部服務部門或個別服務部門和子部門的發展水準，給予參與協議的自然人靈活的對待；開發中國家的經濟統合協議的待遇可以給予更多的待遇。

2. 緊急保護措施：GATS第10條

應以多邊談判的方式，基於禁止差別待遇原則，達成緊急保護措施，且應在WTO協定生效後3年內完成談判的結果。任何會員國在承諾的義務生效後1年，應通知服務貿易理事會，並說明理由，採取臨時的緊急保護措施，以修改或撤銷其承諾的特別義務。

3. 保障國際收支平衡：GATS第11條與第12條

會員國在發生國際收支嚴重失調和對外財政困難，或因此受到威脅時，以及在經濟發展或經濟轉型過程中，因國際收支平衡受到特殊壓力，或為保持適當的財政儲備水準，以實施經濟計畫時，可對其承諾特別義務的服務貿易採取限制措施，但這些限制措施必須符合下列的條件：

(1)不得在所有會員國間造成差別待遇。

(2)應符合國際貨幣基金協議的規定。

(3)應避免對任何其他會員國的貿易、經濟和財政利益造成不必要的損害。

(4)不應超過為解決收支困難的必要程度。

(5)應隨著國際收支狀況的改善，而逐步取消限制措施。

除保障收支平衡的理由外，會員國不得對其承諾的特別義務下的經常性項目，在國際交易和支付方面採取限制措施，也不得對任何資本交易採取違反特別承諾的限制措施，但不包括依據國際貨幣基金的要求所採取的限制措施。

4. GATS第19條第2項

在服務貿易逐步自由化的過程中，對於開發中國家少開放的服務部門和交易類型，根據開發中國家發展的狀況逐步擴大市場進入，以及在給予外國服務提供者市場進入時，對於進入的附加條件，應給予適當的靈活性，以實現促進開發中國家更多參與服務貿易之目標，而服務貿易的談判指導原則，也應為低度開發中國家確立特殊待遇的模式。

5. GATS第25條第2項與電信服務的附件第6項

對開發中國家提供技術援助，應使開發中國家可獲得有關電信服務、電信和訊息技術發展情況的資訊，以協助開發中國家國內電信服務各部門。

6. 一般例外規定：GATS第14條

(1)為保護公共道德或維護公共秩序所必須的措施。

(2)為保護人類、動物或植物的生命或健康所必須的措施。

(3)為保證與遵守本協定的規定不相牴觸的法律或法規所必須的措施，
　　包括與下列內容有關的法律或法規：

　　A、防止欺騙和詐欺行為或處理服務契約違約而產生的影響。

　　B、保護與個人資料處理和傳遞個人隱私及保護個人紀錄和帳戶的
　　　　機密性。

　　C、安全利益。

(4)與國民待遇條款不一致的措施，只要差別待遇目的在於保證對其他
　　會員國的服務或服務提供者，公平或有效地課徵或收取直接稅。

(5)與最惠國待遇條款不一致的措施，只要差別待遇是約束該會員國的
　　避免雙重課稅協定，或任何其他國際協定或安排中關於避免雙重課
　　稅的規定的結果。

（六）特別的承諾

在GATS的架構下，為促進服務貿易逐步自由化的目標，將各國如何開放本國市場和如何適用國民待遇原則規定為特別的承諾，也就是各會員國可以根據本國具體的情況做出不同的承諾。

1. 市場進入：GATS第16條

每個會員國給與其他會員國的服務和服務提供者的待遇，應不低於根據其承諾表中所同意和規定的期限、限制和條件。在做市場進入承諾的服務部門，會員國不應以某一區域的子部門為依據或以全部領土為依據，維持或採

取下列的措施：

(1)採取數量配額、壟斷或專屬服務提供者，或要求測定經濟需求的方式，以限制服務提供者的數量。

(2)採取數量配額或要求測定經濟需求的方式，以限制服務貿易或資產總額。

(3)採取數量配額或要求測定經濟需求的方式，以限制服務交易的總數或以數理單位表示服務提供的總產出量。

(4)採取數量配額或要求測定經濟需求的方式，以限制某一服務部門或服務提供者及提供某一特定服務而需要雇用自然人的總數。

(5)規定服務提供者，需要通過特定的法人實體或合資企業，才能提供服務，以進行限制或要求的措施。

(6)對於參與的外國資本限定其最高股權比例，或限制對個人或累計的外國資本投資總額。

2. 國民待遇原則：GATS第17條

每個會員國應在其承諾表列舉的服務部門中，依據承諾表內所載的各種條件與資格，給予其他會員國的服務和服務提供者的待遇，且不應低於給予其本國相同的服務和服務提供者。各會員國可以依據本國的經濟發展狀況，自行決定適用國民待遇原則的服務部門，並可自行規定適用國民待遇原則的條件和限制。

GATS架構下的國民待遇原則並不是無條件和強制適用的原則，而是通過談判而達成的承諾[9]，也可以給予更多的優惠待遇。也就是在承諾表中，會員國確立了給予其他會員國服務和服務提供者的最惠國待遇，實際上也可以給與更優惠的待遇。

---

[9]　GATS第19條規定。

3. 附加的承諾：GATS第18條

會員國可針對影響服務貿易的其他措施進行談判，談判的結果可做成附加的承諾，包括對於資格要件、技術標準和許可條件。

二、金融服務承諾的瞭解書

根據WTO統計資料，只有31個已開發國家接受金融服務承諾的瞭解書[10]。

金融服務承諾的瞭解書的宗旨，在於規定比GATS更高水準的自由化義務，包括：

（一）更爲自由化的具體承諾

接受瞭解書的會員國必須依據正面表列的方式，做出國民待遇和市場進入（market access）的具體承諾，這些具體的承諾應在最惠國待遇的基礎上施行。

（二）更高水準的市場進入義務

每一會員國應在其金融服務的承諾表中列出現有的壟斷，並應努力消除這些獨占權或縮小其範圍；每一會員國應允許非居民的金融服務提供者，在國民待遇的條件下，提供保險服務；每一會員國應給與任何其他會員國的金融服務提供者，在其領土內設立或擴大商業據點的權利，包括收購現有的企業在內。

（三）更廣泛的國民待遇

每一會員國保證在政府採購金融服務方面，對在其領土內設立的任何其

---

[10] WTO, Financial Services, S/C/W/72, 2. Dec. 1998, p.4.

他會員國的金融服務提供者給予國民待遇；每一會員國應在由公營的支付和清算系統使用方面和官方籌資和再融資便利的提供方面，給予其領土內的任何其他會員國的金融服務提供者國民待遇。

三、海運服務談判的附件

海運服務談判的附件是一個暫時性的簡短附件，以期能針對國際海運、從屬的服務、進入和使用港口設施，繼續進行談判海運服務。在會員國的承諾表中，並未對海運服務做任何的特別承諾。

四、空運服務的附件

空運服務的附件適用於影響空運服務的措施，但任何的特別承諾或義務不得減少或影響會員國在雙邊或多邊協定內的義務。國際空運服務主要規定於芝加哥公約，服務貿易總協定並不適用於航空權（traffic rights）或直接與行使航空權有關的服務，也就是不適用於航權授與及行使航權直接相關服務之措施。

服務貿易總協定在空運服務部門僅適用於飛機的維修和保養服務、空運服務的銷售和行銷，以及電腦訂位系統服務。只有在相關會員國在上述三項服務中具體的承諾，且在所有雙邊或其他多邊協定規定的程序已經進行後，才能利用WTO的爭端解決程序。服務貿易理事會至少應5年對航空服務部門的發展和空運服務附件的施行狀況進行一次檢討，於2001年已經進行第一次檢討。

五、關於提供服務自然人流動的附件

服務貿易總協定中自然人流動，是指提供服務的自然人或受雇於一服務提供者的自然人，不適用於到其他會員國領土內在服務業市場尋找就業機

會的自然人，也不適用於各會員國關於國民、永久居留權或永久工作權的措施。各會員國對於提供服務的自然人流動與入境居留，得採取必要的管理措施，但這些措施不應影響具體承諾的實際效果。

六、電信服務參考文件與關於電信服務的附件

參加基礎電信領域談判的國家，擔心其他國家管理電信的法規會對市場進入與國民待遇承諾產生負面的影響。GATS的相關規定過於原則性，無法發揮具體的規範作用，許多會員國都認為應該就國內管理規章做額外的承諾，以確保具體承諾的實際價值。因此基礎電信談判小組制定了關於電信管制原則的電信服務參考文件，以供願意就電信領域的國內規章做額外承諾的會員國參考之用。

電信服務參考文件的目的，為確定電信監督管制的架構，保障和創造一個公平競爭的市場環境。電信服務參考文件的內容，就是規定保障競爭、互聯互通透明的許可程序和獨立的管理者[11]。

電信服務參考文件所規定的5大原則為：

(1)公平競爭原則；

(2)互連互通原則；

(3)普遍服務原則；

(4)申請許可證的公開原則；

(5)獨立監管機構原則。

由於電信服務參考文件對於WTO的會員國並不具有普遍的拘束力，各會員國在就電信領域的國內規章做額外承諾時，可以選擇完全接受電信服務參考文件或只接受其中的一部分，或有條件的接受或根本不接受。

---

[11] Negotiating Group in Basic Telecommunications, Telecommunications Services: Reference Paper, 24.04.1996, http://www.wto.org/english/tratop_e/serv_e/telecom_e/te123_e.htm, last visited 2008/1/27.

關於電信服務的附件重點，在於確定使用公共電信網絡和服務的權利，會員國應保證允許所有的服務提供者，在根據相關承諾表中的相關承諾提供服務時，以合理的、無差別待遇的條件進入和使用公共基礎電信網路；這些權利適用於電話、電報、電傳和數據傳輸等公共電信服務，但不適用於廣播和電視節目的傳輸服務。會員國應公布相關的進入、使用公共網絡和服務的條件。

開發中國家得為提高其電信能力，對電信網絡及服務的進入和使用採取限制措施，但這些限制措施應在承諾表中詳細表列；在開發中國家間應發展電信網絡的技術合作。許多會員國亦承諾允許外國電信服務提供者提供加值電信服務，即利用電信網絡提供加值的服務，例如電子郵件、線上的數據服務處理。

七、新會員國加入議定書中的相關內容

任何國家或獨立的關稅區，可以和WTO議定的條件加入WTO協定，加入議定書也是WTO協定的構成部分[12]。因此加入議定書是確定新加入的會員國與其他會員國間貿易關係重要的法律依據。

加入議定書與服務貿易有關的部分，包括：

1.加入議定書對此一新會員貿易制度的總體要求。

2.對服務貿易具體承諾表和最惠國待遇豁免表列。

3.在加入工作組報告書中所做的、已被併入加入議定書的對本國服務貿易的相關說明和承諾。

---

[12] http://www.wto.org/english/thewto_e/acc_e/completeacc_e.htm, last visited 2008/1/27.

參、WTO新回合服務貿易多邊談判現況

服務貿易議題談判與農業、工業議題之談判同等重要。服務貿易談判基本上包括服務貿易市場開放談判與服務貿易規則議題兩大部分。為建立杜哈回服務貿易談判準則，自2000年起會員國即持續對服務業貿易進行全面性及個別行業的貿易評估（assessment of trade in services），以增進開發中國家及低度開發國家參與服務貿易談判之意願與能力，以期能以漸進的方式促成服務貿易市場的進一步自由化。因此2001年3月28日，服務貿易理事會通過服務貿易談判的指導方針和程序[13]是杜哈談判回合關於服務貿易的指導原則。除由會員國依自願的方式提出個別行業簡報外，並邀請其他國際組織，例如：OECD或UNCTAD與會員國分享該議題之研究心得。2004年8月1日達成了一份綱要協議的主要內容[14]為：

1. 尚未提供服務貿易初步價值的會員國應盡快提交。
2. 為了向所有的會員國提供有效的市場進入機會，各會員國應努力提供高品質的價值。
3. 各會員國應在不預先排除任何服務部門或服務提供方式的前提下，努力逐步實現較高的服務貿易自由化水準，並要特別關注開發中國家具有出口利益的部門和服務提供方式，各會員國注意開發中國家在自然人移動和其他服務提供方式上所具有的利益。
4. 各會員國應集中精力完成根據就服務貿易國內法規、保障措施、反補貼、政府採購等議題制定規則的談判。

---

[13] Guidelines and Procedures for the Negotiations on Trade in Services, adopted by the Special Session of the Council for Trade in Services on 28 March 2001, S/L/93, 29 March 2001.

[14] Doha Work Programme, Decision Adopted by the General Council on 1. August 2004, T/L//579.

5.為幫助開發中國家更有效地參加談判，應提供必要的技術援助。

為增進開發中國家與低度開發國家參與新回合談判意願，在2002年及2003年會員國積極談判建立所謂「自願性自由化處理模式」[15]，及「對低度開發會員國特別待遇之處理模式」[16]。會員國基於國家利益考量，要求特定服務行業進一步自由化的建議案，行業別包括自然人移動、商業服務業務（專業服務業、電腦及其相關服務業）、通訊服務業（國際快遞服務業、電信服務業、視聽服務業）、營造及相關工程服務業、配銷服務業、教育服務業、能源服務業、環境服務業、觀光及旅遊服務業、運輸服務業（海運、空運及物流服務業）及運動服務業等。內容包括：

1.對某些特定服務行業進行獨立的新分類，以便忠實反應目前市場自由化的情形；

2.要求會員國對於某些特定行業相關服務貿易分類提出群組（clusters）承諾，以解決因科技進步所產生服務行業分類重疊與範圍混淆的問題；

3.要求會員國對於在烏拉圭回合及後續談判所未涵蓋的服務業，例如海運及自然人移動等，提出進一步的建議案。

為增進會員國在填寫自由化服務貿易承諾表之一致性及符合相關條文規定之解釋，服務貿易理事會於2001年3月通過「服務貿易特定承諾填寫準則」[17]。

會員國基於國家利益之考量，推動特定服務業進一步的自由化，除透過上述在多邊正式場合（服務貿易理事會特別會議）提出建議案外，亦可與立場相同的會員國以複邊方式組成非正式小組，共同推動這些建議案或探討未來可行的方案。

---

[15] WTO TN/S/6.

[16] WTO TN/S/13.

[17] WTO S/L/92.

第五章

國際金融法

目 次

　　國際金融法律制度係指規範各種國際金融活動關係的法律規範，以及管理國際金融活動的法律規範。本章主要在說明全球金融服務自由化法律制度面的形成，以及各國對於銀行跨國活動的監督措施。

壹、OECD的國際金融法規

　　OECD的資金自由流通規約（Code of Liberalisation of Capital Movements, 2007）與無形交易自由化規約（Code of Liberalisation of Current Invisible Operations, 2008）包含大部分的國際金融交易，尤其是對於進入權與設立權（right of entry and establishment）的規定，採取負面表列，明文規定違反重要的自由化規定的措施。

　　資金自由流通規約第2條規定在附件表A與B的交易與移轉應採取自由化的措施，在附件表A的IV即規定在資金市場上的證券經營，包括：

1.允許本國的有價證券在外國資金市場上
  (1)以私募或公開募集的方式，發行股票或其他有參與性質的證券、債券與其他長期債券。
  (2)引進在承認的本國股票或債券市場上股票，或其他有參與性質的證券、債券與其他長期債券。
2.允許外國的有價證券在本國的資金市場上
  (1)以私募或公開募集的方式，發行股票或其他有參與性質的證券、債券與其他長期債券。
  (2)引進在承認的本國股票或債券市場上股票，或其他有參與性質的證券、債券與其他長期債券。
3.由非居民在相關的國家經營買賣股票、有參與性質的證券或債券。
4.由居民在國外經營買賣股票、有參與性質的證券或債券。

應注意的是，在本國的資金市場上發行或引進股票或債券的自由化措

施，應遵守相關證券市場的規定，而會員國的主管機關不應對外國有價證券以差別待遇的方式，維持或實施限制措施。對於交易或移轉上述這些在外國或本國資金市場上，由本國居民持有或外國居民持有有價證券時，會員國得要求應由被授權的本國的代理或代理的仲介，且僅在現貨的基礎上，締結買賣契約。會員國應採取保護投資人的措施，以保護非居民的證券經營，並得採取獎勵措施。

在VII中規定集體投資有價證券的經營，亦允許在外國證券市場上本國集體投資證券的發行或引進，在本國證券市場上允許外國集體投資證券的發行或引進，由非居民或居民買賣集體投資證券；XI規定存款帳戶可以由非居民以本國貨幣或外國貨幣儲蓄於設立在本國的金融機構。居民可以本國貨幣或外國貨幣在設立於國外的金融機構開設存款帳戶。對於外匯（foreign exchange）的經營，可以由居民在國內以本國的貨幣買賣外國貨幣或匯兌外國貨幣；居民在國外可以外國貨幣買賣本國的貨幣或匯兌外國貨幣。

在無形交易自由化規約的附件的第E點即規定，銀行與金融服務，會員國應採取措施，以期維持公平和正常的市場和穩固的金融機構，保護投資人、銀行和金融服務的其他使用人，並不得歧視非設立於本國的服務提供者；會員國並得對於非居民的服務提供者規定獎勵措施。銀行和金融服務包括：

1.支付服務：支付工具（例如發行與使用支票、旅行支票、現金卡、信用卡等）、匯款的服務（例如以信件、電話、傳真、電報、電子連結或劃撥匯兌金錢）。
2.銀行與投資服務，包括對於有價證券、集體投資證券、其他可轉讓工具、非證券的請求權、信用、貸款、保證、融資、外匯、承銷有價證券、經濟服務、提供金融市場資訊、交流與實施的系統。
3.清算、結算、監管與保管服務。
4.資產管理，包括現金管理、證券管理、退休基金管理、保管資產、信託服務等。

5.諮詢和代理服務，包括信用參考與分析、投資研究與建議、公司合併、收購、重整、由經營管理階層收購（management buy-outs）、創投資金（venture capital）。

在附件的附件B並規定，在銀行與金融服務範圍，由非居民的投資人設立營業所、分支機構與代理經營的條件，主要內容為：

1.法律、規章、行政實務應確保給予經營在銀行和金融服務的非居民企業之分支機構或代理與本國的企業享有相同的待遇。

2.在設立銀行、金融機構、證券公司或其他的金融公司時，應遵守由主管機關規定的事項：

(1)非居民的企業申請設立時，應提出完全與精確的書面文件與資料。

(2)若有其他應遵守的法律、財務、會計與技術性的要件，例如董事資格、企業類型，主管機關應告知非居民的企業，並應以相同的標準適用於本國企業和外國企業。

(3)主管機關應在6個月內作成申請的決定。

(4)主管機關應要求非居民的企業補正，以完成申請的程序，並應告知補正的理由，且應以相同的條件對待本國企業與非居民企業。

(5)非居民企業的申請被拒絕時，主管機關應說明其做決定的理由，且應以相同的條件對待本國企業和非居民企業。

(6)申請被拒絕時或主管機關未在6個月的期限內做成決定時，非居民企業享有與本國企業相同的訴願權。

來自一會員國的企業在另一會員國內經營金融服務時，得指派一位事實上居住於該會員國的人作為代表，而不問其國籍；在事先告知該會員國時，並得設立一個代表處，應係為其母公司在該會員國內促進業務。會員國不得因國籍限制做為銀行與金融服務的仲介，或在相關業務市場上的活動或成為專業協會、證券或其他交易所、市場、證券或其他市場仲介自律機構的會員。會員國應確保對於取得協會或自律機構成員，不因國籍而有差別待遇的情形。本國法律、規章和行政實務應確保金融制度的穩定或保護存款人、提

存人與其他的請求權人，不應阻止非居民企業分支機構或代理之設立，應與本國企業適用相同的條件。

設立營業所的財務要件，有：

(1)對於在銀行和金融服務領域，非居民企業設立分支機構或代理的財務要件與本國企業相同。

(2)應以地主國的貨幣支付設立資本。

(3)得對非居民企業的分支機構或代理適用財務要件，但對於全體分支機構或代理的財務要件，應與本國從事相同業務的企業適用相同的條件。

(4)在對非居民企業基於審慎理由採取措施時，對於帳戶的金額總數應符合設立分支機構或代理時的財務要件，且不得對非居民企業有差別的待遇。

貳、WTO架構下的金融服務自由化

服務貿易總協定（General Agreement on Trade in Services；簡稱GATS）對於金融服務主要規定於GATS的相關條文、二個附件、一個瞭解書與一項決議。

一、GATS關於金融服務業的重要原則

（一）最惠國待遇原則

依據GATS第2條之規定，關於本協定所涵蓋之措施，各會員國應立即且無條件地對來自其他會員國之服務或服務提供者提供不低於該會員國給予其他國家相同服務或服務提供者之待遇。會員國得採行與第1項不一致的措施，若該措施已列入有關豁免第2條義務之附件且符合其條件。本協定條款不應

解釋為禁止會員國為促進僅限於鄰近邊界地區當地所供給及消費之服務的交易，而給與其鄰接國優惠待遇。

　　GATS維持了GATT一貫的多邊貿易自由化的原則，必須在豁免清單中列舉例外的要件，才可以主張不將某一項服務部門給與其他會員國最惠國待遇。而依據GATS第16條第1項之規定，關於由第1條所定義之供給方式之市場開放，各會員國提供給所有其他會員國之服務業及服務提供者之待遇，不得低於其已同意，並載明於承諾表內之內容、限制及條件。在非屬於會員國保留作為例外的情形下，會員國就所有與GATS有關之事項，應給與其他會員國的服務或服務供給者最惠國之待遇。

（二）國民待遇原則

　　GATS第17條規定國民待遇原則，即在其承諾表所載服務部門，在該表列條件與門檻限制下，每一會員國就所有影響服務供應之措施，不得低於其給予本國同類服務或服務供應者之待遇。會員國有可能對其他會員國服務或服務供給者賦予形式上相同於或形式上不同於其所賦予本國服務或服務供給者之待遇，而仍符合第1項之要求。若形式上相同或形式上不同之待遇足以改變競爭條件，致使會員國服務或服務供給者較有利於其他會員國服務或服務供給者，則其應被視為賦予其他會員國服務或服務供給者較不利之待遇。

　　國民待遇原則的作用，是要確保會員國的服務供給者進入其他會員國市場時，得與地主國的服務供給者享有相同的競爭機會，而不致遭受差別待遇[1]。國民待遇原則的精神，就是禁止差別待遇，也是促進服務貿易自由化的重要方法。國民待遇原則賦予外國服務及服務供給者與本國的服務與服務供給者相同的商業機會與待遇，使國內外服務業者立於平等的商業地位進行競爭。由於國民待遇原則確保平等的機會，使進口的會員國所做成的市場開放

---

[1]　黃立／李貴英／林彩瑜，WTO國際貿易法論（2002），臺北：元照出版有限公司，第240頁。

承諾，不會因進口會員國利用國內差別待遇的法規而減損[2]。

金融服務承諾瞭解書第C條規定，在國民待遇原則條款與條件的限制下，每一會員國均應對在其領域內設有商業據點的任何其他會員國的金融服務提供者授予權利，使其得以利用公共機構所經營之支付與清算系統（payment and clearing system），並使其得以對通常的營業的正常過程均可利用公共提供的資金和融資設施；若一會員國規定，金融服務提供者必須參與證券、期貨交易市場的自律組織、交換所、其他組織或協會時，以期使與國內的金融服務提供者在相同的基礎上提供金融服務，或會員國直接或間接給予這些機構特權或利益，以提供金融服務時，則該會員國應確保這些機構依據國民待遇原則，對待在其領土內所設立的其他會員國的金融服務提供者。

（三）相互承認原則

GATS第7條規定，就認定是否全部或部分符合會員國關於服務供應者之營業許可、執照發給或證明書之要件等事項，會員國得承認在特定國家所獲得之教育或經驗、在其他國家所符合之要件或在其他國家所授予之執照或證明書；但本項規定須受第3項之拘束。此種相互承認得透過制度之調和或其他方式而達成，其承認並得基於會員國與相關國家之協定，亦得以自動之方式授予。會員國若係第1項所稱協定之當事國，不論該協定已經存在或將來訂定，該會員國應提供其他有興趣之會員國適當的機會，以談判加入此一協定或談判相當類似的協定。在一會員國以自動之方式提供承認之情形，該會員國應提供適當的機會給其他會員國，使其得以證明在該其他會員國之領域內所獲得的教育、經驗、許可或證書或所符合之條件，宜被承認。會員國給予承認之方式，不得造成在適用其關於服務供給者之營業許可、執照發給或證明書之要件等事項之標準時，對不同國家有差別待遇的情形，或對服務貿易有隱藏性之限制。會員國也必須就相關的承認措施通知服務貿易理事會。

2　羅昌發，國際貿易法（2004），臺北：元照出版有限公司，第585頁。

二、GATS的金融服務附件

（一）金融服務之範圍與定義

　　本附件適用於影響金融服務提供的措施，關於提供金融服務係指在GATS第2條第2項定義的服務提供，也就是僅適用於跨國的提供金融服務。所謂的執行政府機關的提供服務，是指：

1. 由中央銀行或貨幣主管機關，或由其他公共機構為實施貨幣或匯率政策所採取的措施。
2. 構成社會安全或公務員退休計畫之法律制度一部分的活動。
3. 其他由公共機構為政府實施，或由政府所保證或使用政府財政資源，而實施的活動。

（二）國內規章

　　不論GATS的其他規定，會員國均不得被阻止基於審慎的理由而採取措施，審慎的理由包括保護投資人、存款人、保險單持有人、或金融服務提供者應富有忠實義務的人、或為確保金融制度之完整與穩定，在這些措施不符合GATS規定之情形，這些措施不得用以做為規避會員國在GATS之承諾或義務。不應解釋GATS為要求一會員國揭露公共機構所持有之關於個別客戶之情形或帳戶資料，或任何機密或專屬的資料。

（三）相互承認

　　在判斷會員國關於金融服務應如何適用時，一會員國得承認其他會員國的審慎措施。這些承認得以調適或其他依據協定，或由一會員國自主授權的方式達成。且不論這些協定是否已經生效，屬於這些協定的當事國應給予其他有興趣的會員國有適當的機會，且應在其他會員國有相當的規章、監督或施行這些規章，與該協定當事國相互分享資訊程序的情況下，以談判加入該

協定或談判簽訂相當的協定。若一會員國是以自主的方式片面給予承認者，該會員國應提供適當的機會給予其他會員國，使其他會員國得以證明此情況存在。

（四）爭端解決

就審慎問題產生的爭議或其他金融事務的爭議，爭端小組應具有與系爭特定的金融事務相關的專業知識。

（五）金融服務之定義

金融服務是指由金融服務提供者所提供任何具有金融性質的服務，包括：

1. 保險與保險相關的服務

(1)直接保險，包括共同保險在內。

(2)人壽保險。

(3)非人壽保險。

(4)保險仲介，例如保險經紀與保險代理。

(5)保險的從屬服務，例如諮詢、精算、風險估算與理賠處理服務。

2. 銀行與其他的金融服務

(1)接受社會大眾存款及其他償還性的資金。

(2)任何形式的貸款，包括消費者信用貸款、抵押貸款、買入應收帳款，以及商業交易融資。

(3)融資性租賃。

(4)所有支付與匯兌服務，包括信用卡、簽帳卡、記帳卡、旅行支票與銀行匯票。

(5)保證與承諾。

(6)在交易所、櫃臺市場或其他方式，為自己或客戶進行的交易，包

括：

A、貨幣市場的工具，有支票、票券、存單憑證。

B、外匯。

C、衍生性商品，包括期貨、選擇權。

D、匯率與利率工具，包括交換、遠期匯率獲利率契約。

E、可轉讓證券。

F、其他可轉讓金融工具與金融資產，包括金銀條塊。

(7)參與發行所有種類的證券，包括承銷與募集代理，以及提供相關的發行服務。

(8)貨幣經紀。

(9)資產管理，例如現今或有價證券管理、集體投資管理的所有形式、退休基金管理、監管、保管及信託服務。

(10)金融資產的清算與結算服務，包括證券、衍生性商品與其他可轉讓的金融工具。

(11)金融資訊的提供與傳送，以及其他金融服務提供者所提供之金融資料處理與相關的軟體。

(12)上述各項服務所提供之諮詢、仲介及其他從屬的金融服務，包括信用查詢與分析、投資與證券之研究與諮詢、對公司併購和公司重整及策略之諮詢。

（六）金融服務提供者之定義

金融服務提供者是指公共機構以外，想提供或正在提供金融服務會員國的任何自然人或法人。

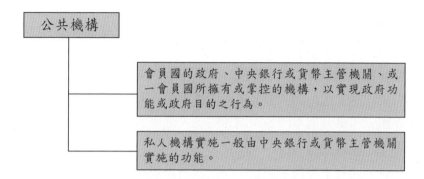

三、金融服務承諾瞭解書

金融服務承諾瞭解書（Understanding on Commitments in Financial Services）係期待各國依據此瞭解書所規定的替代方式提出對金融服務的承諾，但承諾不得牴觸GATS的規定，不影響任何會員國依據GATS第三部分做成承諾的權利，且不推定會員國在GATS的架構下承諾開放的程度。

四、金融服務貿易協議

GATS關於金融服務的附件和關於金融服務的第二附件為1997年簽署的金融服務協議（Agreement on Financial Services）奠立基礎。1997年12月13日時，由70個會員國達成GATS關於開放金融服務貿易的第五議定書，以期促成金融服務貿易的自由化，並於1999年3月1日生效施行。全球95%以上的金融服務貿易被納入金融服務協議的範圍內，雖然金融服務協議並未實現全球金融服務的全面自由化，但卻反映了WTO會員國現有的金融服務自由化的程度。

金融服務協議不僅包括銀行業、證券業和保險業三大金融服務的主要領域，並且包括資產管理、金融資訊提供等方面。

金融服務協議主要的內容為：

1.放寬或取消外資參與國內金融機構的股權限制。

2.放寬對商業呈現（分支機構、子公司、代理、代表處）的限制。

3.允許外國公司在國內建立金融服務公司，並依據競爭原則運作。

4.外國公司享有與本國公司同等的進入市場的權利。

5.廢除跨越國界的服務。

6.允許外國資本在投資項目中的比例超過50%。

7.會員國政府有採取審慎措施保障金融制度完整和穩定的權利，例如為保障投資人、儲蓄戶、保險的投保人之利益而採取審慎措施。

參、跨國銀行的國際監管

　　跨國銀行是跨國公司的一種特殊型態，1970年代跨國銀行迅速擴張，跨國銀行在國際金融領域處於主導的地位，對於國際金融業的發展和國際金融秩序的穩定具有非常重要的意義。

　　銀行業除涉及社會大眾存款人的利益外，銀行的業務還會涉及信用風險、利率風險與資金流通風險、匯率風險等，為了維護公眾的利益，實現國家貨幣政策與金融政策的穩定發展，國家的金融監督機關都會要求銀行、金融機構應做好風險管理與穩健經營。

　　由於金融服務業的自由化，在全球化的趨勢下，跨國銀行均開發出新的金融商品與金融業務，因此國際社會亦逐漸重視對於跨國金融機構的聯合監督，尤其是1974年時德國的Herstatt銀行與紐約的Franklin National Bank倒閉引起國際震撼，使得跨國銀行的監管問題成為國際社會共同關注的焦點[3]。

---

[3]　J. D. Wagster (1996), Impact of the 1988 Basle Accord on International Banks, Journal of Finance No.4, pp.1321-1346.

在國際清算銀行（Bank for International Settlements）的支持下，在比利時、荷蘭、加拿大、瑞典、法國、瑞士、德國、英國、義大利、美國、日本與盧森堡的中央銀行總裁於1975年2月成立巴塞爾銀行監管委員會（Basel Committee on Banking Supervision），以促進在銀行監管事宜上的國際合作與全球的風險控管；1975年9月時公布了巴塞爾協議（Basel Accord）即為對國外銀行機構監督的原則，應由跨國銀行的母國和地主國共同監督管理海外銀行機構的責任，地主國主要監督外國分行的流動性和外國子行的清償能力，而母國則應監督國外分行的清償能力和國外子行的流通性，銀行監督機關間應加強合作、互通資訊與代為檢查對方的海外銀行機構。

1983年時修訂巴塞爾協議，對於跨國銀行監管責任做了較明確的劃分，並採取有效的監管方法，是國際銀行監管的重要里程碑。為了保持國際銀行制度的穩定，消除國際銀行間的不平等競爭，巴塞爾銀行監管委員會在1988年7月時通過關於國際整合銀行資本衡量和資本標準（International Convergence of Capital Measurement and Capital Standards），通稱為巴塞爾資本協議（Basel Capital Accord），規範統一的資本資產比率計算方法和最低資本充足率標準。一方面提高跨國銀行對抗風險的能力，使國際銀行體系的穩定有實質保障的基礎，另一方面使眾多的跨國銀行在相同的標準下經營國際業務，而使國際銀行間能平等的競爭[4]。

巴塞爾資本協議並非具有法律拘束力的國際條約，而是巴塞爾銀行監管委員會成員國中央銀行總裁間的君子協定。但由於巴塞爾銀行監管委員會各成員國的跨國銀行在國際銀行領域占有舉足輕重的地位，以及各成員國的銀行監管機關在國際銀行監管領域的強大影響力，使得巴塞爾資本協議成為全球跨國銀行普遍接受與遵循的國際慣例，而成為確保各國跨國銀行平等競爭和穩定國際銀行體系的重要保障。另外，巴塞爾資本協議規定最低資本充足

---

[4] Basel Committee: International convergence of capital measurement and capital standards, http://www.bis.org/bcbsc111.htm, last visited 2008/6/24.

率的要求有效抑制跨國銀行的無限制擴張,防止跨國銀行過度膨脹其業務,保證跨國銀行的穩健經營和國際金融秩序的穩定[5]。

2004年6月時,巴塞爾銀行監管委員會修訂巴塞爾資本協議,即通稱的巴塞爾資本協議II,以期標準化國際上的風險控管制度,提升國際金融服務的風險控管能力[6],以最低資本要求(minimum capital requirements)、監督檢查過程(supervisory review process)與市場紀律的作用做為巴塞爾資本協議II的三大支柱,以期達成下列的目標:

1.增進金融體系的安全與穩健。

2.公正競爭。

3.採用更完備的方法來因應風險。

4.最低資本要求的計算方法,使銀行業務活動保持適當的敏感度。

5.主要適用於國際的大型的銀行,但也適用於其他的各類銀行。

巴塞爾銀行監管委員會希冀以修訂過的資本架構(capital framework)能促進銀行業更強的風險管理能力,支持改進資本規範。由銀行揭露更多的訊息,以考慮在銀行和風險管理實務的變化,而在成員國層次盡可能的單一適用修正過的資本架構[7]。

2007年下半年開始,美國發生「次級房貸」(subprime mortgage)危機,不久紐約華爾街全球著名的金融機構Bear Sterus、Fannie Mae、Freddie Mac、Merril Lynch與Lehman Brothers等,於2008年3月至9月相繼發生倒閉或由美國政府接管事件,並進一步引爆擴大成為全球金融海嘯,重創各國金融體系與實體經濟。

---

[5] J. D. Wagster (1996), Impact of the 1988 Basle Accord on International Banks, Journal of Finance No.4, pp.1321-1346.

[6] 新巴塞爾資本協定,http://zh.wikipedia.org/wiki, last visited 2008/6/24.

[7] Basel Committee II: International convergence of capital measurement and capital standards: A Revised Framework, November 2005, http://www.bis.org/publ/bcbs118.htm, last visited 2008/6/16.

　　巴塞爾銀行監管委員會亦針對2008年以來的全球金融危機，積極檢討巴塞爾資本協助II及各項監理規範，2009年公布「強化巴塞爾資本協議II架構」的各項方案，積極主張採用「槓桿比率」做為巴塞爾資本協議II的補強工具，2009年9月「中央銀行總裁及監理主管小組」會議獲致結論，正式決議將「槓桿比率」的規範納入巴塞爾資本協定的架構內，為確保「槓桿比率」可在國際間相互比較，將責成各國依其會計準則進行差異調整，以期使各國協調一致。這項協議連同「提升銀行第一類資本品質及其一致性、透明度」與「導入加計一定比率的抗循環資本緩衝架構」相關的強化措施，共同形成完整的「Basel III」草案，於2010年9月12日由巴塞爾銀行監管委員會宣布通過，並在2010年11月G20[8]高峰會議獲得正式背書而告定案。

　　Basel III主要的內容為：

1.提出許多關於資本、財務槓桿及流動標準的新規範，以強化對銀行產業部門的監理與風險控管。

2.新的緩衝資本與資本結構內容，要求銀行持有較Basel II規範更高品質，以及更多的資本要求。

3.導入財務槓桿與流動性比率兩項「非以風險基礎衡量」的新規範，以補強「以風險基礎衡量的最低資本要求」的管制架構，以期金融危機一旦再度發生，得以確保銀行維持較充足的流動性資金。

　　Basel III是建立在原有的Basel II三大支柱的架構基礎上，針對其改革目標分別施予不同程度的補強作為。

8　G20是一個國際經濟合作論壇，於1999年12月16日在德國柏林成立，屬於布萊頓森林體系架構內非正式對話的一種機制，由八國集團（美國、加拿大、日本、德國、法國、英國、義大利和俄羅斯）及其餘十二個重要經濟體（歐盟、中國、巴西、印度、澳洲、墨西哥、韓國、土耳其、印尼、沙烏地阿拉伯、阿根廷和南非）組成。G20集團目的是防止類似亞洲金融風暴的重演，讓有關國家就國際經濟、貨幣政策舉行非正式對話，以致力於國際金融和貨幣體系的穩定。自2008年起召開G20高峰會議，並且在2009年宣佈G20取代G8成為全球經濟合作主要的論壇。

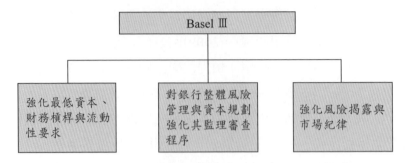

Basel Ⅲ並建立一個審慎監理的架構，主要內容如下：

審慎監理工具	主要內容
總體審慎監理	1.針對跨時間之抗循環問題 　(1)抗循環資本計提與前瞻性準則提列損失準備 　(2)資本保留緩衝法規 2.針對特定時點之系統風險分配問題 　(1)要求系統重要性銀行、計提系統風險附加資本 　(2)辨識所有金融機構之關連性及共同曝險 　(3)系統監控OTC衍生商品 3.實施流動性風險的衡量標準與監視問題 　(1)流動性覆蓋率的要求 　(2)淨穩定獎金比率的要求
個體審慎監理 （強化Basel Ⅱ監理工具）	1.強化資本品質及提高資本水準 2.要求交易簿需「適當」計提資本 3.增進金融機構之風險管理與揭露 4.實施「槓桿比率」，以補充風險加權做法 5.處理OTC衍生性商品之交易對手風險

肆、國際清算制度

一、國際清算聯盟

1944年聯合國在美國New Hampshire州的Bretton Woods舉行貨幣暨金融

會議（Monetary and Financial Conference）時，提出建議設立國際清算聯盟（International Clearing Union），以規範貨幣兌換與發行貨幣，而這些工作後來由國際貨幣基金（International Monetary Fund）移轉給世界銀行集團下的國際復興開發銀行（International Bank for Recoustruction and Development）負責[9]。國際清算聯盟是一個全球性的銀行，係規範國家間的貿易，國際清算聯盟以自己的貨幣「bancor」清算國際貿易的交易，bancor與其他國家的貨幣間有一個固定的匯率，且用以衡量國家間的貿易收支。

二、國際清算銀行

1930年在舉行海牙會議時，通過楊格計畫（Young Plan），為解決第一次世界大戰後的德國戰爭賠償問題，於是由瑞典、比利時、法國、德國、英國與義大利政府成立國際清算銀行（Bank for International Settlement）。根據國際清算銀行章程第3條之規定，國際清算銀行的宗旨，為促進各國中央銀行間的合作，為國際金融運作提供額外的便利，並做為國際清算的受託人或代理人。國際清算銀行堪稱為世界上歷史最悠久的國際金融組織。目前歐洲各國、美國、加拿大、日本、南非、澳洲等國的中央銀行都是國際清算銀行的成員，全球大部分國家的中央銀行都與國際清算銀行有業務往來，因此國際清算銀行有「中央銀行的銀行」之稱。國際清算銀行為在瑞士登記的股份有限公司，但實質上為一國際經濟組織，主要在促進各國中央銀行的合作與貨幣政策的協調。

國際清算銀行的另一個重要作用，就是要對國際貨幣與金融合作提供一個論壇（Forum），在這方面國際清算銀行舉行會議，並為支付暨清算系統委員會（Committee on Payment and Settlement Systems）提供一個秘書處（Secretariat）。支付暨清算系統委員會是由十大工業國中央銀行總裁

9　International Clearing Union, http://en.wikipedia.org/w/index.php?title=International _ Clearing_Union, last visited 2008/7/12.

（Group of Ten Governors；簡稱G-10）於1990年設立，原先是要接管與擴大支付系統專家小組（Group of Experts on Payment Systems）與銀行互聯網絡系統委員會（Committee on Interbank Netting Schemes）的工作，是十大工業國中央銀行的一個永久委員會，應向十大工業國的中央銀行總裁做定期的報告[10]。

　　支付暨清算系統委員會透過促進穩定的和有效率的支付和清算系統，以致力於加強金融市場的基礎設施，係做為各國中央銀行的論壇，以監督和分析在國內支付、清算和結算系統的發展，以及在跨國和多國貨幣的清算體系[11]。

　　支付暨清算系統委員會亦提供G10中央銀行一個協調監督作用的方法，以期能普遍的關切支付、清算、結算與其他相關事宜的效率與穩定，支付暨清算系統委員會關注於支付與清算協議間、中央銀行的支付與清算服務間，以及主要金融市場對於貨幣政策行為間的關係[12]。

　　近年來，支付暨清算系統委員會與其他國家的中央銀行，特別是新興市場經濟的國家，發展關係，以期擴大在G10外的工作，尤其是發展對有系統的重要支付系統設計和運作的核心原則；另外，支付暨清算系統委員會也密切的與國際貨幣基金、世界銀行，以及國際證管委員會組織（International Organization of Securities Commission）進行合作[13]。

　　在國際清算銀行的監督下，支付暨清算系統委員會近年來公布了許多不同的報告，例如大額資金移轉系統（large-value funds-transfer systems）、證券清算系統（securities-settlement systems）、對外匯交易的清算機制、衍生性商品的清算事宜、零售支付與電子錢（electronic money）等。2001年1月時，支付暨清算系統委員會公布有系統重要支付系統的核心原則（Core

---

[10] http://www.bank-banque-canada.ca/en/financial, last visited 2008/7/12.
[11] http://www.bis.org/cpss/, last visited 2008/7/12.
[12] http://www.bank-banque-canada.ca/en/financial, last visited 2008/7/12.
[13] http://www.bank-banque-canada.ca/en/financial, last visited 2008/7/12.

Principles for Systemically Important Payment Systems）；每年並公布在G10
國家支付系統的紅皮書（Red Book），並定期檢討，每年均會更新統計的數
據。

　　另一個全球金融市場的重要機構為由G10中央銀行總裁設立的全球金融
制度委員會（Committee on the Global Financial System），以監督全球金融市
場的發展。全球金融制度委員會的任務，就是要辨識與評估對全球金融市場
造成影響的來源，更進一步瞭解對金融市場結構上的損害，以及促進改善金
融市場發揮功能與穩定。全球金融制度委員會的前身為設立於1971年的歐洲
貨幣常設委員會（Euro-currency Standing Committee），以負責監督國際銀行
市場，最初主要是關注海外儲蓄和借貸市場快速成長貨幣政策的施行，但逐
漸關注金融制度關於結構變遷的議題，1992年2月8日時，G10中央銀行總裁
決議更名為目前的全球金融制度委員會[14]。

三、國際清算銀行的業務

　　通常國際清算銀行只與各國的中央銀行有業務往來，只有在成員國中央
銀行同意時，才會與相關的政府機構、商業銀行或私人企業進行業務往來。
國際清算銀行的業務，主要為：

（一）銀行業務

國際清算銀行的主要業務，包括：

1.黃金業務：買賣、儲存、保管黃金等。

2.外匯業務：為各國中央銀行管理與買賣外匯。

3.證券業務：為自己或為各國中央銀行買賣、貼現匯票、支票或國庫券
　等票據。

---

[14] http://www.bis.org/cgfs/index.htm, last visited 2008/7/12.

4.代理業務：做為中央銀行、國際組織的金融代理人或往來的銀行。

5.貸款業務：向各國的中央銀行提供短期貸款、解決國際收支失衡的問題。

6.清算業務：為各國中央銀行間的相互清算提供便利。

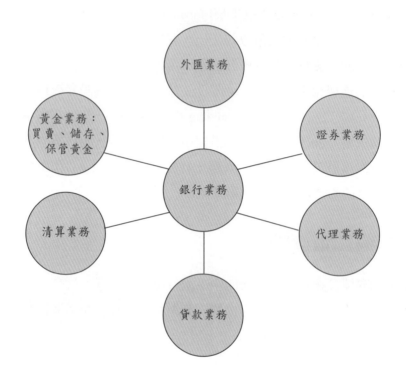

（二）中央銀行的俱樂部

　　國際清算銀行是中央銀行的俱樂部，是各國中央銀行間進行合作與交流意見的理想場所，以維持貨幣和金融的穩定，以及促進各國中央銀行間的合作和貨幣政策的協調。在國際清算銀行架構下簽署的巴塞爾協定（Basel Convention）即為對銀行監管的重要國際條約。

（三）在必要時，提供或籌集緊急資金，以支撐國際貨幣體系

第六章
國際證券法

目 次

壹、國際證券法

　　國際證券法是規範國際證券發行、交易與監督的法律規範。國際證券法主要規定於各國國內證券交易法中關於跨國證券融資的法律規範和政府間關於國際證券合作監管的協議。各國的證券交易法都是以保護投資人利益和促進國民經濟正常運作與發展為宗旨。例如我國證券交易法第1條即揭示立法宗旨，為發展國民經濟與保障投資。

貳、國際證券

一、國際證券之意義

　　國際證券是指在國際金融市場上發行和銷售的有價證券。

二、國際證券之種類

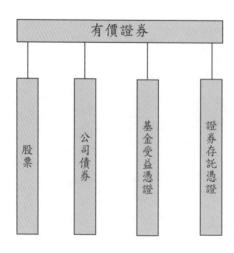

（一）股票

　　股票是股份證書，是股份有限公司為籌集資金而發給股東做為持股憑證，並藉以取得股息和紅利的一種有價證券。股票是股份有限公司資本的構成部分，可以轉讓、買賣或作價抵押，是資金市場主要的長期信用工具，股東是股票的持有人，是公司的所有權人，以其出資額為限，對於公司的債務負有限的責任、承擔風險、分享利益。

　　股票的作用，主要有三點：

1.出資證明。

2.股東身分證明，藉以參與公司的經營，例如參加股東大會、投票表決、參與公司的重大決策。

3.對股份發行企業的利潤分配依據。

　　股票依據不同的標準，有不同的種類，主要可分為：

1. 普通股與優先股

　　普通股（common stock）是指在公司經營管理、盈利、財產分配上享有普通權利的股份，構成股份有限公司資本的基礎，是股票的一種基本形式，是發行數量最大的股票種類，也是最重要的股票，在證券交易所中交易的股票大都是普通股。普通股的股東主要有下列的權利：

(1)公司決策參與權

　　普通股股東有權參與股東大會，可以行使表決權，參與公司的經營決策。

(2)利潤分配請求權

　　普通股股東得向公司行使利潤分配請求權，請求分配股利，普通股的股利多寡取決於公司盈利狀況與分配政策。普通股股東必須在優先股股東取得股利後，就公司剩餘的利潤才得行使利潤分配請求權。

(3)優先認股權

　　公司需要擴張而增加發行普通股股票時，現有的普通股股東有權按持股

比例，以低於市價的一特定價格優先購買一定數量的新發行股票，而保持其
對企業所有權的原有比例。

(4)剩餘財產分配權

公司破產或清算時，若公司在清償債務後，尚有剩餘資產時，在優先股
股東受清償後的剩餘財產，普通股股東有請求權分配剩餘財產。

優先股（preferred stock）係指股東對於公司的利潤分配與剩餘財產分配
有優先的請求權。通常優先股在股票上會載明股利的收益率，因此優先股的
股息率事先固定，不影響公司的利潤分配。另外，優先股通常無表決權，並
不參與公司的經營決策。

2. 記名股票與無記名股票

記名股票是指在股票上記載股東的姓名，記名股票持有人以背書轉讓記
名股票，並將受讓人之姓名或名稱記載於股票[1]。記名股票轉讓時，必須辦理
過戶手續，例如公司法第165條第1項規定，股份之轉讓，非將受讓人之姓名
或名稱及住所或居所，記載於公司股東名簿，不得以其轉讓對抗公司。

無記名股票是指在股票上不記載股東的姓名，無記名股票之轉讓只需交
付即發生效力[2]。我國公司法第167條規定，無記名股票之股東，非於股東會
開會五日前，將其股票交存於公司，不得出席。

另外，依據公司法第172條對於股東會召集之程序，對於記名股票與無記
名股票亦有不同的規定，即股東常會之召集，應於二十日前通知各股東，對
於持有無記名股票者，應於三十日前公告之。股東臨時會之召集，應於十日
前通知各股東，對於持有無記名股票者，應於十五日前公告之。公開發行股
票之公司股東常會之召集，應於三十日前通知各股東，對於持有無記名股票
者，應於四十五日前公告之；公開發行股票之公司股東臨時會之召集，應於
十五日前通知各股東，對於持有無記名股票者，應於三十日前公告之。

---

[1]　例如公司法第164條前段規定。
[2]　例如公司法第164條後段規定。

3. A股、B股、H股、N股與S股

A股即人民幣普通股票。它是由中國境內的公司發行，供境內機構、組織或個人（不含港、澳、臺投資者）以人民幣認購和交易的普通股股票。為「B股」、「H股」的對稱。A股不是實物股票，以無紙化電子記帳，實行T+1交易制度，有漲跌幅限制（10%），參與投資者為中國大陸機構或個人。

A股主要有以下幾個特點：

(1)在中國境內發行只許本國投資者以人民幣認購的普通股。

(2)在公司發行的流通股中占最大比重的股票，也是流通性較好的股票，但多數公司的A股並不是公司發行最多的股票，因為目前中國的上市公司除了發行A股外，多數還有非流通的國家股或國有法人股等等。

(3)被認為是一種只注重盈利分配權，不注重管理權的股票。

B股的正式名稱是人民幣特種股票，它是以人民幣標明面值，以外幣認購和買賣，在境內上海證券交易所、深圳證券交易所上市交易的。B股的投資人限於外國的自然人、法人和其他組織，香港、澳門、臺灣地區的自然人、法人和其他組織，定居在國外的中國公民，中國證監會得規定的其他投資人。現階段B股的投資人，主要是上述幾類中的機構投資者。B股公司的註冊地和上市地都在境內，只是投資者在境外或在中國香港、澳門及臺灣。B股不是實物股票，以無紙化電子記帳，實行T+3交易制度[3]，有漲跌幅

---

[3] T+3是認購新股交割制度。T為認購日，+3為3日後。T+1：當天買入，隔日賣出，並完成清算交割。T+3：當天買入，3日後才可以賣出變現，比如第1天買入股票100股，第2天又買入100股，雖然已經有200股股票，但到3天後只能賣出100股，第4天才能賣出所有股票。由於T+3是採取延後3天才開始賣出的，對突發事件的反應也相對滯後，T+3的交易形式波動較小，相對的穩定性要比T+1好一些。實行T+3交割制度，一方面可以將較高的「日換手率」和「日成交額」泡沫擠壓為原先的1/3，在某種程度上，它既可以放慢股市過熱暴漲的速度，同樣也可以放緩股市遇挫暴跌的速度，這將會對股市的平穩運行發揮十分重大的作用；另一方面，

（10%）限制，參與投資者為香港、澳門、臺灣地區居民和外國人，持有合法外匯存款的大陸居民也可投資。

B股的發行與上市條件：

(1)以募集方式設立公司時，發行境內上市外資股（B股）的條件：

(A)所籌資金用途符合國家產業政策。

(B)符合國家有關固定資產投資相關的規定。

(C)符合國家有關利用外資的規定。

(D)發起人認購的股本總額不少於公司擬發行股本總額的35%。

(E)發起人出資總額不少於1.5億元人民幣。

(F)擬向社會發行的股份達公司股份總數的25%以上。

(G)擬發行的股本總額超過4億元人民幣的，其擬向社會發行股份的比例達15%以上。

(H)改組設立公司的原有企業或者做為公司主要發起人的國有企業，在最近3年內沒有重大違法行為。

(I)改組設立公司的原有企業或者做為公司主要發起人的國有企業，最近3年連續盈利。

(2)已設立的股份有限公司增加資本，申請發行B股時，應具備的條件：

(A)所籌資金用途符合國家產業政策。

(B)符合國家有關固定資產投資相關的規定。

(C)符合國家有關利用外資的規定。

(D)公司前一次發行的股份已經募足，所得資金的用途與募股時確定的用途相符，並且資金使用效益良好。

(E)公司淨資產總值不低於1.5億元人民幣。

T+3交割制度延長了成交與交割的時滯，大大放慢了股市資金周轉速度，從而放大了股市投機成本，這有利於引導股民理性投資、長期投資，同時有利於淡化股市投機氣氛。

(F)公司從前一次發行股票到本次申請期間沒有重大違法行為。

(G)公司最近3年連續盈利。

(H)原有企業改組或者國有企業做為主要發起人設立的公司，可以連續計算。

(3)境內上市外資股公司增資發行B股，應當符合下列條件：

(A)具有完善的法人治理結構，與對其具有實際控制權的法人或其他組織及其他關聯企業在人員、資產、財務上分開，保證上市公司的人員、財務獨立，以及資產完整。

(B)公司章程符合《公司法》和《上市公司章程指引》的規定。

(C)股東大會的通知、召開方式、表決方式和決議內容符合《公司法》及有關規定。

(D)本次新股發行募集資金用途符合國家產業政策的規定。

(E)本次新股發行募集資金數額原則上不超過公司股東大會批准的擬投資項目的資金需要數額。

(F)不存在資金、資產被具有實際控制權的個人、法人或其他組織及其關聯人占用的情形或其他損害公司利益的重大關聯交易。

(G)公司有重大購買或出售資產行為的，應當符合中國證監會的有關規定。

(H)中國證監會規定的其他要求。

H股，即註冊地在內地、上市地在香港的外資股。香港的英文是Hong Kong，取其字首，在港上市外資股就叫做H股。依此類推，紐約的第一個英文字母是N，新加坡的第一個英文字母是S，紐約和新加坡上市的股票就分別叫做N股和S股。

N股，是指那些在中國大陸註冊、在美國紐約證券交易所上市的外資股票，取紐約字首的第一個字母N做為名稱。

S股，是指那些主要生產或者經營等核心業務在中國大陸，而企業的註冊地在新加坡（Singapore）或者其他國家和地區，但是在新加坡交易所上市

掛牌的企業股票。

（二）公司債

　　公司債是指公開發行公司為解決財務收支問題或為募集資金而發行的可轉讓債權證書。公司債係公司發行的一種有價證券，直接向投資者籌措長期資金的一種金融工具，發行公司依發行時所訂定的發行條件，定期支付一定的利息予投資者，並於到期時償還本金。

　　公司債的特性：

1.有價證券：表彰債權之證券，可於次級市場流通。

2.直接融資：直接向投資大眾籌措資金。

3.長期資金：期間為一年以上，除事先約定外，不可提前還款且無轉換股票的權利。

4.顧客化產品：依發行公司之需求，設計公司債發行及償還條件。

5.市場流通性較差。

　　依據不同的分類標準，公司債的種類有下列各種：

1. 可轉換公司債券

　　可轉換公司債券係公司所發行的債券，為直接向投資者籌措長期資金的一種金融工具，發行公司依發行時所訂定的發行條件，定期支付一定的利息給投資者，並附有可轉換為普通股的權利，持有此種公司債券之投資者，得在當轉換為普通股的報酬率高於公司債券可領取的利息時，於特定的期間內，依事先約定的轉換比率或轉換價格，將此公司債轉換為發行公司之普通股股票，以獲取更高的報酬率，但若未行使轉換權的投資者，則發行公司於到期時依發行條件償還本金及補償利息。

　　可轉換公司債券具有下列的特性：

　　　　(1)結合債權與股權的債券，轉換公司債市價下跌時，投資人仍可領取固定收益及保有本金的好處；若股票市場表現不錯時，可轉換為普

通股股票，獲取資本利得。

(2)債權保障與一般公司債券相同，償還本金及債息的順位高於普通股股權。

(3)擁有轉換為普通股股票的權利，享受股票上漲的資本利得，即當發行公司之普通股股價上漲時，投資人可放棄領取固定收益的權利，將轉換公司債券轉換為普通股股票，於股票市場上賣出，賺取資本利得。

(4)轉換價格會隨著公司配股而向下調整，同樣達到參加除權的作用。

(5)市場流通性較普通股差。

2. 有擔保公司債券與無擔保公司債券

有擔保公司債券，可分為：

(1)抵押公司債券：以特定之資產，如土地、建築物、機器設備等做為發行公司債券之抵押品。

(2)保證公司債券：由第三者加以保證還本付息之公司債券，如金融機構擔任保證人所發行之公司債券。

無擔保公司債券是發行公司沒有提供特定財產做為抵押品，也無金融機構擔任保證人所發行的公司債，即以發行公司的信譽為擔保所發行的公司債。

3. 有記名公司債券與無記名公司債券

將債權人姓名登記於公司之債權人名冊，有登記於債權人名冊之債權人才可領息，其轉讓亦應向公司或公司委託人辦理過戶登記。無記名公司債通常附有息票，持有人只需將到期之息票剪下，持往公司或指定之銀行即可領取利息，轉讓時亦無須向公司或公司委託人辦理過戶登記。

4. 到期一次還本債券、分期還本債券與永續公司債券

到期一次還本債券是指公司債券之本金於到期時一次清償。

分期還本債券是指公司債券之本金分成數份,在發行期限內於不同日期償還。

永續公司債券是指公司債券沒有到期日,只要該發行公司沒有財務危機或倒閉,持有該公司債券之債權人可於每年領取固定債息。

5. 固定利率債券、浮動利率債券、收益公司債券與參與公司債券

固定利率債券是指公司債券之票面利率固定不變,債權人於公司債券發行期限內,可收取固定的利息。

浮動利率債券是公司債券之票面利率會隨著市場利率水準變動而調整。

收益公司債券是公司債券的利息不固定,是依發行公司之盈餘多寡來決定,有盈餘時才發放債息給債權人,無盈餘時即不付利息。

參與公司債券是債權人除享受固定利息外,並可參加股東之盈餘分配。

6. 發行公司可提前贖回債券與債權人可提前賣回債券

發行公司可提前贖回債券是發行公司在到期前可依發行時所設定的價格提前贖回公司債券。

債權人可提前賣回債券是債權人可要求發行公司依發行時所設定的價格提前清償公司債券。

7. 國際債券

國際債券係指發行人在國際證券市場發行和銷售的債券。國際債券又分為外國債券和歐洲債券。外國債券是發行人在外國發行,以發行地所在國貨幣為面值的債券,例如在日本發行、以日圓為面值的債券,外國債券在日本稱為武士債券(samurai bonds),在美國稱為洋基債券(yankee bonds)。

歐洲債券是發行人在外國發行的,以發行地以外的國家貨幣為面值,並在面值貨幣所屬國以外的國家推銷的債券。歐洲債券並不具有地理上的意義,依據不同的貨幣面值可以是歐洲美元債券、歐洲日圓債券。

（三）基金受益憑證

　　基金受益憑證是證券投資信託基金向社會大眾發行的，表明持有人有權領取投資收益的憑證。基金受益憑證持有人的收益是來自投資基金將所募集的資金，委託專門的投資機構經營而取得的收益。

（四）證券存託憑證

　　證券存託憑證（Depository Receipt；簡稱DR）信託銀行發行的有價證券，表示存放於外國證券經營機構的外國公司在國外已發行的證券的書面憑證。例如ADR即為美國存託憑證，存託憑證是有價證券可以獨立的自由轉讓。

參、國際證券發行的法律制度

一、國際證券的發行與管理

（一）國際證券的發行

　　國際證券的發行可以分為公開發行與私募證券。

1. 公開發行

　　公開發行證券是指發起人於公司成立前或發行公司於發行前，對非特定人公開招募有價證券的行為。公開發行是由發行人委託承銷商透過其廣大的推銷網向社會大眾推銷有價證券，因此又稱為證券的間接發行。透過公開發行的證券可以在證券交易所上市流通。

　　所謂承銷，係指依約定包銷或代銷發行人發行有價證券的行為。證券承銷商包銷有價證券，於承銷契約所訂定之承銷期間屆滿後，對於約定包銷的

有價證券，未能全數銷售者，其剩餘數額之有價證券，應自行認購之。證券承銷商包銷有價證券，得先行認購後再行銷售或於承銷契約訂明保留一部分自行認購[4]。證券承銷商代銷有價證券，於承銷契約所訂定之承銷期間屆滿後，對於約定代銷之有價證券，未能全數銷售者，其剩餘數額之有價證券，得退還發行人[5]。

由於投資大眾欠缺對證券投資的專業知識，為防止發行人的詐欺行為，保護投資大眾的利益，各國對於使用證券公開募集資金都規定一定的審核制度，應向主管機關申報、應檢附一定的文書，並交付公開說明書[6]，以便充分與正確的揭露公司各種訊息，使投資大眾可以做正確的投資決策。對於公開說明書應記載之主要內容有虛偽或隱匿之情事者，發行人及其負責人、職員、證券承銷商、會計師、律師、工程師或其他專門職業或技術人員，曾在公開說明書上簽章，以證實其所記載內容之全部或一部者，或陳述意見者，對於善意之相對人，因而所受之損害，應就其應負責任部分與公司連帶賠償責任[7]。已發行有價證券之公司，並應公布財務報告、營運狀況與各項與發行的有價證券相關的訊息[8]。

2. 私募證券

私募（private placement）係指對特定的投資人招募有價證券之行為，由於私募是發行人直接向特定的投資人銷售有價證券，因此稱為有價證券的直接發行。私募的投資人並非一般的社會大眾，通常是對證券投資具有豐富的經驗的機構投資人，例如我國證券交易法第43條之6第1項規定私募的對象，為：

　　(1)銀行業、票券業、信託業、保險業、證券業或其他經主管機關核准

4　我國證券交易法第71條規定。

5　我國證券交易法第72條規定。

6　例如我國證券交易法第22條、第30條。

7　例如我國證券交易法第32條。

8　例如我國證券交易法第36條、第36條之1。

之法人或機構。

(2)符合主管機關所定條件之自然人、法人或基金。

(3)該公司或其關係企業董事、監察人及經理人。

由於私募的投資人有投資經驗或有能力對證券投資的風險和利益做分析和判斷，因此各國對於私募的規定較為寬鬆，通常不會要求發行人交付公開說明書，也無嚴格的審核要件。例如我國證券交易法第43條之6第5項規定公開發行股票之公司於私募證券時，應於股款或公司債券等有價證券之價款繳納完成日起15日內，檢附相關書件，報請主管機關備查。

（二）證券公開發行的審核制度

各國對證券公開發行的審核制度可以分為登記制與核准制。

1. 登記制

登記制要求證券發行人在發行前應先證券管理機關申請登記的證券發行審核制度。在申請登記時，發行人應交付公開說明書，但證券管理機關只針對公開說明書所揭露訊息的真實性、完整性和精確性做形式上的審查，對於發行人的訊息情況、發行條件是否公平合理等實質內容並不做審查。證券管理機關審查之目的，在於使投資大眾可以平等的獲得對投資證券做正確判斷所需要的完整和真實的訊息。因此，在證券管理機關核准證券發行之申請時，發行人應公告公開說明書與相關的文件。若公開說明書的內容有虛偽不實或隱匿之情事，致投資人受損害時，發行人應負民事責任與刑事責任。美國即為登記制的代表。

2. 核准制

證券主管機關要求發行人交付公開說明書，並保證公開說明書的內容完整、精確與真實，證券主管機關並對發行人的訊息狀況、發行條件是否公平合理做實質的審查，即以政府的監督盡最大限度保護投資大眾的利益。歐洲大陸許多國家均採取嚴格的核准制。

三、國際證券市場的管理制度

（一）國際證券市場

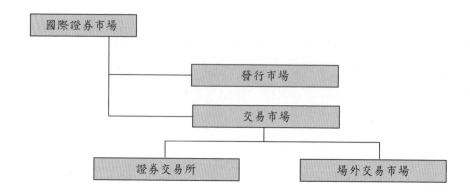

　　證券市場是股票、債券、投資基金券等各種有價證券發行和買賣的場所。證券市場透過證券信用的方式融通資金，透過證券的買賣活動引導資金流動，有效合理的分配社會資源，支持和推動國民經濟發展。因此證券交易市場是資本市場的核心和基礎，是金融市場中最重要的組成部分。

1. 發行市場

　　發行市場（primary securities market）係指由證券的發行人、購買人與仲介機構組成，無特定的交易場所。即一家公司初始上市時發行原始股或新債券的市場，第一次直接銷售給投資大眾或委託投資銀行、證券承銷商包銷或代銷，以吸收長期、安定、巨額資金的市場。

2. 交易市場

　　交易市場是指證券進入市場後的後續交易活動，又稱為流通市場，也就是透過證券交易所或櫃臺買賣已經發行證券的市場。

（二）國際證券市場的管理制度

目前各國對證券市場的管理制度，只要兩種模式：

1. 集中管理制

集中管理制是由政府設立獨立的證券管理機構，統一管理全國的證券發行與交易活動，例如美國，依據1934年的證券交易法設立專門的聯邦證券交易委員會（Securities Exchange Commission；簡稱SEC），證券交易委員會由總統任命的5名委員組成，享有立法權、行政權與司法權，為一獨立的機構，直接隸屬總統，直接對國會負責。SEC有一套完整的投資資訊系統，使投資人在投資決策時可獲得公開、充分和正確的資訊；SEC負責監督證券交易所和證券商協會，對於全國證券交易所和場外交易市場的全面管理。

2. 自律制度

自律制度以英國為代表，傳統上英國對於保護投資人有嚴格的資訊揭露的規定，但並沒有專門的管理證券市場的機構，而是由證券交易所和證券商協會及其他自律性組織施行自律管理模式。但自1986年英國通過金融服務法，明文規定證券投資的範圍、從事證券業的資格審查與應禁止的證券交易行為，並設立證券與投資局，以管理證券市場。2006年6月英國又通過金融服務和市場法，建立新的金融監督管理制度，並設立金融服務局，賦予金融服務局監督管理金融業廣泛的職權。

（三）證券交易所與證券交易的法律制度

1. 證券交易所組織形式

證券交易所是由證券集中競價的場所，是有組織、有管理和有專門設備的有形證券市場，是各國證券市場的核心。世界各國主要的證券交易所為紐約證券交易所、東京證券交易所、上海與深圳證券交易所、新加坡證券交易所、歐洲主要的證券交易所為倫敦、法蘭克福、巴黎、米蘭、蘇黎世證券交易所。

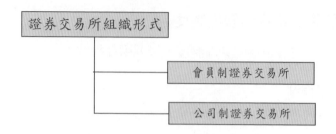

(1)會員制證券交易所

由證券商自願出資組成，不以營利為目的之法人組織。會員制證券交易所實行自律管理制度，會員必須向交易所繳交會費，只有會員才能進入交易所進行證券交易。

(2)公司制證券交易所

由股東出資設立的證券交易所，以營利為目的之企業法人，一般為股份有限公司形式，證券交易所本身不能參與證券買賣，所發行的股票也不能在本交易所上市流通。證券商只要與證券交易所訂立契約，即可進入證券交易所交易。例如臺灣證券交易所股份有限公司。

(3)我國的證券交易所

我國證券交易法第五章專章規定證券交易所，證券交易所之組織，分為會員制及公司制。證券交易所名稱，應標明證券交易所字樣；非證券交易所，不得使用類似證券交易所之名稱。證券交易所以經營供給有價證券集中交易市場為其業務，非經主管機關核准，不得經營其他業務或對其他事業投資。

會員制證券交易所為非以營利為目的之社團法人，除依證券交易法規定外，適用民法之規定。證券交易所之會員，以證券自營商及證券經紀商為限。會員制證券交易所之會員，不得少於7人。會員應依章程之規定，向證券交易所繳存交割結算基金，及繳付證券交易經手費。會員應依章程之規定出資，其對證券交易所之責任，除依章程規定分擔經費外，以其出資額為限。會員制證券交易所至少應置董事3人，監事1人，依章程之規定，由會員選任

之；但董事中至少應有三分之一，監事至少應有1人就非會員之有關專家選任之。董事、監事之任期均為3年，連選得連任。董事應組織董事會，由董事過半數之同意，就非會員董事中選任1人為董事長。董事長應為專任，但交易所設有其他全權主持業務之經理人者，不在此限。會員制證券交易所之董事、監事或經理人，不得為他證券交易所之董事、監事、監察人或經理人。會員制證券交易所之會員董事或監事之代表人，非會員董事或其他職員，不得為自己用任何名義自行或委託他人在證券交易所買賣有價證券。會員制證券交易所之會員董事或監事之代表人，非會員董事或其他職員，不得對該證券交易所之會員供給資金，分擔盈虧或發生營業上之利害關係；但會員董事或監事之代表人，對於其所代表之會員為此項行為，不在此限。會員制證券交易所之董事、監事及職員，對於所知有關有價證券交易之秘密，不得洩漏。

　　公司制證券交易所之組織，以股份有限公司為限。證券商之董事、監察人、股東或受僱人不得為公司制證券交易所之經理人。公司制證券交易所之董事、監察人至少應有三分之一，由主管機關指派非股東之有關專家任之。公司制證券交易所發行之股票，不得於自己或他人開設之有價證券集中交易市場，上市交易。公司制證券交易所不得發行無記名股票；其股份轉讓之對象，以依證券交易法許可設立之證券商為限。每一證券商得持有證券交易所股份之比率，由主管機關定之。在公司制證券交易所交易之證券經紀商或證券自營商，應由交易所與其訂立供給使用有價證券集中交易市場之契約，並檢同有關資料，申報主管機關核備；此一契約，除因契約所訂事項終止外，因契約當事人一方之解散或證券自營商、證券經紀商業務特許之撤銷或歇業而終止。公司制證券交易所於其所供給使用有價證券集中交易市場之契約內，應訂立由證券自營商或證券經紀商繳存交割結算基金，及繳付證券交易經手費。

2. 證券交易所設立的管理制度

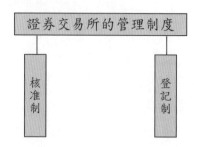

(1)核准制

所謂的核准制，就是證券交易所的設立必須經政府主管機關特許的管理制度，例如日本、中國均採核准制。我國證券交易法第93條即規定，證券交易所之設立，應於登記前經主管機關之特許或許可。

(2)登記制

在登記制，證券交易所的設立無須政府特別的許可，只需向證券主管機關提出申請，由證券主管機關確認符合法定條件後，予以登記的管理制度。美國即為登記制之代表。

（四）證券商的設立與管理

證券商是指依法從事證券承銷、自營買賣和經紀業務的法人和自然人。

1. 證券商的種類

證券商的分類如下：

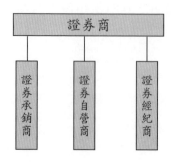

(1)證券承銷商

證券承銷商是以包銷或代銷方式,從發行人處取得證券,向投資大眾推銷證券賺取差價或手續費的證券商。承銷商是證券發行市場的證券商,尤其是國際證券的公開發行,通常必須仰賴承銷商的介入,才能順利公開上市有價證券。

(2)證券自營商

證券自營商是以自己的名義,為自己的利益買賣有價證券的證券商。證券自營商的資金雄厚、熟悉證券買賣業務與經驗豐富,為了保證證券市場的公平與公正,維護證券市場的穩定,保護投資大眾的利益,各國的證券交易法對於證券自營商的行為有一定的限制。例如我國證券交易法第84條規定,證券自營商由證券承銷商兼營者,於承銷期間內,不得為自己取得所包銷或代銷的有價證券。

(3)證券經紀商

證券經紀商是透過接受委託,從事證券買賣而賺取手續費的證券商。證券經紀商是證券交易的仲介人,是為委託人的利益買賣有價證券的證券商。

2. 證券商設立的制度

對於證券商設立制度,可分為:

(1)核准制

證券商必須經證券主管機關許可後,才能經營相關的證券業務,核准制以日本為代表。

(2)登記制

證券商經向證券主管機關辦理登記後,才可以從事相關的證券業務,以美國為代表。

為了保護投資大眾的利益,各國對證券商的業務活動有一定的限制,例如我國證券交易法第三章關於證券商即規定,證券商應按照法律規定的證券商種類,分別依其種類經營證券業務,不得經營其本身以外之業務;但經主

管機關核准者，不在此限。證券商不得由他業兼營；但金融機構得經主管機關之許可，兼營證券業務。證券商非經主管機關核准，不得投資於其他證券商。證券商須依法設立、登記之公司。證券商應有最低之資本額，由主管機關依其種類以命令分別定之。證券之對外負債總額，不得超過其資本淨值之規定倍數；其流動負債總額，不得超過其流動資產總額之規定成數。證券商於辦理公司設立登記後，應依主管機關規定，提存營業保證金。因證券商特許業務所生債務之債權人，對於營業保證金，有優先受清償之權。有價證券買賣融資融券之額度、期限及融資比率、融券保證金成數，由主管機關商經中央銀行同意後定之；有價證券得為融資融券標準，由主管機關定之。證券經紀商或證券自營商，在其營業處所受託或自行買賣有價證券者，非經主管機關核准不得為之。證券承銷商包銷有價證券者，其包銷之總金額，不得超過其流動資產減流動負債餘額之一定倍數；其標準由主管機關以命令定之。

（五）國際證券上市審核制度

　　國際證券上市是指公開發行的國際證券獲准在證券交易所掛牌交易，各國對於國際證券上市均規定一定的審核程序，只有符合法定條件和證券交易所最低標準，才得獲准在證券交易所上市交易。例如美國紐約證券交易所的上市準則即規定發行人應提出財務報告、經營狀況、股票狀況等申請文件進行審查，在確認符合紐約證券交易所的最低標準時，才能獲批准上市交易。

　　臺灣證券交易所股份有限公司於2008年5月16日時修正公布臺灣證券交易所股份有限公司有價證券上市審查準則，明文規定發行人向臺灣證券交易所股份有限公司申請上市時，應檢具各類有價證券上市申請書，載明其應記載事項，連同應檢附的書件，向臺灣證券交易所股份有限公司提出申請。

（六）證券交易行為的管理

　　為維護證券市場穩定、保證落實證券市場公開、公平與公正的原則、以及為保護投資大眾的利益，各國都對證券交易行為實施嚴格的管理，以防止

證券交易中的內線交易、詐欺行為和市場操縱等違法行為發生。

1. 內線交易

內線交易（insider trading）是指公司內部人或以不正當手段取得內部消息的人，以獲取利益或減少損失為目的，洩漏公司內部消息或利用內部消息買賣有價證券的行為。內線交易嚴重違反證券市場公開、公平與公正的原則，同時嚴重影響投資大眾對證券市場的信心，各國都將內線交易規定為違法行為和犯罪行為。例如我國證券交易法第157條之1即規定，公司董事、監察人、經理人及受指定代表行使職務之自然人、持有該公司之股份超過10%之股東、基於職業或控制關係獲悉消息之人、喪失前述身分後，未滿6個月者、從前述所列之人獲悉消息之人，獲悉發行股票公司有重大影響其股票價格之消息時，在該消息未公開或公開後12小時內，不得對該公司之上市或在證券商營業處所買賣之股票或其他具有股權性質之有價證券，買入或賣出。違反者對於當日善意從事相反買賣之人買入或賣出該證券之價格，與消息公開後10個營業日收盤平均價格之差額，負損害賠償責任；其情節重大者，法院得依善意從事相反買賣之人之請求，將賠償額提高至3倍；其情節輕微者，法院得減輕賠償金額。所謂重大影響股票價格之消息，指涉及公司之財務、業務或該證券之市場供求、公開收購，對其股票價格有重大影響，或對正當投資人之投資決定有重要影響之消息。

2. 證券詐欺行為

證券詐欺行為是以散布虛偽消息、空報價格或以欺騙、威嚇等不正當手段引誘或強迫他人買賣證券的行為。證券詐欺係投資人在違背自己真實意思下進行證券交易，嚴重損害投資人的利益，因此各國證券交易法對於證券詐欺行為均有處罰規定。例如我國證券交易法第20條、第20條之1規定，有價證券之募集、發行、私募或買賣，不得有虛偽、詐欺或其他足致他人誤信之行為。發行人依證券交易法規定申報或公告之財務報告及財務文件，其內容不得有虛偽或隱匿之情事。違反者對於該有價證券之善意取得人或出賣人因

而所受之損害，應負賠償責任。委託證券經紀商以行紀名義買入或賣出之人，視為前述之取得人或出賣人。對於發行人公布的財務報告及財務業務文件或公告申報之財務報告，其主要內容有虛偽或隱匿之情事，發行人及其負責人、發行人之職員，曾在財務報告或財務業務文件上簽名或蓋章者，對於發行人所發行有價證券之善意取得人、出賣人或持有人因而所受之損害者，應負賠償責任。除發行人、發行人之董事長、總經理外，如能證明已盡相當注意，且有正當理由可合理確信其內容無虛偽或隱匿之情事者，免負賠償責任。會計師辦理發行人之財務報告或財務業務文件之簽證，有不正當行為或違反或廢弛其業務上應盡之義務，而對發行人所發行有價證券之善意取得人、出賣人或持有人發生損害者，負賠償責任。

3. 操縱市場行為

操縱市場行為是指以獲利或減損為目的，利用資金、訊息、職權等優勢，人為的造成證券市場價格的波動，誘使或強迫他人買賣有價證券的行為。操縱證券市場的行為嚴重違反市場公平競爭原則，直接影響投資大眾的利益，各國的證券交易法均將操縱證券市場行為視為違法行為和犯罪行為，均明文規定處罰規定。例如我國證券交易法第155條與第156條即規定，對於在證券交易所上市之有價證券，不得有下列的行為：

(1)在集中交易市場委託買賣或申報買賣，業經成交而不履行交割，足以影響市場秩序。

(2)意圖抬高或壓低集中交易市場某種有價證券之交易價格，與他人通謀，以約定價格於自己出售，或購買有價證券時，使約定人同時為購買或出售之相對行為。

(3)意圖抬高或壓低集中交易市場某種有價證券之交易價格，自行或以他人名義，對該有價證券，連續以高價買入或以低價賣出。

(4)意圖造成集中交易市場某種有價證券交易活絡之表象，自行或以他人名義，連續委託買賣或申報買賣而相對成交。

(5)意圖影響集中交易市場有價證券交易價格，而散布流言或不實資料。

(6)直接或間接從事其他影響集中交易市場有價證券交易價格之操縱行為。

違反者對於善意買入或賣出有價證券之人所受之損害，應負賠償責任。主管機關對於已在證券交易所上市之有價證券，影響市場秩序或損害公益之虞者，得命令停止其一部或全部之買賣，或對證券自營商、證券經紀商之買賣數量加以限制。

（七）場外交易的法律行為

場外交易市場是證券交易所外，以協議方式達成交易的無形證券市場交易。由於並非所有的有價證券都能在證券交易所掛牌上市買賣，因此為使有價證券能夠流通，未能在證券交易所上市掛牌交易的有價證券能以一定的方式在證券交易所外進行買賣，於是形成場外交易市場。

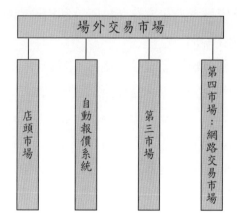

1. 店頭市場

店頭市場指在證券公司專設的櫃臺進行證券交易而形成的市場。店頭市場的證券價格不是透過集中競價，而是由買賣雙方經過充分協商達成的價格。在店頭市場上，證券商不僅為證券買賣提供櫃臺和其他仲介服務，還常

常直接參與證券買賣，賺取差價利潤。

2. 自動報價系統

證券交易自動報價系統首先在美國施行，即由全美證券商協會於1970年代將電腦系統引進場外交易市場而形成的全國證券商協會自動報價系統。各國亦參考美國的自動報價系統，而成為國際證券交易市場的重要構成部分。自動報價系統有自動報價、自動交易、自動清算交割和自動提供市場行情等功能，使投資者和證券商都可透過電腦網絡實現證券的委託和交易。

3. 第三市場

第三市場是指非證券交易所會員的證券商在交易所外經營已經上市證券買賣而形成的市場。第三市場的參加者主要為大型的機構投資人，交易標的是交易所的上市證券，但由非交易所會員在交易所外經營，不受交易所拘束。

4. 第四市場：網路交易市場

第四市場是指機構投資人在證券交易所外利用電腦網絡直接進行大宗的證券交易而形成的市場。

各國對於場外交易市場的管理較為寬鬆，證券發行人毋須辦理登記或批准手續，毋須交付公開說明書與揭露財務報告之義務，投資者可減輕交易成本。但場外交易市場形式多樣，市場分散，證券交易中容易出現投機、詐欺、操縱市場等違法現象。因此，各國對場外交易市場也給予必要的管理，通常是以證券商協會的自律管理為主，證券監管機構的管理為輔。例如財團法人中華民國證券櫃臺買賣中心證券商營業處所買賣有價證券審查準則於2008年4月25日修正公布，即為規定在財團法人中華民國證券櫃臺買賣中心申請有價證券審查要件。

第七章

國際投資法

目 次

壹、國際投資法概論

一、國際投資法的基本概念

國際投資法規範跨國私人直接投資（Direct Investment）關係的法律。第二次世界大戰結束後，國際經濟快速的發展與成長，伴隨著有出現許多的跨國公司（multinational corporation），而這些跨國公司在不同的地區從事生產或商業活動，充分利用各地區不同的比較利益，除了獲得鉅額的利潤外，也有助於改善當地的人民生活與促進經濟發展。

近年來的國際經貿發展，使得貿易法與投資法有密切的關係，1980年代初期，開發中國家開始對外國直接投資產生好感，將外國直接投資視為是對其發展提供資金的方法，國際經濟因此開始由開發自然資源轉變為投資於製造、服務與高科技，開發中國家也開始自由化其國內的投資政策，因此在開發中國家與已開發國家間快速的簽署了許多的雙邊投資協定，但由於外國投資在有些國家並未如預期成功的進行，例如2001年阿根廷的金融危機，而這些失敗的雙邊投資協定導致在1990年代中期以後投資仲裁糾紛不斷[1]。

雖然貿易與投資都是對待外國人，但貿易與投資卻有不同的目標，二者可互為補充，貿易的目標是貿易流通自由化，投資卻是要保護和促進外國投資。在1947年的GATT前言即表明，貿易流通的自由化，就是要在政府間以互惠的方式交換市場進入的讓步。貿易協定的效果，就是在本國以貿易自由化的讓步換取在外國的市場進入。貿易制度最終目標，還是要透過比較利益而達到效率與福利，即提高生活水準、確保完全就業與最佳的使用全世界的

---

[1] Di Mascio/Pauwelyn, Non-discrimination in Trade and Investment Treaties: Worlds Apart or Two Sides of the Same Coin?, 102 American Journal of International Law (2008), p.53.

資源[2]。總而言之，貿易法關注市場進入與貿易自由化，保護關稅承諾對抗規避，並確保對進口商品的平等競爭機會；但投資法則是要保護個別投資人，以期吸引更多的外國直接投資。

WTO協定和其施行措施協定與國際直接投資有密切的關係，全面的影響國際直接投資的環境，對於國際投資法的發展有重要的意義。在WTO架構下，與國際投資法有關的協定主要是與貿易有關之投資措施協定（Agreement on Trade-Related Investment Measures；簡稱TRIMs）與服務業貿易總協定（General Agreement on Trade in Services；簡稱GATS）。在外國直接投資領域的限制，在金融業領域仍是可以感覺到的效果，傳統的投資障礙主要是市場進入與國民待遇原則上的問題，而依據GATS第16條與第17條之規定消除這些障礙，在GATS的自由化措施特別是針對外國直接投資的開放，尤其是在外國企業在投資地主國商業呈現的自由化。為能完全改善國際投資法，實有必要儘速制訂新的國際多邊投資法規[3]。但由於欠缺完整的國際投資法，因此雙邊的投資協定（bilateral investment treaty）則成為國際投資法重要的一環，對於國際投資法提供了實體法上的法律依據[4]。

二、直接投資的定義與種類

我國經濟部公布的「對外投資及技術合作審核處理辦法」，定義對外投資為：

1.本國公司單獨或聯合出資，或與外國政府、法人或個人共同投資在國外創設新事業，或增加資本，擴展原有在國外的事業，或對於國外事

---

[2] WTO, The Results of the Uruguay Round of Multilateral Trade Negotiations: The Legal Texts, http://wto.org/english/docs_e/legal_e.htm, last visited 2008/6/12.

[3] Grabitz/Hilf, Das Recht der Europaischen Union, Stand 32, EL 2007, E.26 Finanzdienstleistungen, Rn.116.

[4] Escher/Schafer, Gesprachskreis "Investitionsrecht und -schiedsgerichtsbarkeit", SchiedsVZ 2006, S.96.

業股份之購買者；

2.在國外設計或拓展分公司、工廠及其他營業場所。

從本國的觀點來看，直接投資可分為積極的直接投資（aktive Direktinvestition）與消極的直接投資（passive Direktinvestition）。積極的直接投資係指直接投資於外國；消極的直接投資係指在國內對外國直接投資[5]。

在傳統的定義上，認為外國直接投資是一家公司從一國至另一國進行物理的投資，即建立一家工廠，而直接投資在建築物、機器與設備中，以從事經營活動，包括將資金投入至海外的生產國及技術移轉，對於投資地主國的經濟發展有很大的影響；傳統上認為組合投資（portfolio investment）是間接投資（indirect investment），但近年來組合投資卻是在全球的投資模式上有了快速的成長與轉變，組合投資包括取得在一家公司或企業持續的管理，可以是直接取得一家外國公司、設備的工程，或投資人合資企業（joint venture）或以投入與當地公司科技或智慧財產授權的方式，組成策略聯盟（strategic alliance）。間接的直接投資通常是將資金投入外國的資本市場，以獲取投資利潤，但並未實際的參與經濟活動。

三、直接投資的基本要素

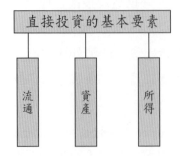

---

[5] http://de/wikipedia.org/wiki/Direktinvestition, last visited 2008/6/3.

直接投資具有流通、資產與所得的要素。直接投資在收支平衡的角色，是形成資金流通平衡的一部分。即在直接投資人與直接投資企業間為建立一個直接投資關係必要的交易，一方面可以取得在外國一現存企業的股票或持股，取得一企業儲備金的持股或移轉資金，以在外國設立企業；另一方面透過增資母公司增加在其子公司企業內部的借貸，以及在外國收益再投資於子公司內。

從資產的角度來看，直接投資即為在外國的資產，資產係指一直接投資人在一直接投資企業所持有的資金，以及在直接投資人與直接投資企業間的信貸關係。直接投資人可從直接投資企業獲得收入或收入的分配。直接投資的收入就是從在投資的收益與移轉給直接投資人股利的總和，也就是直接投資形成了資本所得的成分。

四、外國直接投資與全球化

直接投資是全球化的重要指標，通常在國民經濟間形成直接、穩定與長期的交織關係，一個國家經濟的全球化程度可以從直接投資的統計解讀[6]。外國直接投資（Foreign Direct Investment；簡稱FDI）在全球的商業中扮演一個非常及愈來愈重要的角色。外國直接投資提供給一企業新的市場與行銷管道、更廉價的生產設備、取得新的科技、產品、技術與資金。對於地主國（host country）或取得投資的外國企業而言，提供了新科技、資金、加工、產品、組織的技術與管理技巧的來源，以及提供了經濟發展一個很大的誘因。

近年來，外國直接投資在商業國際化上扮演著主要的角色，回應在科技的轉變，規範投資於企業的國家法律架構也愈來愈自由化；在資本市場上，有許多的變化，在外國直接投資的規模、範圍與方法也有許多的變化。新的

---

6 http://de.wikipedia.org/wiki/Direktinvestition, last visited 2008/6/3.

資訊科技系統降低了全球通訊的成本，使得外國投資的管理比以前更容易。貿易政策與關稅自由化，讓許多國家外國投資與收購的限制減少，以及許多產業的法規鬆綁與民營化，都是明顯的使外國直接投資急速擴張，外國直接投資對於經濟發展有明顯的影響。

　　近年來科技進步與智慧財產擴張也改變外國直接投資的環境，因此也改變外國直接投資的環境，因此也興起科技投資（technology investment），而以新的方法達成直接的目的，例如：

　　1.授權與技術移轉。

　　2.互惠的經銷協議（reciprocal distribution agreement）。

　　3.合資企業（joint venture）與其他混合的策略聯盟（strategic alliance）。

　　4.組合投資。

五、外國直接投資的待遇原則

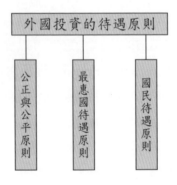

（一）公正與公平待遇原則

　　公正與公平待遇原則（fair and equitable treatment）是全球範圍內雙邊投資條約中最常使用的一種待遇標準[7]，在OECD1996年公布的多邊投資協定

---

[7]　Ibrahim F. I. Shihata (1993), Legal Treatment for Foreign Investment: The World Bank Guidelines, p.233.

（Multilateral Agreement on Investment）的前言，即明確指出公正與公平待遇原則。

（二）最惠國待遇原則

最惠國待遇原則（most-favored-nation treatment）為國際貿易的基礎[8]，也是最常被採用外國投資待遇標準[9]。投資的地主國保證給予來自一國的投資待遇不低於來自其他國家的投資待遇，也就是所有與地主國簽訂雙邊投資條約的國家的投資都能獲得平等的待遇。

最惠國待遇原則具有多邊傳導的效果，通常只適用於與基礎條約有關規定調整對象相同的規定[10]，也就是最惠國待遇條款不可能使受益國享有優於基礎條約國有關條款調整對象範圍的權利。例如GATS的第2條第1項規定，依據最惠國待遇原則，任何WTO的會員國必須立即，且無條件的給予其他會員國的服務和服務提供者以不低於其給予任何第三國的同類服務與同類服務提供者的待遇，但第2項與第3項又有一般的例外與特別的例外，會員國可以提出關於最惠國待遇的特別例外的清單，以做為GATS第3條的附件。

（三）國民待遇原則

國民待遇原則（national treatment）係指地主國必須將外國投資人視為如同本國的國民，而給予相同的待遇[11]。在雙邊的投資條約中，通常會同時規定國民待遇原則與最惠國待遇原則，此二原則如同一體兩面，本質上都是平等待遇原則。國民待遇原則主要是消除在地主國對於外國投資人的差別待遇；而最惠國待遇原則則是要消除對於不同外國投資人的差別待遇。國民待

---

[8] Jackson/Davey/Sykes (2002), Legal Problems of International Economic Relations, 4th ed., p.415.

[9] Ibrahim F. I. Shihata，前揭書，p.233.

[10] Dolzer/Stevens (1995), Bilateral Investment Treaties, The Hague, p.66.

[11] Dolzer/Stevens，前揭書，p.63.

遇原則與最惠國待遇原則的宗旨，都是要促進對投資人的平等待遇，為外國
投資人創造一個公平的競爭環境。

六、聯合國貿易暨發展會議對於外國直接投資與世界經濟發展的貢獻

1996年時，聯合國貿易暨發展會議（UNCTAD）的秘書處針對在全
球化的世界經濟中外國直接投資與發展（Foreign Direct Investment and
Development in a Globalizing World Economy）提出一份關於規範外國直接投
資的國際安排，以期釐清在雙邊、區域或多邊層次規範外國直接投資的程
度，並且指明從過去的經驗應學習的事務[12]。

外國直接投資比在交付商品與提供服務到外國市場的貿易更重要，外國
直接投資也成為組織國際生產的主要機制，因此探討對外國直接投資的國際
安排，已經成為在國際政治議程上的重要議題。目前國際投資的發展已經包
括了雙邊與區域投資協議的組合，在烏拉圭回合談判時，已經將特定與貿易
有關的外國直接投資納入談判議題，且在OECD層次也已經開始展開多邊的
投資協定談判[13]。

外國直接投資是取得外國技術、管理技巧和其他重要資源、納入國際行
銷、分配和生產網絡、改善企業的國際競爭力和國家的經濟成果[14]的重要方
法，因此許多國家的政府努力改善更有利的環境，以吸引外國直接投資，例
如採取更自由化的措施降低或消除進入市場或設立公司的限制、給予不同的
優惠與獎勵措施。

---

[12] UNCTAD Secretariat, Current international arrangements governing foreign direct investment, TD/B (43)/5, 1.August 1996 .

[13] 但在1998年10月時，因會員國無法達成共識而胎死腹中。

[14] UNCTAD Secretariat, Current international arrangements governing foreign direct investment, TD/B (43)/5, 1.August 1996, p.3.

在1970年代,跨國公司(transnational corporation)的直接投資所產生的衝擊,致使開發中國家廣泛的對外國直接投資的進入與運作採取管制和限制措施或附加條件,這種趨勢反應在當時的一些區域協定內,例如在安地斯山協定(Andean Pact)。當時在多邊層次,主要是關注開發中國家、工會、消費者及對跨國公司行為標準的規劃,但卻未見各國達成共識的多邊協議[15]。

1980年代,聯合國關注在發展的標準,以確保市場適當的發揮功能,尤其是成功的在多邊架構下,規範對監督限制性的商業實踐的公平原則與規則(Equitable Principles and Rules for the Control of Restrictive Business Practices)與消費者保護的準繩(Guidelines for Consumer Protection)[16]。

聯合國貿易暨發展會議認為在多邊層次,重要的外國直接投資議題[17]為:

1. 服務業

目前服務業貿易總協定(General Agreement on Trade in Services;簡稱GATS)規範包括由外國的服務提供者以在市場呈現的方式在市場上提供服務。透明化原則與最惠國待遇原則為一般的原則,此二原則適用於所有的服務業;市場進入與國民待遇的義務則係依據會員國在加入WTO時所做的特別承諾。

2. 績效要求

在與貿易有關之投資措施協定(Agreement on Trade-Related Investment Measures;簡稱TRIMs)中規定績效要求(performance requirement),由於

---

[15] UNCTAD Secretariat, Current international arrangements governing foreign direct investment, TD/B (43)/5, 1.August 1996, p.5.

[16] UNCTAD Secretariat, Current international arrangements governing foreign direct investment, TD/B (43)/5, 1.August 1996, p.5.

[17] UNCTAD Secretariat, Current international arrangements governing foreign direct investment, TD/B (43)/5, 1.August 1996, pp.8-9.

TRIMs僅適用於與商品交易有關的投資措施，因此TRIMs明文規定禁止違反GATT第3條國民待遇原則與GATT第11條普遍數量限制的績效要求。TRIMs中列舉了違反的投資措施，包括對當地成分要求、貿易平衡要求與出口限制等。

3. 智慧財產權

與貿易有關的智慧財產權協定（Agreement on Trade-related Aspects of Intellectual Property Rights；簡稱TRIPS）是在多邊層次的保護智慧財產權的國際協定，係以許多個智慧財產權保護公約為基礎，例如巴黎公約、馬德里公約、伯恩公約等，TRIPS規範一般規定和保護智慧財產權的基本原則，例如國民待遇原則、最惠國待遇原則、保護智慧財產權特別類型的重要標準、國內的施行程序與國際的爭端解決。

4. 在開發中國家對政治風險的保險理賠

外國投資人可向世界銀行體系內的多邊投資保證局（Multilateral Investment Guarantee Agency）請求在開發中國家對政治風險的保險理賠，多邊投資保證局是世界銀行集團（World Bank Group）中的一員，多邊投資保證局給予投資保證的前提是投資人遵守地主國的法律，且這些法律必須符合基本的國際標準。

5. 就業與勞工關係

在關於多國籍企業與社會政策原則（Principles Concerning Multilateral Enterprises and Social Policy）的三個宣言中即探討就業與勞工關係的議題，這些原則建議各國政府、資方、工會組織、跨國公司關於就業、培訓、工作和生活條件、產業關係的事項。

世界銀行對於外國直接投資的待遇，已經發展出外國直接投資待遇準繩（Guidelines on the Treatment of Foreign Direct Investment），但並無形式上的拘束力，主要目的是致力於調解開發中國家的需要，符合投資人的要求，以

期增加和維持投資的流通[18]。

貳、OECD架構下的國際投資法

1960年12月14日，20個創始會員國：奧地利、比利時、加拿大、丹麥、法國、德國、希臘、冰島、愛爾蘭、義大利、盧森堡、荷蘭、挪威、葡萄牙、西班牙、瑞典、瑞士、土耳其、英國與美國在巴黎簽署經濟合作暨發展組織公約（Convention on the Organization for Economic Cooperation and Development；簡稱OECD）。目前OECD共有34個會員國，還包括澳洲、捷克共和國、芬蘭、匈牙利、日本、韓國、墨西哥、紐西蘭、波蘭、斯洛伐克共和國。2007年底，OECD與未來的5個新會員國智利、愛沙尼亞、以色列、俄羅斯與斯洛維尼亞開始展開加入會談（accession talk），同時並將與新興的國家例如巴西、中國、印度、印尼和南非維持更緊密的合作關係[19]。2010年正式加入斯洛伐克、智利、斯洛維尼亞、愛沙尼亞、以色列；至2013年時入會候選國有哥倫比亞、拉脫維亞與俄羅斯；委員會觀察員有香港、新加坡、中華台北與歐盟，值得一提的是歐盟執委會亦參與OECD的工作。

OECD的目標為：

1.在會員國內達成最高持續的經濟成長和就業，提高生活水準，維持金融穩定，而致力於世界經濟的發展。

2.在經濟發展過程中，致力於會員國與非會員國穩定的經濟擴張。

3.在多邊和無差別待遇的基礎上，符合國際義務，致力於擴張世界貿

---

[18] UNCTAD Secretariat, Current international arrangements governing foreign direct investment, TD/B (43)/5, 1.August 1996, p.9.

[19] OECD countries launch accession talks with five prospective new members, http://www.oecd.org, last visited 2008/6/10.

易[20]。

OECD嘗試制訂多邊投資協定（Multilateral Investment Agreement），以規範OECD會員國與第三國的外國直接投資與投資爭端解決的議題，但在1998年10月時談判破裂，也使得OECD的多邊投資協定無疾而終[21]。為致力於消除對資金流通的障礙，以促進直接投資與投資自由，OECD的理事會（Council）公布資金流通自由化規約（Code of Liberalization of Capital Movement）與無形交易自由化規約（Code of Liberalization of Current Invisible Operations）。此二規約是具有法律拘束力規則（legally binding rules），規範逐步的、無差別待遇的資金流通自由化、設立權與無形交易（大部分是服務業），特別是藉由廢除跨國的資金流通、服務貿易與會員國違反規約條款所採取保留的限制，以施行此二規約。施行的做法包括透過政策檢討機制與會員國審查的同儕壓力。

OECD的總部位於巴黎，依據OECD公約第9條之規定，OECD的理事會可以設立一個行政委員會（Executive Committee）與從屬的機構，以實現OECD之目標，其中投資委員會（Investment Committee）扮演一個基本的角色，負責審查想加入OECD的會員國如何施行資金流通自由化規約與無形交易自由化規約，此二規約係針對資金流通、國際投資與服務貿易具有法律拘束力的規定；此二規約的核心原則為平等待遇與無差別待遇，也就是一會員國不得優惠對待其本國國民，也不得對一會員國比其他會員國更優惠。申請加入OECD的國家遵守此二規約的程度，是做為評估是否可加入的重要指標[22]。

2008年時，OECD公布新版本的資金流通自由化規約，特別是考慮近年來國際投資的最新發展，並且修訂了無形交易自由化規約中關於保險與私人

---

[20] OECD公約第1條。

[21] Grabitz/Hilf，前揭書，E 26. Finanzdienstleistungen，Rn.117.

[22] Becoming a Member of the OECD: the Accession Process, http://www.oecd.org, last visited 2008/6/7.

退休金的規定[23]。以下將概述資金流通自由化規約與無形交易自由化規約重要的內容。

一、資金流通自由化規約

規約第1條規定會員國應逐步的廢除在彼此間對於資金流通的限制，即應採取自由化措施；會員國應擴大自由化措施適用於所有的國際貨幣基金（International Monetary Fund；簡稱IMF）的會員國。會員國應致力於避免在資金流通上或對非居民持有基金使用採取任何新的匯兌限制，以及應避免使現行的規定有更多的限制。

規約第7條規定例外不適用自由化措施的情形，即一會員國因經濟與財政狀況有合法正當理由，若任何的自由化措施造成嚴重的經濟或財政干擾，一會員國的收支平衡有不利的發展，包括貨幣儲備的情形嚴重減損等。但任何一個會員國在援引適用例外規定時，應避免對其他會員國的財政與經濟造成不必要的損害，尤其應避免在其他會員國間造成差別待遇。

規約第9條規定禁止差別待遇原則，即在施行自由化措施時，不得對於其他會員國有差別待遇的行為。規約第10條規定在組成特別的關稅或貨幣制度時，可適用禁止差別待遇原則的例外規定，參與特別關稅或貨幣制度的會員國必須知會DECD。

規約第18條規定投資委員會（Investment Committee）應負責解釋與執行資金流通自由化規約的所有規定與理事會關於資金流通自由化的法規，並且應向理事會提出報告。規約第19條則規定投資委員會的特別任務。

資金流通自由化規約附件A列舉資金流通的類型，包括直接投資、直接投資的償付、不動產的經營、在金融市場上證券的經營、在貨幣市場上的經營、其他可讓與有價證券與非證券化權利的經營、集體投資證券的經營、直

---

[23] OECD Codes of Liberalization of Capital Movements and of Current Invisible Operations, http://www.oecd.org/documentprint/0,3455,en_2649_34849_1826559_1_1_1_1,00.html, last visited 2008/6/8.

接與國際商業交易或國際服務有關的借貸、金融貸款與借款、擔保品、保證人與金融儲備、存款帳戶的經營、外匯的經營、人壽保險、個人的資金流通、資產的流動、非居民所有大筆資金的處分等。

二、無形交易自由化規約

無形交易自由化規約對於OECD的全體會員國具有法律上的拘束力。依據規約第1條的規定，會員國應廢除彼此間對於無形交易或移轉的限制，及採取自由化措施，這些自由化措施應擴大適用於所有國際貨幣基金的會員國。規約第3條規定例外不適用自由化措施的情形，即會員國為維持公共秩序、保護公共衛生、道德與安全、保護重要的安全利益或履行其關於國際和平與安全的義務，得例外的不採取自由化措施。

規約第9條規定禁止對其他會員國的差別待遇原則，規約第10條為會員國參與特別的關稅或貨幣制度時禁止差別待遇原則的例外規定。規約第18條與第19條亦規定投資委員會的一般任務與特別任務。

無形交易自由化規約的附件A列舉無形交易的類型，包括商業與工業、對外貿易、運輸、保險與私人退休金、銀行與金融業、資本所得、觀光旅遊、電影、個人所得與支出、公共所得與支出、其他等。

參、WTO架構下的國際投資法

WTO基本上僅給予外國投資與投資人一般類型的保障，也就是原則上是從適用於服務業營業所設立與進行商務活動時衍生而來的透明化原則和禁止差別待遇的義務。由於在WTO的爭端解決機制只有由國家參與，因而使得在保障投資上很難落實直接由投資人與相關的第三國進行投資爭端解決程序，以解決彼此的投資爭端。在服務業範圍，WTO並無明確的投資規範，TRIMs僅係適用於商品貿易，同時只是規定會員國應遵守國民待遇的義務、普遍消

除數量限制的義務，以及遵守透明化的義務。

一、GATT

GATT雖然規範傳統的商品貿易，原則上並不規範投資議題，但投資與貿易有密切的關係，亦會涉及貿易效果，因此又可能涉及GATT所規範的部分，例如補貼行為、國民待遇原則、進出口限制之禁止，以及不干涉企業行為之原則。為吸引外資，所給予的租稅減免或優惠即構成補貼，會造成貿易扭曲的效果，因此應適用GATT第16條與WTO的補貼協定。地主國以投資措施做為保護國內產業的方法時，將對進口產品造成差別待遇，而違反GATT第3條的國民待遇原則。若地主國的投資措施限制產品出口，規定必須在當地銷售一定的比例，以嘉惠當地消費者，已經違反GATT第11條所禁止的限制進出口的措施。GATT第17條規定，會員國不得干涉企業之任何行為，若地主國干涉投資企業必須出口在國內生產的產品，但該投資企業卻認為內銷國內對其有利，在這種情形即違反GATT第17條不干涉企業行為之原則。

二、TRIMs

（一）TRIMs之起源與發展

1947年的GATT並未規定投資議題，但由於貿易與投資的關係非常密切，各國也一直希望能將投資納入多邊貿易制度內，因此烏拉圭回合談判時，各國基於許多投資措施對貿易有相當之影響，故主張應將所有與貿易有關之投資措施均納入規範，但開發中國家並不同意將所有與貿易有關之投資措施納入談判。最後各國在妥協[24]之下所簽訂的與貿易有關之投資措施協定（Agreement on Trade-Related Investment Measures；簡稱TRIMs），則僅將

---

[24] 工業先進國家在紡織品、農業、防衛協定等方面的讓步，開發中國家則在智慧財產權、服務業貿易與投資議題上讓步。

已經被公認為違反GATT規定之措施，納入TRIMs中，並且規定在5年內檢討TRIMs措施與競爭政策之關係，以回應開發中國家之要求。TRIMs是國際投資法發展中的重大成就，首次在全球的範圍內規範投資議題[25]。

由於TRIMs的適用範圍有限，有太多的例外規定，因此在2001年12月9日至13日在杜哈舉行第四屆的部長會議（Doha Ministerial Conference），即所謂的杜哈回合（Doha Round）制定新的談判議題，即為杜哈發展議題（Doha Development Agenda），關於投資議題，希冀在與投資有關的貿易措施協定的多邊架構下，確保企業跨國投資有透明性、穩定性和可預期性的環境，進而促進貿易成長。

TRIMs第9條規定，商品貿易理事會應檢討TRIMs的運作，若認為是適當者，並應向部長會議提議修改TRIMs；在檢討的過程中，商品貿易理事會應考量TRIMs是否應由投資政策與競爭政策的規定加以補充。在1996年舉行的新加坡部長會議時，已經成立了兩個工作小組（Working Groups），以研究貿易和投資的關係，以及研究貿易和競爭政策間的關係，並且表明在會員國明確的共識決後，在未來的談判會在這些領域考量多邊的項目。

（二）TRIMs的主要內容

TRIMs僅有9條規定，其中第2條明文規定，在不影響1994年GATT的其他權利義務下，會員國不得採取牴觸國民待遇原則與普遍數量限制的投資措施；第3條並規定，應在適當的情況下適用國家安全、公共秩序、國際收支和保護人體健康等例外規定。

TRIMs只適用於與商品有關的投資措施，仍適用最惠國待遇原則；第6條並規定透明化原則，即會員國應將包括其中央政府、區域及地方政府，以及在其領域內其他主管機關所有關於TRIMs的出版物，知會秘書處。會員國

---

[25] Brewer/Young (1998), The Multilateral Investment System and Multilateral Enterprises, Oxford: Oxford University Press, p.124.

對於其他會員國就關於TRIMs的任何事宜要求提供資訊者，應予以認真的考慮，並提供適當的機會以進行諮商。為符合1994年GATT第10條之規定，會員國不需提供任何可能妨礙其本身法律執行、違反其公眾利益或有損特定公私企業合法商業利益之資訊。

TRIMs並非與投資相關的一個完整的協定，其範圍僅限於與貿易有關之投資措施。TRIMs體認到特定的投資措施會限制與扭曲貿易，因此明文規定要求各會員不得採取違反GATT第3條國民待遇及第11條普遍消除數量限制規定之投資措施；而在TRIMs的附件並表列違反的投資措施（Investment Measures），包括：

1. 對當地成分的要求（local content requirement）

針對特定產品或以產品之一定數量或一定價值，或以其在當地產量之數量或價值之一定比例作為標準，要求某一企業購買或使用國內生產或任何國內來源之產品。例如地主國規定投資者就其生產之汽車，必須向國內的引擎製造商購買引擎。

2. 貿易平衡之要求

要求投資企業所購買或使用之進口產品限於其出口數量或出口價值之一定比例，例如投資地主國規定投資者生產的每部車總價值的45%必須在國內生產或向國內零件供應商購買；投資地主國規定以某一企業出口總量或總值的一定比例，或以一般性的規定限制企業進口供國內製造用之產品，例如地主國規定，凡是投資人將所生產的產品出口達500萬美元總值時，才能進口其所需使用的零件或原料。

3. 外匯管制措施

地主國規定限制企業使用外匯之方式，限制該企業進口供國內製造用之產品。例如地主國規定，凡是投資者欲進口其製造所需使用的原料或零件而需兌換外匯者，必須受一定數量的限制。

4. 內銷比例要求

針對特定產品，以產品的總量或總值或以國內產量之總量或總值的一定比例標準，限制企業對產品為出口或出口銷售。例如地主國規定，投資者將其所生產的產品的一定比例或一部分在國內銷售，而造成限制產品出口的效果。

另外，TRIMs第5條對於開發中國家有特別的規定，即對於所有不符合TRIMs之措施，各會員須善盡通知之義務，且自WTO協定生效日起，已開發國家須在2年內，開發中國家須在5年內，低度開發國家須在7年內，取消上述不符合規範之措施。也就是開發中國家與低度開發國家經舉證說明其對執行TRIMs的規定確有困難時，商品貿易理事會應允許其牴觸TRIMs的規定。但商品貿易理事會在審查這些要求時，應將該會員國個別的發展、財政與貿易之需要列入考慮，而開發中國家牴觸TRIMs的情形得延至2000年止，低度開發中國家則得延至2002年止。

TRIMs並未規定投資保障，依據TRIMs第8條之規定，會員國間發生投資糾紛時，應適用WTO的爭端解決瞭解書與1994年GATT第22條與第23條的爭端解決程序。

三、GATS

服務貿易在全球經濟中扮演一個重要的角色，而且也愈來愈重要。GATS是另一個WTO架構下關於投資的重要協定，GATS主要是關於在服務業貿易領域的市場進入與國民待遇原則。

GATS是以服務業貿易為規範客體。服務業貿易包括：

1.商業據點之設立。

2.跨國提供服務。

3.國外消費服務。

4.自然人呈現。

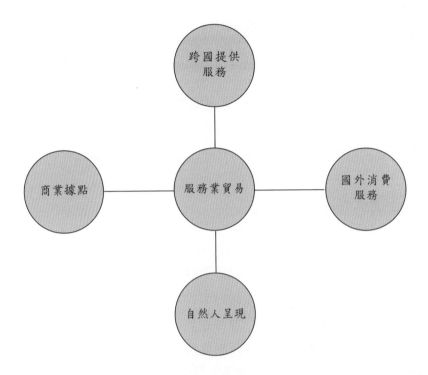

GATS亦要求各會員國的服務貿易措施及相關的法令，應符合國民待遇原則、最惠國待遇原則[26]與透明化原則，但GATS對於服務業之開放採正面表列，即會員國對於服務業的投資進入所做的承諾，會員國在針對特定的部門做具體的承諾時，必須規定：

1.市場進入的期限、限制及條件。

2.國民待遇的條件與限制。

3.其他承諾。

4.規定實施這些承諾適當的時間安排。

5.承諾生效的時間。

GATS第3條規定透明化原則，會員國應立即、且在GATS條約生效前最近的時間公布關於或會影響GATS協定運作所有相關措施的一般適用，而有任何

---

[26] 最惠國待遇原則為GATS的基本原則，規定於GATS第2條第1項。

的新法規或修改法規的情事，應通知服務業貿易理事會（Council for Trade in Services）；會員國並得告知服務業貿易理事會由其他會員國採取影響GATS運作的措施。

　　GATS亦允許會員國對於最惠國待遇原則採取保留措施，第5條並允許會員國可例外的成立經濟統合的組織，以排除適用GATS的規定；另外，GATS亦允許各會員國基於公共秩序或國防安全等理由，排除適用GATS的規定。

四、多邊投資協定工作小組

　　在WTO的架構下，1996年在新加坡舉行的部長會議決議組成一個工作小組，以研究貿易與投資間的關係，以針對特定的投資議題進行研究，而為未來的多邊投資協定做準備。由於在1999年12月西雅圖部長會議的挫敗，再加上以美國為首的會員國的反對，投資議題短時間內很難重返談判桌[27]。杜哈部長會議雖然對跨國投資議題與如何增進投資體制透明化進行討論，但仍未達成一致的共識做成具體的結論。

肆、投資保護

一、投資保護的重要要素

　　投資保護法主要是規定於雙邊的投資協定、區域協定與國際習慣法的標準。

---

[27] Grabitz/Hilf，前揭書，E 26. Finanzdienstleistungen，Rn.119.

（一）國際投資的保護範圍

國際投資的保護範圍，首先應確定視為投資有哪些經濟上的權利和利益，以確定投資保護法的事物上的適用範圍；哪些自然人和法人可視為投資人，而確定投資保護法人的適用範圍。以德國關於投資協定的模範條約（Mustervertrag）為例，此一模範條約是由聯邦經濟部（Bundeswirtschafts-ministerium）草擬，通常德國與外國簽署的投資協定在內容上會包括下列各項[28]：

1. 投資與投資人的定義（第1條）。
2. 一般的行為義務，包括公正與公平待遇原則（第2條）。
3. 禁止差別待遇，即最惠國待遇原則與國民待遇原則（第3條）。
4. 徵收的前提要件、補償投資價值的額度與程序保障（第4條）。
5. 支付移轉的保障（第5條）。
6. 爭端解決的規定，通常投資人會進入投資人與國家的仲裁程序（Schiedsverfahren）（第10條與第11條）。

1. 事物的適用範圍

投資保護法保護的標的是投資，在不同條約中定義投資的概念，以德國關於投資協定的模範條約為例，第1條第1款即定義投資，包括資金的投資，也就是任何種類的財產價值，特別是包括下列的權利地位（Rechtsposition）[29]：

(1) 動產與不動產的所有權、其他的物權，例如抵押權與質權。

(2) 公司的股權與其他種類的公司持股。

(3) 金錢請求權，以期創設一個經濟價值；或有經濟價值的給付請求權。

---

[28] 可在http://textbuch-deutsches-recht.de/ba2b369e78.pdf點閱模範條約全文。

[29] Markus Krajewski，前揭書，S.188.

(4)智慧財產權，例如著作權、專利權、商標權、新型、新式樣、商業名稱、營業秘密、技術方法、專門技術等。

(5)公法上的特許，例如開採特許。

原則上，在德國的雙邊投資協定中，對於投資有廣泛的適用範圍，不僅包括傳統的財產權、其他的物權、與外國直接投資結合的公司持股，而且也包括債法上的請求權、智慧財產權與公法上的特許。

在能源憲章條約（Energiecharta-Vertrag）[30]第1條第6款中對於投資亦規定廣泛的投資概念，包括有形的財產標的、無形的財產標的、動產與不動產、持股權或任何型式的資金持股、與投資有關的金錢請求權、有經濟價值的給付請求權、智慧財產權、利潤、契約上或法律上的權利、授權或批准[31]。

北美自由貿易區協定（NAFTA）第1139條定義投資為企業、一企業的擔保權、對企業的貸款、基於股權的請求權、動產與不動產、智慧財產、資金持股的請求權，但不包括金錢請求權或公法上的特許。

由於投資的概念並沒有統一的定義，通常應具備下列的要件[32]，即：

(1)投資有一定的期限。

(2)預期獲得一定的利潤。

(3)分擔企業的風險。

---

[30] 能源憲章條約簽署於1994年，目的為在能源領域，對於投資與貿易建立一個秩序架構。尤其是針對俄國與亞洲的石油與天然氣庫藏，幾乎所有歐洲國家都是能源憲章條約的締約國，蘇聯解體後的共和國、日本、原來的歐洲共同體等，但美國、加拿大、中國僅為觀察員。於1998年4月16日生效施行，至2007年12月止，共有46個締約國。能源憲章條約主要的內容為最惠國待遇原則、國民待遇原則、徵收的要件、對於補償投資價值額度的給付義務，以及依據國際投資爭端解決中心（International Centre for Settlement of Investment；簡稱ICSID）協定解決投資人與一締約國的投資爭端。

[31] Matthias Herdegen (2008), Internationales Wirtschaftsrecht, 7.Auflage, Munchen: Verlag C. H. Beck, S.234.

[32] Markus Krajewski，前揭書，S.188.

(4)投資人的實質投入。

(5)促進投資所在國的經濟發展。

2. 人的適用範圍

投資保護法人的適用範圍為投資人，德國關於投資協定的模範條約第1條第2款定義投資人為自然人（即為基本法[33]規範的德國人）、法人、合夥、有法人人格或無法人人格在德國境內有營業所在地的社團。此一保護範圍符合德國一向採取的所在地說（Sitztheorie），以規定對法人的承認，即對承認適用法人的所在國法律，因此要主張德國雙邊投資協定的企業，必須在德國有所在地且必須依據德國法有權利能力[34]。在能源憲章條約第1條第7款並不是以企業所在地的法律為準據，而是以企業設立國的法律為準據，即採取設立說（Grundungstheorie）；NAFTA第1139條則採取混合說。

直接投資是外國投資人在國內從事法人的經濟活動，通常各國實務適用最惠國待遇原則和國民待遇原則。而在國際仲裁實務上，亦承認由本國的子公司執行投資時，外國投資人亦得援引適用投資協定[35]。將直接投資納入投資保護法的適用範圍，會造成實際上在本國企業和投資所在國間的法律爭訟亦依據國際投資保護法判斷[36]。

（二）徵收的意義

國際投資保護法的核心要素，就是要防止徵收與國有化，因此國家徵收的措施要有明確的規定，而且對於徵收的要件與法律效果亦需有明確的規定。

---

[33] 基本法（Grundgesetz）為德國的憲法。

[34] Markus Krajewski，前揭書，S.189.

[35] Siemens AG v. Argentine Republic, ICSID Case No.ARB/02/8, Dicision on Jurisdiction, 3. August 2004, http://www.worldbank.org/icsid/cases/siemens-decision-en.pdf, last visited 2008/7/24.

[36] Markus Krajewski，前揭書，S.191.

　　在國際投資保護法中，原則上可以區分為直接徵收與間接徵收或國有化。至1970年代，在國際投資保護法的重點為防止直接徵收，但之後間接徵收逐漸成為國際投資保護法重要的議題。

　　直接徵收係指由國家主權行為在形式上剝奪一個人對於財產的支配權，應區分直接徵收與國有化。直接徵收是指財產所有人對於其財產的支配權受到剝奪，例如為興建公路而徵收私人的土地；國有化則是國家徵收所有的生產方法，移轉這些生產方法給國家所有，以便由國家自己進行生產活動。國有化通常是由國家自己取得生產的地位；直接投資與國有化都是經濟政策上的方法，可使私人結束對於生產方法的支配權。不論是採取市場經濟制度的國家或採取計畫經濟制度的國家在不同的時期與為不同的目的，都會使用直接徵收或國有化。國有化通常是為達成剝奪一個產業對於市場的掌控，但國有化與徵收亦可作為經濟管制的方法，以便達成特定的秩序政策或分配政策的目標[37]。間接徵收係指以其他的方法剝奪財產所有人的地位。大部分的雙邊與區域投資協定都會規定直接徵收、間接徵收與國有化。

二、國際法上的財產徵收

　　國家基於領土主權可以對於在其領土內的財產，以個別的行政行為或法律進行徵收，但亦得以在法律上或事實上限制財產利用的方式進行徵收[38]。在徵收本國國民的財產上，國家享有廣泛的規範自由，首先應依據憲法對於財產權的規定，而應給與適當的補償，例如依據歐洲人權公約（Europäische Menschenrechtskonvention）第1個附帶議定書第1條對於財產權的規定，原則上在徵收時有補償的請求權，歐洲人權法院[39]認為依據國際公法的一般原則，此一規定僅適用於對外國人財產的徵收，至於對本國國民的財產徵

---

[37] Markus Krajewski，前揭書，S.191f.

[38] Matthias Herdegen，前揭書，S.234.

[39] 歐洲人權法院位於法國的史特拉斯堡。

收，補償請求權應依據比例原則，且無補償的徵收通常是不可歸責的特別犧牲[40]，也就是歐洲人權法院授權締約國國內的立法者在規範補償上，有很大的裁量權限。在歐洲聯盟法上，財產保護屬於一般的法律原則，歐洲法院主要是從會員國的憲法傳統與歐洲人權公約發展出此一法律見解[41]。

徵收外國人的財產，依據國際習慣法必須符合一定的要件。例如歐洲人權法院認為，國際法給予外國人特別的保護，僅在為達成公共目標、無差別待遇的特徵且應給予相當的補償[42]。

投資人得向國際仲裁法院請求徵收的補償，而不需檢驗一個措施的違法與否；投資人也可以逕行對直接徵收提起損害賠償的訴訟，但按照德國法的徵收保護原則，投資人不得要求損害賠償[43]。在這種情形，國際投資保護法有可能會造成與國內的憲法規定衝突的情形。

三、其他的保護標準

除了防止徵收或補償請求權外，國際投資保護法尚包括其他的保護標準，以保護投資人和投資。

（一）國民待遇原則

德國關於投資協定的模範條約與許多其他的投資協定，例如NAFTA第1102條與第1103條、能源憲章條約第10條第3項均規定國民待遇與最惠國待遇原則，不僅適用於投資，而且亦適用於投資人。

國民待遇與最惠國待遇在習慣法上亦適用於徵收與補償的支付；在徵收

---

[40] Europäischer Gerichtshof fur Menschenrechte, Fall Lithgow, Serie A, Band 102 (1986), §§112ff.

[41] EuGH Rs.44/79, Hauer, Slg.1979, S.3727.

[42] Europäischer Gerichtshof fur Menschenrechte, Fall Lithgow, Serie A, Band 102 (1986), §§116.

[43] BVerfGE 85, 300 (Nassauskiesung).

與補償上，外國投資人不得比本國投資人或來自其他國家的外國投資人受到更差的待遇。

（二）最惠國待遇

在投資保護法上，最惠國待遇原則具有重要的作用，原則上投資人可以主張更有利的投資保護法，只要是在一個可比較的情況中，主要是因為投資保護法係依據雙邊的投資協定，因此投資人可以從不同的雙邊投資協定找出一個最有利的法律效果，而主張應適用此一法律效果。雖然締約當事國可以自主的形成其雙邊投資協定，但普遍最惠國待遇原則是為達成一致的投資保護法，以保證投資人享有廣泛的保護，因此普遍最惠國待遇原則可以嚴格限制締約當事國的形成權[44]。

（三）公正與公平待遇

德國關於投資協定的模範條約第2條第2項、NAFTA第1105條第1項與能源憲章條約第10條第1項均規定公正與公平待遇原則。公正與公平待遇原則是源於國際習慣法。習慣法上，此一原則禁止恣意的拒絕權利保護。公正與公平待遇原則亦係源於一般的透明化原則，即國內的法律規定必須清楚與明確的表示；公正與公平待遇原則亦要求法律安定與信賴保護的最低標準[45]。

（四）移轉自由

在外國投資經濟獲利重要的條件，就是投資人可以將與投資有關的資金自由移轉，例如投資人有權將獲利匯回其母國，自由移轉包括所有與投資有關的支付，例如移轉為維持或擴大投資額外的資金、移轉利潤。

移轉自由降低投資所在國要求投資人將其收益再投資於投資所在國的可

---

[44] Markus Krajewski，前揭書，S.201.
[45] Markus Krajewski，前揭書，S.202.

能性，外國人的再投資對於投資所在國的經濟利用有特別的貢獻，但有些投資協定規定基於債權人保護、為遵守證券交易的規定或為保證法院判決的執行等理由，可以限制自由移轉，例如NAFTA第1109條第4項、能源憲章條約第14條第4項。

（五）保護條款

投資保護法的特色，就是致力於投資人與投資所在國間法律關係的國際化，以便投資人對於投資所在國的法律違反不僅可以以其國內法，同時可以主張其違反國際投資協定，因此在投資協定內可以約定保護條款（umbrella clauses）或條約必須遵守原則條款（Pacta-sunt-servanda Klausel），例如德國關於投資協定的模範條約第8條第2項、能源憲章條約第10條均有規定。

四、市場自由化是投資法新的要素

上述的國際投資保護法的要素係針對已經進入市場所給予投資和投資人的保護，GATS對於市場進入權僅在會員國有做特別的承諾時才適用，但有些雙邊投資協定亦規定市場進入權，例如美國的一些投資協定與NAFTA。市場進入權係對市場的開放，會造成更廣泛的自由化，但對於每個國家的經濟發展會有不同的衝擊，例如德國的模範條約仍無市場進入權的規定，而只限於已經進入市場的投資人的投資保護。

第八章
跨國公司與全球化的公司治理

目 次

壹、跨國公司

一、跨國公司之意義與作用

　　跨國公司（transnational corporation）是國際投資活動的主體，對世界經濟發展扮演著一個非常重要的角色，跨國公司除了外來的資金流量為開發中國家發展國民經濟的主要資金來源外，跨國公司的技術轉移，進而促進地主國的工業發展，因此跨國公司在全球化的架構下綜合利用生產要素和生產條件的組織管理能力，跨國公司是具有潛力和與高效率的生產組織，跨國公司直接參與國際經濟活動，跨國的生產和服務網連結越來越密切，而形成一個由跨國公司組織和管理的國際生產體系。跨國公司對於投資進行的地主國的政策與制度改革也有間接的影響，因而也促進地主國參與國際經濟活動。

　　跨國公司為特殊型態的企業，具有下列的特徵：

1.跨國公司分設在兩個或兩個以上的國家。

2.由一個或數個企業決策中心，經營管理全部的據點。

3.各個據點彼此有密切關係，共享知識、資源與分擔責任。

　　跨國公司在數個國家或地區進行商業活動，係跨越國界的國際商業實體，係以全球為基礎，跨越國界進行交易行為。公司為法律實體（legal entity），依據一特定國家的法律設立，以進行業務活動。公司具有法人資格，可以成為法律關係權利義務的主體。公司與其股東在法律上為各自獨立的權利主體，股東僅以其出資額對公司的債務負有限的責任；公司在法律上享有自己的權利，對自己的債務負清償責任。

　　布萊頓森林協議（Bretton Woods Accord）創設了一個國際規範制度，以管理世界資本主義的金融交易，為施行這些主要的計畫，並設立了國際貨幣基金（International Monetary Fund）與世界銀行（World Bank），以及國際清算銀行（Bank for International Settlement）。全球化的目標，就是要將個別國

家的經濟納入一個單一化的全球市場，1995年成立的世界貿易組織（WTO）即有助於擴張全球的國際貿易與直接的外國投資。

聯合國貿易暨發展會議在2005年時提出的世界投資報告（World Investment Report）中[1]指出，最近在外國直接投資的趨勢與由跨國公司對於研究與發展國際化的貢獻，製造生產的全球化正重新塑造新的國際經濟形式，以開發國家是資金與技術的輸出者，而開發中國家則為資金與技術的輸入者，逐漸的形成更複雜的國際經濟關係。國際投資流動的方向亦正在改變中，開發中國家開始成為對外投資的投資人，同時開發中國家又是外國直接投資的受領者，而以知識為主的投資活動也有逐漸增加的趨勢。

由跨國公司進行的研究與研發國際化，也使得國際分工有了重大的轉變，開發中國家目前不僅是廉價勞力的重要來源，而且也是經濟成長、技巧創新與新科技的重要來源。在創造新科技上，跨國公司扮演著一個非常重要的角色，提供了大量的研究與發展，目前有許多的開發中國家吸引許多這樣的研究與發展活動，但大部分低所得的國家並未參與全球的研究與發展網絡，因此並無法獲得這些研究與發展所產生的利益[2]。

此一世界投資報告所要表達的訊息，就是開發中國家應採取更自由的外國直接投資政策，以刺激經濟成長與發展，而發展出有拘束力的多邊外國投資規則，可以在開發中國家創造一個對外國投資更有利的環境。在WTO的架構下，已開發國家對於發展新的投資自由化規則亦採取相同的見解，同時亦認為在與開發中國家簽署雙邊的投資協定時亦應規定自由化的投資規則。愈多的外國直接投資將導致在開發中國家消弭貧窮與提高人民生活水準的結果。

---

[1] UNCTAD: World Investment Report, 2005.
[2] UNCTAD: World Investment Report, 2005.

在開發中國家中，跨國公司的直接投資不僅會創造就業機會，而且會產生更多的財源收益，跨國公司的投資對於地主國所有的政策都會產生重大的影響，例如社會政策、政治上的政策、環境議題、租稅、勞工法規、會計、競選獻金，以及其他相關的議題，也都會對地主國的整體環境產生很大的衝擊。因此，2005年的世界銀行提出的世界發展報告（World Development Report 2005）[3]即指明，跨國公司對於地主國的影響，不透明或無法預期的政府政策與行為，都會對投資人的投資決策產生負面的影響，會冷卻投資於一個特定國家的動機，政策與法規的不確定性都會影響投資人在開發中國家的投資意願。降低政府的管制或政策風險均可以增加新投資的可能性，廣泛的改善投資環境有助於吸引更多的外國投資，因此開發中國家的政府應優先致力於改善因官僚主義對企業所帶來的不利因素。

二、關於跨國公司的國際規約

目前關於跨國公司的國際規約主要有聯合國制定的跨國公司行動守則與OECD制定的國際投資與跨國公司宣言（Declaration on International Investment and Multinational Enterprises）。

（一）聯合國跨國公司行動守則

聯合國跨國公司行動守則對於跨國公司的定義、活動、權利義務和待遇做了原則性的規定。1974年時，聯合國秘書處設立了一個跨國公司中心（Center on Transnational Corporation），專門負責關於跨國公司活動的工作。1974年12月，聯合國經濟暨社會理事會設置跨國公司委員會（Commission on Transnational Corporation），成為關於跨國公司的資料中心與意見交流場所。跨國公司委員會由48個國家組成，每年舉行一次例行的會議，供各國政府針對關於跨國公司問題交換意見。跨國公司委員會成立後，

---

[3] World Bank: World Development Report 2005.

跨國公司中心成為跨國公司委員會的執行機構。1994年時，跨國公司委員會併入聯合國貿易暨發展委員會。

（二）OECD國際投資與跨國公司宣言

OECD國際投資與跨國公司宣言主要是針對各國的國際投資和跨國公司經營加強協商和合作，以及對跨國公司的監督。1976年時OECD提出國際投資與跨國公司宣言（Declaration on International Investment and Multinational Enterprises），以促進在OECD會員國間的投資，而跨國企業準則（Guidelines for Multinational Enterprises）僅係此一宣言的一部分，OECD並多次修訂該準則的內容，目前此一跨國企業準則適用於OECD會員國之跨國企業的全球運作，2004年1月時OECD的30個會員國（澳洲、奧地利、比利時、加拿大、捷克共和國、丹麥、芬蘭、德國、希臘、匈牙利、愛爾蘭、義大利、日本、韓國、盧森堡、墨西哥、荷蘭、紐西蘭、挪威、波蘭、斯洛伐克共和國、西班牙、瑞典、瑞士、土耳其、英國與美國）再加上阿根廷、巴西、智利、愛沙尼亞、以色列、立陶宛和斯洛維尼亞等國政府均背書認可OECD的跨國企業準則，期待跨國企業自願地遵循此一準則的建議，在全球經營其公司業務[4]。

國際商務有了重大的改變，隨著服務與知識密集產業的興起，服務與科技企業進入了國際市場，大型企業占國際投資的主導地位，並且造成大規模國際併購的潮流；另一方面，中小企業進行的外國直接投資亦持續的增加，而這些跨國企業在國際社會發揮顯著的作用。策略聯盟與供應商和承包商更加密切的結合，使得企業間的界限模糊。

跨國企業結的迅速轉變，也在開發中國家掀起多樣化的結構變化。在開發中國家中，跨國企業已經超越了初級產品和原料生產的範疇，而進入製造、裝配、開發國內市場與服務業的多樣化發展階段。透過國際貿易與投資，跨國企業強化並深化了OECD會員國相互間，以及與世界各國的關係。

4　http://www.oecd.org, last visited 2008/6/16.

跨國企業的貿易和投資活動有助於有效利用資本、技術、人力和自然資源，並且因技術移轉而提供了便利，並促進因地利制宜的技術開發；透過正式培訓與在職進修，跨國企業也促進了地主國人力資源的發展。

OECD遂公布跨國企業準則，以期鼓勵跨國企業積極致力於經濟發展、環境保護和社會進步。各國政府並藉由與工會和其他民間組織的合作伙伴關係，提供給跨國企業有效的協助，包括穩定的總體經濟政策、無差別的公司待遇、適當的監管與謹慎的監督、公正的司法和執法制度，以及有效和誠實的公共管理。

國際投資與跨國企業宣言的內容包括4大部分，即：

1.跨國企業準則規定了一系列對於跨國企業自願性的行為規則，由會員國政府設立的國家聯繫點（National Contact Point）協助與鼓勵跨國企業遵守此一準則。

2.對外國企業適用國民待遇原則。

3.各國應合作對跨國企業避免或適用降低到最小的衝突要件。

4.會員國應盡可能使措施符合透明化原則，以改善國際投資環境。

OECD的跨國企業準則涵蓋的議題，包括人權、訊息揭露、勞工與環境，此一準則尤其是公司行為重要的判斷標準。OECD的跨國企業準則是唯一的全球公司責任的方法，已經由OECD會員國政府正式接受，承諾施行此一準則，OECD並設立國際投資與跨國企業委員會（Committee on International Investment and Multinational Enterprises）負責監督在OECD內執行跨國企業準則，但也由於此一準則屬於自願性質、而無執行力的原則，因此許多民間組織主張對於不負責任的公司行為應在國家與國際層次予以法律制裁，才是最有效的方法。

值得一提的是，在訊息揭露方面，跨國企業準則建議：

1.跨國企業應保證及時、定期的公布關於其業務、結構、財務狀況和業績的可靠和相關訊息。

2.跨國企業應揭露訊息、會計和審計業務上執行高標準，在非財務方面

的訊息亦應執行高標準，包括可能存在的環境與社會報告。跨國企業
應報告其編制與揭露財務和非財務訊息所依據的標準或政策。

3.跨國企業應公開其基本訊息、說明其名稱、所在地、結構、伙伴企業
的名稱、地址和電話號碼、主要的關係企業、在這些關係企業中直接
或間接的持股比例、交叉持股的情形。

4.跨國企業應揭露下列實質的訊息：

(1)公司的財務和業務績效。

(2)公司的目標。

(3)主要的持股情形和表決權。

(4)董事會成員與執行長及其報酬情況。

(5)可預見的實質風險要素。

(6)涉及職員與其他利益相關方面的實質問題。

(7)管理結構的政策。

5.鼓勵跨國企業揭露額外的訊息，包括：

(1)企業的社會、倫理和環境政策及公司遵守的其他行為規範的訊息。

(2)關於風險管理和遵守法律制度的訊息，與關於經營行為聲明或規範
的訊息。

(3)關於職員和其他利害關係人間關係的訊息。

貳、全球化的公司治理

公司治理（corporate governance）通常係指公司管理與監督的制度，
1968年時Adolf A. Berle與Gardiner C. Means[5]即指出大的公開發行公司為現代

---

[5]　Adolf A. Berle/Gardiner C. Means, The Modern Corporation and Private Property, 4th
ed. (1968).

公司的典型，最主要的特徵企業所有與企業經營分離（separation of ownership and control），即股東共同所有公司，但基本上股東並不經營管理公司，企業所有與企業經營分離原則在股東與經營者間造成緊張的狀態，因此就必須規定一個確保負責任的機制。公司治理已經成為全球一個重要的課題，而美國在公司治理領域在全球扮演一個很重要的角色。

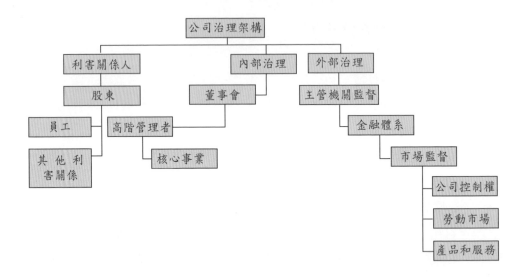

一、英美法的公司治理制度：以美國法為例

現代公司法在美國的發展，始於19世紀末20世紀初期，傳統上由各州的法律規範股東、董事與職員的權利，基本上目前美國公司法仍是由各州的法律規範[6]。美國的證券法與公司法有非常密切的關係，在20世紀初期當時的政治環境與過於簡單的批評經濟蕭條，為防止買賣有價證券使社會大眾的投資成為投機的現象，各州的證券法，即通稱的藍天法（blue sky laws），規定證

6　Charles R. T. O'Kelly/Robert B. Thompson, Corporations and Other Business Associations, 3rd ed; (1999), p.52.

券的上市與銷售，以防止社會大眾投資於一家詐欺的公司。改革派主張股票交易規定、聯邦銀行制度的規定與立法機關應防止社會大眾從發起人和承銷人購得毫無價值的證券。為響應改革派主張，1911年時Kansas州首先公布藍天法[7]。

1929年時股市崩盤，聯邦主管機關開始規範證券市場，1933年時公布證券法（Securities Act）與1934年時公布證券交易法（Securities Exchange Act），運用聯邦監督公司的機制是需要政府監督公司發行證券的發行方式與任何企業在金融市場上的權利[8]。原則上1933年的證券法與1934年的證券交易法就是要保護投資人與確保金融市場的完整，主要的方法就是要對股東與投資人進行完全的揭露（full disclosure）。除聯邦證券法規外，各州均有藍天法規，即各州規範上市公司發行證券、分配證券與收購的法規。因此1933年的證券法與各州的藍天法均要求公司在上市前應向政府主管機關登記有價證的發行。

美國憲法第6條規定，憲法與美國當局簽署的條約是國家最高的法律，享有法律上的優先性，優先於各州憲法或法律而適用。因此即構成聯邦法優先性原則，並禁止牴觸聯邦法的各州法律[9]。而美國憲法第1條的商業條款（Commerce Clause）在形成公司法的發展，具有非常重要的意義，明確的受全國會規範州際（interstate）與外國商業的情形。美國的公司法係規範公司股東與經營者的關係，大部分由各州的法律管轄。由於欠缺全國一致適用的公司法，因此同時存在50州與華盛頓特區不同的公司法。

內部事務（internal affairs）原則係指確保公司程序、治理與職員、董事和股東間的關係，一公司僅需關注設立所在州的法律即可，而不需注意其他

---

[7] Christin M. Forstinger, Takeover Law in the EU and the USA,A Comoarative Analysis, The Hague/London/Nes York (2002), p.15.

[8] Charles R. T. O'Kelly/Robert B. Thompson，前揭書，p.942.

[9] B. Wachter (et al), Harmonization of Company and Securities Law, The European and American Approach (1989), p.33.

州的法律[10]。公司選擇一州作為其設立的州,是章程的所在地,與實際上公司經營業務的所地無關,經股東決議同意後公司可以變更章程的所在地,例如美國的Delaware州就是最多公司選擇設立的州。Delaware州的領導地位與Delaware州法院的判決,在公司法領域扮演著一個重要的地位,尤其是其他州常會隨著Delaware州的新發展而修改其公司法。整體而言,美國各州公司法的發展已經相當自由化與現代化,各州公司法逐步的廢除限制與對公司內部事務規定更簡單與更靈活的架構[11]。

美國雖是一個聯邦制度的國家,公司法由各州規範,證券法(securities law)卻是屬於聯邦規範的權限。持有股票的股東形成資本,而美國的資本市場被設計與規範為資本的形成場所。大部分大的公司的股權分散聯邦法規定在籌資與更換公司經營時的強制揭露與禁止在公開的證券市場詐欺和操縱,保護投資人。美國的公開上市公司所有權分散,控股股東為例外的情形,在股權分散的制度中,很少有單一的股東掌控公司,因此董事會有很大的權力,在美國股權分散結構中,投資人很少干預公司的經營,因此給予公司的管理階層明顯的經營裁量權[12]。

在美國關於公司內部事務是由州法專屬管轄,州法適用於形式上設立於本州的公司,而不問公司可能在其他州經營業務,因此一家公司可以重新設立於另一州,而沒有鉅額的花費。美國聯邦最高法院(US Supreme Court)早於1882年時即定義公司內部事務規則,包括公司內部的關係,公司與其股東、董事、職員或代理間的關係[13],此一判決加強憲法對於公司內部事務規則的支持,而1992年修訂模範商業公司法(Model Business Corporation Act)

---

[10] William Bratton et al (eds.) Inteernational Regulatory Competition and Coordination - Perspectives on Economic Regulation in Europe and the United States (1996), p.312.

[11] B. Wachter (et al),前揭書,p.36.

[12] Christin M. Forstinger,前揭書,p.22.

[13] Edgar V. MITE Corp., 457 U.S. 645 (1882).

亦將公司內部事務規則規定為法定的法規衝突原則[14]。歸納而言，美國公司法發展的特色，就是由公司自由開放的選擇其要設立的州，因此可以選擇其應適用的法律制度。

二、大陸法的公司治理制度：以德國法爲代表

德國股份法（Aktiengesetz）主要規範股份有限公司（Aktiengesellschaft），在德國股份有限公司為資合公司的典型，為具有法律人格的商業組織，資本額作成股份，股東僅以其認購的股份對公司的債務負責任，即股東僅對公司的債權人負有限的責任。

德國公司治理結構有下列的特徵：

（一）企業的所有權結構

德國企業所有權結構的重要特徵，為所有權集中於大的機構投資人，例如銀行、保險公司、退休基金[15]，也就是德國的企業結構特徵為大股東的掌控公司治理，根據調查顯示，75-85%的德國上市公司由持股占超過25%的大股東掌控[16]，介於22-40%的德國公司甚至是由一位股東持股超過四分之三[17]。德國與美國公司的股東結構有很大的差異，德國公司的股東結構為大股東或控股，尤其是由其他的企業或家族為主要的股東。大股東通常持有超過20%表決權的股票，在股東大會中實際上已經占多數，已經可以掌控股東

---

[14] 3 Model Business Corporation Act Ann. 3, § 15.05 (c) (3rd ed. 1992 Supp.)

[15] 德國的退休金給付制度主要是由國家的退休金保障制度、個人的退休儲蓄與企業的退休金組成。企業給付的退休金由企業管理，通常由企業依法成立共同基金，以保障退休金的支付。

[16] Hommelhoff/Hopt/von Werder, Handbuch Corporate Governance - Leitung und Überwachung borsennotierter Unternehmen in der Rechts-und Wirtschaftspraxis, Koln/Stuttgart 2003, S.549.

[17] Hopt/Wymeersch, Capital Markets and Company Law,2003. http：//www.law.rug.ac.be/fli/cvde/html,last visited 2007/02/08.

大會，例如由Niedersachsen邦政府即為福斯汽車股份公司（Volkswagen AG）的大股東[18]，因此可以說在德國上市公司的所有人結構主要為大股東或控股股東掌控公司[19]，尤其是家族企業或其他的企業是一家大股東或主要的持股股東。

（二）銀行的角色

　　依據德國銀行法之規定，銀行與保險公司可以成立與經營投資基金（Investmentfonds；即為一般通稱的共同基金），故可取得與持有股份有限公司的股份。德國公司治理制度的一大特色，為以銀行為主導的公司治理制度，企業的融資主要是由銀行提供[20]，德國產業界主要是由中小企業型態的獨資、家族企業或合夥組成，從德國聯邦銀行（Bundesbank）[21]在1991年10月時的一項關於股份有限公司所有權結構的統計數字[22]顯示，由於德國獨特的社會保障制度，國家給予退休後的老年人充分的生活保障[23]，再加上個人保守的儲蓄模式，因此個人股東（即一般所謂的散戶）在一般的股份有限公司僅占少數，而且金融證券市場也不蓬勃發展；企業彼此持有股份的情形（即交叉持股）非常明顯，外國投資人有逐年增加的趨勢；由於銀行或金融機構可以持有其他非銀行企業的股份，再加上銀行保管本國與外國投資人的股票，通常由保管銀行代理投資人出席股東大會與行使表決權，進而參與公司治理[24]，機構投資人是德國股市的主要的參與者。因此銀行在德國的公司

---

[18] BGHZ NJW 1997, S. 1855, 1856.

[19] Ulrich Wackerbarth, Investorvertrauen und Corporate Governance, ZGR 2005, S.695.

[20] M.Voges/M. Rehberg, Internes und Externes Rating - Aktuelle Entwicklungen im Recht der Kreditsicherheiten , Wertpapiermitteilungen 2004, S. 1610.

[21] 即德國的中央銀行，位於法蘭克福。

[22] Monatsberichte der Deutschen Bundesbank, Oktober 1991, S. 28.

[23] Baums/Buxbaum/Hopt, Institutional Investors and Corporate Governance, Hamburg 1993, p.555.

[24] 雖然在法律上廣泛的規範股份有限公司的董事會與其他機關間的權限分配，但持

治理扮演一個非常特殊與重要的角色，同時是提供貸款的債權人、股東、表決權代理人，以及與持股公司管理階層間的人脈關係。

　　銀行、國家、職工理事會（Betriebsrat）與工會（Gewerkschaft）限制了股東的權利行使[25]。德國企業的個人股東為數不多，這種現象雖然在1996年德國電信（Deutsche Telecom）民營化與公開上市後有所改變[26]，但大銀行（例如德國二大銀行Deutsche Bank和Commerzbank）與其他的機構投資人（例如Allianz保險公司）仍然持有各大企業大量的股票[27]。因此，銀行在公司治理的影響力是不容忽視的，尤其是在阻止敵意收購的策略上，銀行的地位舉足輕重，是決定成敗的關鍵。機構投資人在德國股份有限公司的管理占有非常重要的地位，銀行與保險公司掌控德國的股市，機構投資人藉由代理表決權[28]之行使與其在監事會的席位，進而參與公司的管理經營[29]。

股比例會影響公司內部事實上的權力分配。例如：在股東大會，有控股的大股東或股東團體占多數時，可以很容易的掌控股東大會，尤其是可以選任其信賴的人士擔任監事，進而任命董事；但若散戶型的小股東占股東大會的大多數時，股東大會的影響力不大，小股東幾乎無任何影響力，只有在授權其股票的保管銀行代理其在股東大會行使權利。若保管銀行在監事會中占有監事席次時，才有可能參與公司的經營管理。Hueck/Windbichler, Gesellschaftsrecht, 20.Auflage, München 2003, S.277.

[25] Martin Höpner, European Corporate Governance Reform and the German Party Paradox, Max-Planck-Institut für Gesellschaftsforschung Discussion Paper 03/4, March 2003, p.7.

[26] Thomas J. Andre, Jr., Cultural Hegemony：The Exportation of Anglo-Saxon Corporate Governance Ideolgies to Germany, 73 Tulane Law Review, November 1998, S.98.

[27] Mark J. Loewenstein, What can we learn from foreign system？：Stakeholder Protection in Germany and Japan, 76 Tulane Law Review, June 2002, p.1678.

[28] 依據德國股份法第134條第3項之規定，股東得以表決權代理的方式，授權代理人在年度的股東大會代理其行使表決權。股份法第134條規定金融機構在股東大會代理行使表決權的規定。因此機構投資人（銀行與保險公司）通常會因為保管股票，而在股東大會代理行使投票權。

[29] Höpner/Jackson, An Emerging Market for Corporate Control? The Manmesmann Takeover and German Corporate Governance, Max-Planck-Institut für Gesellschaftsforschung Discussion Paper 01/4, September 2001, p.18；Mark J. Roe：

（三）雙軌制的企業經營管理結構

　　依據德國股份法的規定，股份有限公司為法律上的權利主體，股份有限公司的組織架構為股東大會（Hauptversammlung）、董事會（Vorstand）與監事會（Aufsichtsrat）[30]。股東大會選舉半數的監事會的監事，但並不任命員工代表的監事，員工代表的監事則由員工選舉或由工會任命，依據共同參與法定法之規定，員工超過500人的公司，監事會應選舉三分之一的員工代表監事，員工超過2,000人的公司，應有二分之一的監事是員工代表，其中應由工會任命2名監事；在關係企業，從屬公司的員工有權共同選舉管理公司的董、監事。德國公司的治理結構為雙軌制，即董事會[31]與監事會[32]共同參與公司的經營管理。依據股份法第76條第1項之規定，董事會在自己的責任下（unter eigener Verantwortung）執行職務，所謂的在自己的責任下，依據通說的見解，董事會在執行職務時不僅只是以股東的利益為主，還必須考量企業整體的利益與社會成本[33]。在監事會中有所謂的共同參與決定制度（Mitbestimmung），即係由資方與勞方共同合作，以實現企業的目標。共同參與決定制度的核心，就是在監事會中有員工的代表擔任監事，也就是監事會係由股東與員工占各半的監事組成。依據股份法第100條第3項與第4項之規定，公司章程得規定由股東大會選舉監事的資格條件。此一規定僅適用於選舉代表股東的監事，至於員工代表的監事資格應依據企業組織法（Betriebs-verfassungsgesetz）與共同參與決定法（Mitbestimmungsgesetz）的規定，公司

　　Some Differences in Corporate Structure in Germany, Japan, and the United States, 102 Yale Law Journal 1942, 1945 (1993)；Susan-Jacquline Butler, Models of Modern Corporations：A Comparative Analysis of German and U.S. Corporate Structures, 17 Arizona Journal of International and Comparative Law 560 (2000).

[30] Karel van Hulle/Harald Gesell, European Corporate Law, 1.Auflage, Baden-Baden 2006, p.164.

[31] 德國股份法第76條，董事會專門負責公司的經營管理。

[32] 德國股份法第96條。

[33] Uwe Hüffer, Aktiengesetz, 6.Auflage, München 2004, §76, Rn.12-15.

章程不得限制員工代表監事的選任資格條件。雖然監事會的監事有不同的價值觀、考量不同的社會與經濟責任，不論是由股東選舉的監事，或是由代表員工選任的監事均必須為公司的最大利益履行義務。

德國公司的股東大會是公司的最高意思機關[34]，通常股東大會不會決定經營管理的議題，而是給予董事會專屬的管理職權，僅在特殊情形必須有股東大會的同意，例如股份法第119條第1項第5款規定的修改公司章程，聯邦最高法院在Holzmüller案[35]認為，若商業交易會嚴重影響股東的財務利益時，董事會必須經股東大會的同意。2004年時，聯邦最高法院在Gelatine案[36]闡明，應經股東大會同意的事項為非常例外的情形。例如公司80%以上的資產要移轉給子公司時，應經股東大會之同意，才得移轉。但依據股份法第111條第4項之規定，在監事會保留其同意權時，董事會應經監事會之同意才得為移轉公司財產的商業交易。股東大會選舉監事會後[37]，接著由監事會選任董事會的成員[38]。監事會的主要任務是監督董事會的業務執行、檢查公司的帳冊、審查公司的資產、針對董事會特定的決議予以同意，以及為公司最大的利益召開股東會[39]。

在德國企業，董事會是獨立的，不受監事會或股東會拘束力的指示[40]，股東無權指示董事會，監事會的主要任務為監督董事會的業務執行，而董事會的任務是要負責公司的業務執行與代表公司的一切事務。在功能上，德國

---

[34] Susan-Jacqueline Butler, Models of Modern Corporations：A Comparative Analysis of German and U.S. Corporate Structures, 17 Arizona Journal of International and Compaoative Law (2000), p.570.

[35] BGHZ 83, 122.

[36] ZIP 2004, S.993.

[37] 德國股份法第103條；股份法第95條規定監事會的人數，是以公司的資本額為依據。除章程另有規定外，至少應有3名董事。公司資本額超過1,000萬歐元時，至多應有21名監事。

[38] 德國股份法第84條第1項。

[39] 德國股份法第111條。

[40] Uwe Hüffer，前揭書，§ 76, Rn.10.

企業的董事會類似美國公司的董事會[41]，但依據德國股份法第84條第3項之規定，若股東會對董事會通過不信任的表決時，監事會有權免除董事會的職務。

（四）員工共同參與決定制度

德國公司治理制度最大的特色，即為在監事會的共同參與決定制度。共同參與決定制度允許公司的員工參與公司的決策，即除股東外，員工代表藉由其在監事會內行使共同參與決定權而參與公司的管理。因此，德國的公司治理模式實際上結合了經濟利益、意識形態的任務與社會價值[42]。

德國在1952年施行的企業組織法（Betriebsverfassungsgesetz）與1976年施行的共同參與決定法（Mitbestimmungsegsetz）可以說是全世界獨一無二的法律，規定員工參與公司的管理。德國聯邦政府（Bundesregierung）也無法在歐洲聯盟層次落實員工共同參與決定制度，而此一制度常常成為外國投資人在德國設立公司的絆腳石[43]。德國的工會（Gewerkschaft）勢力強大，代表勞方的利益與資方談判，以解決勞資雙方的利益衝突。

雖然在監事會的表決贊成與反對同數時，由股東代表選任的監事會主席有最後的決定權[44]，但代表員工的監事卻得強迫監事會考量更多的社會因素，尤其是在可能造成員工失業或工廠外移的情形。因此，代表員工的監事在監事會的角色不容忽視。另外，值得一提的是，依據德國有價證券取得與收購法（Wertpapiererwerbs-und Übernahmegesetz，通稱為企業併購法）[45]之

---

[41] Franck Chantayan, An Examination of American and German Corporate Law Norma, 16 St. John's Journal of Legal Commentary (2002), p.438.

[42] Klaus J. Hopt, The German Two-Tier Board：Experience, Theories, Reforms, in Klaus J. Hopt et al (eds.), Comparative Corporate Governance, Oxford 1998, pp.236-237.

[43] Ulrich Abshagen, Aufsichtsrat und Beirat, München 2004, S.26.

[44] 由於監事會的主席係由股東選舉產生，在贊成與反對的票數相同時，由監事會的主席投最後決定的一票。

[45] 德國有價證券取得與收購法於2001年12月22日生效施行，主要在規範公開取得

規定，任何一個公司收購計畫均必須經由目標公司監事會的同意，股東雖然是公司的所有人，代表股東的監事卻無法完全取得監事會的一致同意，這也是為何在德國一直無法成功的完成收購計畫的最主要原因之一。

綜上所述，對於德國的企業文化背景，可以得到一個結論：董事會與監事會是公司治理的核心，股東行使權利與由金融市場監督公司經營仍不具重要意義[46]。由於代理表決制度與監事席次的取得，銀行與大的控股股東實際掌控了股東大會的表決權，進而可以實質地參與公司治理。德國公司治理最大的問題在於監事會的監督任務，而銀行的代表常常把持監事會，先前的董事會成員又常會轉任監事[47]。在國際金融市場上，員工的共同參與決定制度是一個非常負面的因素，尤其是在上市的股份有限公司的監事會有一半的監事席次係員工的代表，對於外國投資人而言，投資於一家經營國際業務的德國上市公司，其監事會的員工代表監事僅來自德國，無疑的會增加管理的成本，而無法靈活地管理公司。

德國公司結構的一大特徵，是企業很少在證券市場上籌集資金，即便是大型的上市股份有限公司也少在證券市場上籌資，與美國、英國證券市場是企業融資的主要來源有很大的差異。根據統計顯示，75%-85%的公司都由一個大股東掌控至少持有25%表決權的股票[48]。

股票或其他特定的有價證券，以及規範收購在歐元區、上市的德國股份公司（Aktiengesellschaft）與股份兩合公司（Kommanditgesellschaft auf Aktien）的股票。其立法目的，為(1)規定一個公平的與符合規定出售股票程序，而不鼓勵或阻礙企業進行收購股票。(2)對有價證券持有人和受雇人，改善資訊與提高透明化。(3)加強少數股東在企業收購時的法律地位。以及(4)符合國際標準。Bundesgesetzesbaltt I. 2001, S.3822 ff。

[46] Ulrich Wackerbarth，前揭文，ZGR 2005, S. 708.

[47] Hommelhoff/Hopt/von Werder，前揭書，S.363f.

[48] Hommelhoff/Hopt/von Werder，前揭書，S.551.

三、我國的公司治理結構

我國股份有限公司之制度設計，係繼受德國股份法與日本1899年之商法體制，以股東全體所組成之股東會做為公司內部最高意思機關，並由股東會所選任之董事與監察人分別為公司之業務執行機關與監督機關，形成股東會、董事會與監察人三權分立的架構[49]。此種三權分立的設計目的，係為積極提升企業組織管理效率，亦為防範企業經營濫權的問題，建立股份有限公司之組織權責區分，互為制衡，實現企業自治的理念[50]。在我國，過去公司法賦予股東會較大權限，但在2001年修正公司法第202條後，董事會被賦予較強之業務經營權限，以落實企業所有與企業經營分離的理念。2005年修法後，亦明文賦予股東提案權，董監事候選人提名權，表決權行使多元化等規定。2001年修法賦予監察人依據公司法第220條之規定，為公司利益於必要時得召集股東會[51]。種種涉及我國公司法機關分權之規定，均形成我國公司治理獨有之特色。

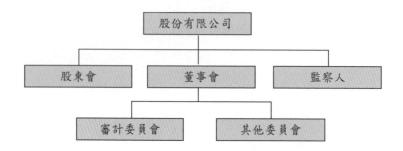

[49] 王文宇（2003），新公司與企業法，臺北：元照出版有限公司，頁31。

[50] 廖大穎（2006），公司法原論，臺北：三民書局股份有限公司，頁153。

[51] 王文宇（2006），公司法論，臺北：元照出版有限公司，頁268-269。

（一）我國上市上櫃公司執行公司治理之基本法律架構

1. 公司法。
2. 證券交易法。
    (1) 公開發行公司獨立董事設置及應遵循事項辦法（上市規模500億以上與金融控股公司優先適用獨立董事）。
    (2) 公開發行公司董事會議事辦法。
    (3) 公開發行公司審計委員會行使職權辦法。
3. 上市上櫃公司治理實務守則。
4. 臺灣證券交易所股份有限公司有價證券上市審查準則。

（二）證券交易法健全公司治理架構

2006年1月11日公布修正的證券交易法，對有關獨立董事制度、審計委員會、董事會結構與運作等攸關公開發行公司之公司治理，符合國際潮流，以期能在公司治理上提供一個較佳的法規環境，進而促進資本市場之健全發展。

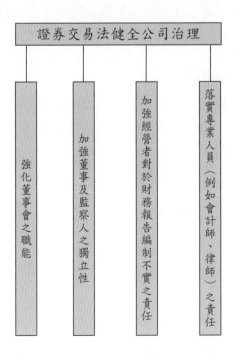

證券交易法健全公司治理

- 強化董事會之職能
- 加強董事及監察人之獨立性
- 加強經營者對於財務報告編制不實之責任
- 落實專業人員（例如會計師、律師）之責任

（三）獨立董事制度之引進

我國公司法原無獨立董事、獨立監察人之設置，最初是由臺灣證券交易所與證券櫃臺買賣中心於上市上櫃公司審查準則中，具體規範董監事欠缺獨立性之情況，明確規範董監事獨立性的資格要件，並以初次申請上市上櫃公司為實施對象，對已上市上櫃者則以宣導方式推動[52]。但此種以上市上櫃契約加以規範並無法律上的授權，導致這種方式屢遭非難[53]。因此金融監督管理委員會（簡稱金管會）為落實獨立董監事制度，大力推動證券交易法修正案，新規定於2006年1月施行[54]，依據證券交易法第14條之2、第14條之3之規定，公開發行公司得依章程設立獨立董事，但新規定並未採行獨立監察人制度，與上市、上櫃公司審查準則規定不同。而根據證券交易法第14條之4之規定，公開發行公司應擇一設置審計委員會或監察人，但主管機關得視公司情況命公司設置審計委員會替代監察人。

從現行法制架構來看，證券交易法提供公司治理模式可能有三種：1.不設置獨立董事，維持董事會與監察人的的雙軌制。2.維持雙軌制，但董事會設有獨立董事，仍執行董事之職務，不具有監察人之職權。3.採單軌制，公司董事會設有獨立董事，並由其組成審計委員會取代監察人[55]。

1. 證券交易法第14條之1

公開發行公司、證券交易所、證券商及第18條所定之事業應建立財務、業務之內部控制制度。 主管機關得訂定前項公司或事業內部控制制度之準則。第1項之公司或事業，除經主管機關核准者外，應於每會計年度終了後4個月內，向主管機關申報內部控制聲明書。

---

52 王文宇（2006），公司法論，臺北：元照出版有限公司，頁532。
53 郭土木，我國公司治理法令架構之探討論，法官協會雜誌，2006年6月，頁71。
54 王文宇（2006），公司法論，臺北：元照出版有限公司，頁532。
55 王文宇（2006），公司法論，臺北：元照出版有限公司，頁532-533。

2. 證券交易法第14條之2

已依本法發行股票之公司，得依章程規定設置獨立董事。但主管機關應視公司規模、股東結構、業務性質及其他必要情況，要求其設置獨立董事，人數不得少於2人，且不得少於董事席次五分之一。獨立董事應具備專業知識，其持股及兼職應予限制，且於執行業務範圍內應保持獨立性，不得與公司有直接或間接之利害關係。獨立董事之專業資格、持股與兼職限制、獨立性之認定、提名方式及其他應遵行事項之辦法，由主管機關定之。 有下列情事之一者，不得充任獨立董事，其已充任者，當然解任：

(1)有公司法第30條各款情事之一。

(2)依公司法第27條規定以政府、法人或其代表人當選。

(3)違反依前項所定獨立董事之資格。

獨立董事持股轉讓，不適用公司法第197條第1項後段及第3項規定。獨立董事因故解任，致人數不足第1項或章程規定者，應於最近一次股東會補選之。獨立董事均解任時，公司應自事實發生之日起60日內，召開股東臨時會補選之。

3. 證券交易法第14條之3

已依前條第1項規定選任獨立董事之公司，除經主管機關核准者外，下列事項應提董事會決議通過；獨立董事如有反對意見或保留意見，應於董事會議事錄載明：

(1)依第14條之1規定訂定或修正內部控制制度。

(2)依第36條之1規定訂定或修正取得或處分資產、從事衍生性商品交易、資金貸與他人、為他人背書或提供保證之重大財務業務行為之處理程序。

(3)涉及董事或監察人自身利害關係之事項。

(4)重大之資產或衍生性商品交易。

(5)重大之資金貸與、背書或提供保證。

(6)募集、發行或私募具有股權性質之有價證券。

(7)簽證會計師之委任、解任或報酬。

(8)財務、會計或內部稽核主管之任免。

(9)其他經主管機關規定之重大事項。

（四）審計委員會

依據證券交易法第14條之4之規定，已依本法發行股票之公司，應擇一設置審計委員會或監察人。但主管機關得視公司規模、業務性質及其他必要情況，命令設置審計委員會替代監察人；其辦法由主管機關定之。審計委員會應由全體獨立董事組成，其人數不得少於3人，其中1人為召集人，且至少1人應具備會計或財務專長。公司設置審計委員會者，本法、公司法及其他法律對於監察人之規定，於審計委員會準用之。

1. 審計委員會與董事會之關係

(1)審計委員會是董事會下的一個功能性委員會，藉由專業分工及超然獨立的立場協助董事會決策。

(2)審計委員會決議之重大事項仍須提請董事會決議，以明確落實董事會之責任。

2. 監察人與審計委員會之差異

(1)監察人列席董事會，處理事後的監督。

(2)審計委員會屬於董事會下的一個委員會，進行事前的監督，為合議制的委員會。

四、OECD的公司治理守則

OECD有鑑於1990年代以來大型企業陸續財報醜聞與亞洲金融危機，以及體認到好的公司治理對於改善總體經濟效率的重要性。為發展一套公司

管理監督標準及指導原則，OECD成立一個公司治理特別專案小組（Ad-Hoc Task Force on Corporate Governance），以致力於發展一套能反映各國經濟、社會及法律環境的公司治理法律和管理架構，做為政策制定者檢討評估和自行發展符合國情與國際市場實務做法的參考標準，並對證券交易所、投資人、上市公司及其他在公司治理的過程中，有利害關係的團體提供相關的公司治理指導原則及建議。

公司治理特別專案小組於1999年提出OECD公司治理原則（OECD Principles of Corporate Governance 1999），包含下列5大原則：

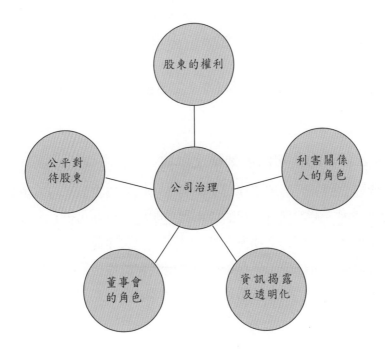

在美國的Enron與WorldCom發生舉世震驚的財報醜聞案後，2002年OECD的部長會議授權成立公司治理指導小組（OECD Steering Group on Corporate Governance）檢討1999年的公司治理原則，普查各會員國所面對的各種公司治理挑戰，並邀請國際貨幣基金、世界銀行、金融穩定論壇（Financial Stability Forum）、巴塞爾銀行監管委員會（Basel Committee on

Banking Supervision）、國際證券管理機構組織（International Organization of Securities Commissions），以及非會員國的民間組織、勞工和一般公民代表共同參與討論和提供建議。

OECD在2004年時公布新的公司治理準則，明確的界定公司治理的概念。所謂的公司治理，係指指導和控管公司的制度，公司治理的架構應促進透明和有效率的市場，建立一致性的法律，並清楚的說明監督、管制和執行的主管機關彼此間的責任分工。也就是公司治理的核心，在於規範股東會和董事會的組織，藉由股東會和董事會的權責劃分，使股東會掌控對董事的任免與享有最後的決定權、監督董事會；董事會應為公司整體與股東的利益負責，藉由對公司政策、財務與人事的權力，監督公司的管理階層，確保公司的永續經營[56]。

2004年的OECD公司治理準則主張一個好的公司治理必須符合下列的6大原則：

（一）建立有效的公司治理架構之基礎

公司所建立的公司治理架構，必須要為市場參與者創造經濟績效、誠實正直和提供誘因，進而促進市場的效率與透明度；另外，也必須以透明和落實的態度來遵守公司經營業務所在地的公司治理法律規定，以及明定監督、管制和執行機關的責任分工，並確保這些機關有職權、夠正直和有充分的資源，能以專業客觀、及時、透明和合理的解釋態度，克盡職守，增進公共利益。

---

[56] World Bank (1999), Corporate Governance: A Framework for Implementation, Washington, D.C.

（二）股東的權利和關鍵所有權的功能

股東基本的權利，包括：

1.確保股權的登記。

2.過戶或移轉。

3.及時和定期取得公司相關的資料。

4.出席股東大會和行使表決權。

5.選舉和罷免董事。

6.對公司的利潤分配請求權。

7.對於有關公司重大改變的訊息有知悉的權利，例如：

　(1)章程、合併條款或類似的公司治理文件中條文的修訂。

　(2)特別股的授權。

　(3)異常的交易，包括導致公司轉售所有資產或大部分的資產移轉。

8.在股東大會，對於董事會的質詢權，例如質詢年報、議程。

9.對於董事和執行長薪酬政策的同意權。

公司對於資本市場中的公司經營權收購規則和程序、合併與資產出售，都必須清楚的說明與揭露，以期使投資人瞭解其權利和追索權。交易價格透明及條款公平，以期保護所有的股東；同時，公司管理階層和董事會不能對收購採取防禦措施，以求免責。法人投資機構必須對其投資人表明其對整體公司治理和表決權政策的態度，以及如何處理會影響投資人所有權行使的利益衝突，以展現其信託能力。

（三）公平對待股東

公司治理架構應該確保公平對待所有股東，不論是小股東或是外國股東都應享有公平待遇；同類型的股東享有相同的權利；在出售任何類型的股票前，應給予所有投資人公司關於所有類型股票的表決權資訊，若表決權的改變對股東有負面影響時，必須先取得該類型股東的同意。

大股東不得侵害小股東的權利，股東權利受侵害時，應給予所有的股東可以有效的救濟；保管人或被提名人必須以股票所有人的利益行使表決權。公司治理結構必須廢除妨礙交叉行使表決權的限制，在股東大會的程序和流程也必須公平的對待所有的股東，不得造成表決權行使的困難或增加費用。

公司治理應禁止內線交易和濫用自我交易，董事會成員和主要執行主管直接或間接圖利第三人，而在交易或直接影響公司事務中獲得實質利益時，必須向董事會揭露說明。

（四）公司治理中利害關係人的角色

以法律或相互協議的方式，承認並尊重利害關係人的權利；在受法律保障的權益受侵害時，利害關係人有機會得到有效的救濟；應允許發展增進公司員工參與的機制，利害關係人也應能及時和定期的接觸，以取得充分、相關和可靠的公司治理資訊，以及自由的向董事會溝通認為違法或不倫理的行為。公司治理架構應能搭配有效能、有效率的破產宣告和有效的債權強制執行。

（五）資訊揭露和透明度

以高標準的方式製作與揭露會計、財務和非財務報告。至少應揭露的重大資訊，包括：

1.公司財務和營運結果。

2.公司目標。

3.主要股東和表決權狀況。

4.董事和重要執行長的薪酬政策與任職資格。

5.關係人交易。

6.重大可預見的風險。

7.利害關係人相關的議題。

8.公司治理結構與政策。

　　同時應由獨立、有能力與合格的審計人員來稽核年報，並藉由外部和客觀的陳述，保證提供給股東和董事會的財務報告中的重大事項，都是公正的表達公司的績效和財務狀況。外部的審計人員應對股東負責，並有責任以適當的專業方式執行審計。資訊的傳播管道應符合公平、及時和成本效益的原則。另外，公司治理架構應搭配財務分析師、股票經紀人、評等機構所做的建議或分析，提供給投資人多來源的決策資訊，以免投資人遭受不必要的損失。

（六）董事會的職責

　　董事會應在有充分知悉的基礎下，以高道德標準，謹慎的追求公司和股東的最大利益，公平的對待所有股東，指導公司策略規劃，監督管理階層，對公司和股東負責任。董事會應履行的主要職責有：

1. 審查及指導公司策略、重大行動計畫、風險管理政策、年度預算和業務計畫；設定績效目標；監督執行情形和公司績效，以及監督重大資本支出、收購和撤資。
2. 監督公司治理實務的效能，並做必要的改變。
3. 對重要執行長職位進行遴選、核薪、監督，必要時更換執行長，以及監督繼任計畫。
4. 使重要執行長和董事會的薪酬應與公司和股東的長期利益一致。
5. 確保正式和透明的董事提名和選任過程。
6. 監督與管理董事、管理階層和股東間的利益衝突。
7. 確保公司會計和財務報告制度的真實性，建立適當的風險管理、財務和營運控制等內部監控制度，以及符合法律規定和相關的準則。
8. 監督揭露和溝通程序。

　　為維持董事會的超然獨立，應有足夠的獨立董事，以確保財務和非財務報告的真實性、審查關係人的交易、提名董事和執行長，以及決定董事的薪酬。董事會應揭露所屬委員會的運作程序、組成和任命。

參、跨國公司與國際競爭規範

跨國公司的經濟活動可能會違反地主國的競爭規範，依據傳統國際法的屬地原則（territorial principle），國家享有領土主權，所謂的屬地主義是指凡是在本國領土範圍內所發生的事項，不問是本國人民或外國人民，一律適用本國的法律[57]。國家的領土主權具有排他性，國家對於在其領土範圍內發生的行為均有管轄權[58]，也就是該行為會在其他國家的領土範圍內產生影響時，受影響的其他國家亦有管轄權。例如在1909年的香蕉案[59]限制向美國的香蕉出口，美國聯邦最高法院在本案確認傳統的屬地主義原則，由於造成損害的競爭行為係在其他國家管轄權範圍內實施，因此不屬於美國Scherman Act的適用範圍。但在1991年的美國香菸案[60]，美國聯邦最高法院修正其過去的見解，認為違反競爭的行為是在國外實施，但該違反競爭行為卻對美國國內的競爭環境直接造成實質的損害結果，因此該違反競爭行為應構成Scherman Act禁止的行為。

在Alcoa公司案[61]，法院認為外國企業在外國成立卡特爾的效果影響到美國市場的競爭條件，亦應適用Scherman Act的禁止規定。在Alcoa公司案，美國法院根據行為產生的效果和當事人的意圖決定是否應適用Scherman Act，即與美國公司締結卡特爾約定的外國企業或外國企業間締結的卡特爾約定，會對美國市場的競爭條件產生不利的效果，且係故意造成此一效果時，則應適用Scherman Act的禁止規定。

在1976年的Timberland案[62]，美國Timberland公司藉由其在宏都拉斯的

---

[57] 陳麗娟（2008），法學概論，第四版，臺北：五南圖書出版公司，頁82。
[58] 丘宏達（2008），現代國際法，修訂二版三刷，臺北：三民書局，頁661。
[59] 213 U.S. 34.
[60] 221 U.S. 106.
[61] 148 F.2d 416.
[62] 549 F.2d 597.

子公司從事木材加工業，並將產品出口至美國，但宏都拉斯當地的木材加工企業與提供給該企業貸款的美國銀行（Bank of America）採取聯合措施，試圖阻止Timberland子公司進入美國市場，Timberland遂以違法Scherman Act為由，對美國銀行訴請損害賠償。法院在判決中指明：

1.宏都拉斯當地木材加工企業與美國銀行的聯合措施存在影響美國對外貿易的實際的效果和故意造成的效果。

2.此一效果有足夠的規模使原告認識到所造成的損害。

3.根據國際禮讓（international comity）與衡平原則（equity）美國的訴訟管轄權是適當的。

美國法院更進一步指出7個判斷是否構成第3個適當的訴訟管轄權要件的因素，即：

1.與外國法律和政策牴觸的程度。

2.當事人的國籍公司所在地與主要的營業地。

3.對任何一方所採取的法律施行措施，期待當事人遵守的程度。

4.與其他國家比較，違反競爭行為對美國所造成影響的相對意義。

5.對美國貿易造成有害效果的意圖阻卻程度。

6.效果的可預見性。

7.與在外國發生的行為比較，美國國內的行為對於違反事實所具有的相對意義。

此即為所謂的管轄權的合理規則（jurisdiction rule of reason），就是要以效果理論為依據的管轄權行使符合國際法的原則，並根據國際禮讓給當事國提供一個是否可以行使管轄權的判斷標準。美國司法部在1988年公布的關於國際經營活動的反托拉斯施行指南（Antitrust Enforcement Guidelines for International Operations）並納入管轄權的合理規則，而使在外國發生的外國企業行為對美國國內的競爭秩序不利影響時，在考慮外國的利益和其他因素後再決定是否應適用美國的競爭法。

歐洲共同體條約第81條第1項規定對抗在共同市場內限制競爭的行為，

與第82條規定禁止在共同市場上或在共同市場上的重要部分，企業濫用其優勢地位，歐洲共同條約的競爭法亦適用效果原則。企業的限制競爭行為只需在共同市場的領域內造成間接的效果，歐洲共同體即得禁止該限制競爭的行為。歐洲共同體條約的競爭法規不僅適用屬地主義，並且適用所謂的域外效力（extraterritorial effect）。申言之，歐洲共同體條約的競爭法規不僅適用於所有在歐洲共同體領域內造成限制競爭效果的行為，而且亦適用於參與限制競爭行為的第三國企業，僅需第三國企業的行為在共同市場內產生違反競爭的效果時，歐洲共同體條約的競爭法規亦應適用於該第三國企業[63]。

隨著跨國公司頻繁的商業活動，違法競爭行為的效果常會涉及數個國家，雖然各國亦努力在國際層次制訂國際競爭法，例如OECD的關於違反競爭商業行為委員會曾經試圖制訂關於競爭法的國際標準，但未能達成國際協議。美國則是積極致力於國際合作，以對抗違法競爭的企業行為，例如分別與德國（1976）、澳洲（1982）、加拿大（1984）、歐洲共同體（1991）、日本（1999）簽署關於競爭法適用的國際合作協定。

由於各國有不同的競爭法與競爭政策，因此競爭法上衝突也成為國際爭端的主要原因。1992年2月時，歐洲共同體建議在烏拉圭回合結束後的新一回合談判中，應將簽署競爭法協定納入談判議題。1996年在新加坡舉行的WTO第一屆部長會議正式決定，成立關於貿易與競爭問題的工作小組。2001年11月在杜哈舉行的第四屆部長會議宣言倡議為締結關於競爭的多邊架構。2003年9月在坎昆舉行的第五次部長會議就談判架構達成協議，主要內容為：

1.以透明化、禁止差別待遇原則、程序的公正性、卡特爾為核心原則。

2.WTO會員國間關於競爭法的合作辦法。

3.支援開發中國家逐步發展競爭制度。

---

[63] 陳麗娟（2005），歐洲共同體經濟法，增訂二版，臺北：五南圖書出版公司，頁144-145。

第九章
區域性國際經濟法

目　次

壹、區域性國際經濟法的概念

1947年的GATT第24條允許區域的經濟統合方式，藉由區域自由貿易達成多邊的自由貿易[1]。GATT第24條係規範創設區域貿易協定（regional trade agreement）的法律依據，WTO的會員國得在特定的區域內實現單邊貿易自由化的目標。為監督此一過程，WTO設置了一個常設的區域貿易協定委員會（Committee on Regional Trade Agreements），以負責監督區域貿易協定是否有遵守GATT第24條及其他WTO的相關規定。GATT第24條第4項規定，締約國體認到以自願的協定，藉由發展更緊密的統合這個協定當事國的經濟，以追求更大的貿易自由。締約國也體認到關稅同盟（customs union）或自由貿易區（free trade area）之目的，應係促進締約國領土間的貿易，而不是在這個領土內造成對其他締約國的貿易障礙。因此，GATT第24條可視為是更多參與WTO的機會與促進更多的多邊區域合作[2]。

1995年WTO成立時針對商品貿易的1994年GATT，仍然承認區域貿易組織的貢獻，區域貿易自由化填補了GATT/WTO多邊貿易制度效率低的缺陷，有助於全球貿易自由化的推動[3]。不論何種型式的區域貿易協定，目的都是要在會員國間的貿易創造（trade creation），而改善分配短缺的世界資源，貿易移轉（trade diversion）卻會產生相反的結果[4]。

在WTO多邊談判受阻與多次挫敗後，各會員國開始將重心移至雙邊區域貿易協定（Regional Trade Agreement），例如區域全面性經濟夥伴協議（Regional Comprehensive Economic Partnership），跨太平洋夥伴協議

---

[1] J. H. H. Weiler (2000), The EU, the WTO and the NAFTA, Towards a Common Law of International Trade, Oxford: Oxford University Press, p.176.

[2] Shahid Irfan Jamil (2004), The South Asian Free Agreement (SAFTA): Towards A Multilateral Framework, Karachi, Pakistan, p.3.

[3] 張淑靜（2006），歐盟東擴後的經濟一體化，北京：北京大學出版社，頁13。

[4] Folsom/Gordon/Spanogle，前揭書，p.173.

（Trans-Pacific Partnership）及跨大西洋貿易暨投資夥伴協定（Transatlantic Trade and Investment Partnership）等，近年來區域性貿易協定日益增多。根據WTO統計[5]，截至2013年12月底止，目前有效運作的區域性貿易協定計有263個，足見區域性貿易協定已經在全球經濟統合中占有舉足輕重的地位。

　　經濟統合（economic integration）有許多不同的模式，依據成員國相互間經濟結合的緊密程度，主要可以分為下列四種[6]：

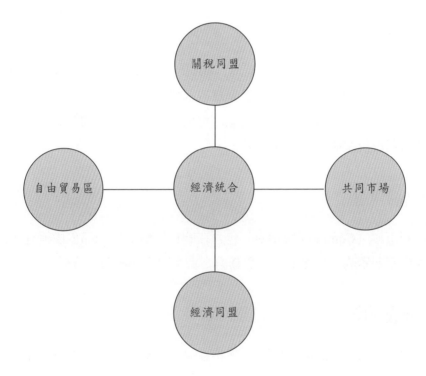

5　WTO, Regional Trade Agreements RTA database, http://ratis.wto.org/UI/Public EARTAList.aspx, last visited 2014/01/05.

6　D.Swann (1992), The Economics of the Common Market, 7th ed., New York: Penguin, pp.11-12.

一、自由貿易區

　　自由貿易區（Free Trade Area）是最鬆散的一種經濟統合模式，成員國彼此間以締結自由貿易協定的方式成立自由貿易區，個別的成員國仍保有其關稅與貿易主權，並得單方面的決定對來自自由貿易區外的商品進口課徵關稅與採取配額措施。

二、關稅同盟

　　成員國以締結國際協定的方式成立關稅同盟（Customs Union），廢除彼此商品貿易的所有關稅與配額，以期達成區域內的自由貿易，會員國彼此間的貿易往來完全廢除關稅與配額措施，但成員國與第三國間的商品貿易則是適用共同關稅稅率與共同貿易政策。

三、共同市場

　　共同市場（Common Market）包含在關稅同盟內的商品自由流通，同時還包含生產要素的自由流通，即勞動力、資金與勞務的自由流通。

四、經濟同盟

　　經濟同盟（Economic Union）係指在一個共同市場內完全施行單一的貨幣與經濟政策，成員國亦使用共同的貨幣。

　　第二次世界大戰結束後，法國、德國、義大利、荷蘭、比利時、盧森堡六國於1952年成立歐洲煤鋼共同體，為區域經濟統合的濫觴，逐步擴大增加新的會員國，發展形成歐洲聯盟。歐洲聯盟成功的經濟統合對於其他大陸的區域經濟統合有莫大的啟示作用，美國、加拿大與墨西哥於1994年1月1日成立北美自由貿易區（NAFTA），受到歐洲聯盟的啟示，亞洲各國也起而成立東南亞國協（ASEAN）與南亞自由貿易區（SAFTA）。

貳、歐洲聯盟

　　歐洲聯盟常被稱為歐洲共同市場（European Common Market），有一個超國家（supranational）的法律制度，擁有自主的立法權、行政權與司法權。為能創設一個超國家的法律制度，會員國將部分的主權實質移轉給歐洲聯盟行使，聯盟法（Union Law）在許多領域完全取代會員國法，而聯盟法的位階高於會員國的法律制度。

　　歐洲聯盟已經成為全球最大的市場與最大的區域經濟組織，任何人要與歐洲共同市場的會員國進行商業交易，都必須明瞭歐洲共同體獨特的法律制度，不僅影響會員國，而且也影響第三國。

　　六個創始會員國——比利時、法國、德國、義大利、荷蘭與盧森堡，於1958年設立歐洲經濟共同體（European Economic Community；於1993年11月1日更名為歐洲共同體）；於1973年時，英國、愛爾蘭與丹麥加入歐洲共同體；希臘於1981年時加入歐洲共同體；西班牙與葡萄牙於1986年時成為正式的會員國；於1995年時，加入奧地利、芬蘭與瑞典；2004年加入愛沙尼亞、立陶宛、拉脫維亞、波蘭、捷克共和國、匈牙利、斯洛維尼亞、馬爾它、斯

歐洲聯盟會員國加入順序

創始會員國1958年	荷蘭、比利時、盧森堡、德國、法國與義大利
第一次擴大1973年	英國、丹麥與愛爾蘭
第二次擴大1981年	希臘
第三次擴大1986年	西班牙與葡萄牙
第四次擴大1995年	奧地利、瑞典與芬蘭
第五次擴大2004年	塞浦路斯、波蘭、捷克共和國、匈牙利、立陶宛、愛沙尼亞、拉脫維亞、斯洛伐克共和國、斯洛維尼亞與馬爾它
2007年	保加利亞與羅馬尼亞
2013年	克羅埃西亞

洛伐克共和國與賽浦路斯，完成歐洲聯盟的東擴；2007年時羅馬尼亞與保加利亞也成為歐洲聯盟的正式會員國；2013年8月1日克羅埃西亞亦成為歐洲聯盟的會員國，目前共有28個會員國。

一、從三個共同體到歐洲聯盟

三個共同體有自己設立的基礎條約與法律制度，歐洲共同體的法律規範對於會員國國民的日常生活關係密切且影響重大。

1952年設立的歐洲煤鋼共同體（European Coal and Steel Community），最主要的宗旨，為第二次世界大戰結束後，要有效率的管制德國的煤鋼產量與軍火工業。歐洲煤鋼共同體條約有50年的適用期限限制，因此至2002年7月22日時已經因期限屆滿而失去效力。歐洲煤鋼共同體開啟了歐洲經濟統合新的契機，歐洲煤鋼共同市場主要結合了法國的管制機制，即價格與產量的管制、關稅保護與投資補貼，以及更以市場為導向的政策，例如市場內的自由貿易、競爭規範、與調整協助等。歐洲煤鋼共同體可以直接對煤鋼產品課稅。

1958年時六個創始會員國又設立歐洲經濟共同體與歐洲原子能共同體（European Atomic Energy Community）。歐洲原子能共同體設立的目標，在於和平使用原子能、資助原子能的研究與發展、共同出資、促進相關產品與人員的自由流通，尤其是在蘇聯車諾比（Chernobyl）事件後，歐洲原子能共同體扮演著一個更重要的角色。歐洲經濟共同體設立的目標，為實現共同市場內的四大自由，即商品自由流通、人員自由遷徙、勞務自由流通與資金自

由流通。

　　三個共同體有自己的組織架構，直至1965年的合併條約（Merger Treaty），才使得三個共同體有共同的組織架構，即部長理事會、歐洲議會、執行委員會與歐洲法院；1989年時，增設第一審法院，以減輕歐洲法院的訴訟負擔。

　　1992年在荷蘭馬斯垂克（Maastricht）簽署的設立歐洲聯盟條約（Treaty on Establishing European Union），設立了歐洲聯盟（European Union），並涵蓋外交、安全、司法與內政的事務。也就是歐洲聯盟為一個共同的政治屋頂，下有三根支柱：

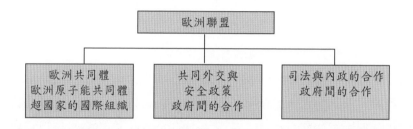

　　1993年時歐洲聯盟條約生效施行，並將歐洲經濟共同體更名為歐洲共同體。歐洲聯盟的任務，在於創設經濟暨貨幣同盟（economic and monetary union），應致力於共同市場的價格穩定。歐洲聯盟的目標並擴及環境保護、社會、研究與發展、泛歐網、衛生、教育、發展援助、消費者保護、能源、內部市場、簽證與其他的政策；另一方面，歐洲聯盟涵蓋共同外交與安全政策，以及在司法與內政的合作。如同在1987年的單一歐洲法，只是規定共同外交政策，但並未修訂歐洲共同體條約的內容，仍然只是獨立的政府間協議。換言之，共同外交政策仍不屬於歐洲法院司法審查的標的。

　　1999年時，會員國簽署了阿姆斯特丹條約（Treaty of Amsterdam），主要是針對歐洲聯盟的組織架構、農業改革政策與歐洲聯盟東擴等議題。阿姆斯特丹條約明顯的擴大了歐洲議會在合作程序的立法權，為確保自由、安全和司法的立法權，將申根公約納入歐洲聯盟條約內。歐洲法院對於庇護、引

渡和申根公約的實質內容得進行司法審查、擴大歐洲共同體的職權。例如就業、公共衛生、仿冒防制、關稅合作、透明化原則與社會政策。值得一提的是，阿姆斯特丹條約增加了一個關於輔助原則（principle of subsidiarity）與比例原則（principle of proportionality）特別的議定書，並嘗試對共同外交與安全政策保證予以更大的支持。

隨著阿姆斯特丹條約的生效施行，新會員國即將加入，有必要展開新的談判，因而在2001年時簽署了尼斯條約（Treaty of Nice），並於2003年生效。尼斯條約再度修訂歐洲共同體條約，尤其是在理事會的立法程序中針對加重多數決（qualified majority）引進了三重多數[7]（triple majority）、授權在第一審法院設立一個特別的司法審查小組（judicial panel）、增訂會員國間更緊密合作的可能性、主張應實施基本權利憲章（Charter of Fundamental Rights），但不具有法律上的拘束力。

隨著歐洲聯盟會員國的增加，也產生在治理上的問題。尼斯條約的擴大議定書尋求解決的方法，2001年在比利時的Laeken舉行歐洲高峰會議，會中決議組成歐洲未來會議（Convention on the Future Europe），以草擬歐洲憲法條約。歐洲未來的會議係由會員國的政府代表與國會議員、歐洲議會與執行委員會組成，並由將加入的12個新會員國以無表決權觀察員的身分參與會議，並由法國前總統季斯卡（Valery Giscard d'Estaining）擔任主席。2003年6月時，歐洲未來會議決議提出歐洲憲法條約（Treaty establishing a Constitution for Europe）的草案，並在2004年6月時由歐洲聯盟的會員國一致簽署最後版本，但必須有全體會員國批准才生效。

歐洲憲法條約最有爭議的部分，為歐洲基本權利憲章將成為具有拘束力的歐洲聯盟法，但僅適用於歐洲聯盟的機關、職員與法律。換言之，歐洲基本權利憲章是否具有直接適用的效力尚不明確，而會員國對於許多議題仍有爭議，例如對於外交政策、社會政策、租稅與國防仍有否決權，而歐洲

---

[7]　Folsom/Gordon/Spanogle，前揭書，p.202.

聯盟的外交部長、歐洲高峰會議主席與歐洲聯盟軍備局（European Araments Agency）似乎亦需克服困難；尼斯條約修訂理事會加重多數決議的三重多數，又修訂為雙重多數，在2009年後至少應有代表65%的聯盟人民人口數目；自2014年起，執行委員會的結構縮減，未來只有15名有表決權的委員，加上15名無表決權的委員；歐洲議會對於預算支出有最後的決定權；對於農業與法治的立法有否決權之規定；而會員國也首次可以退出歐洲聯盟或被停止會員國的身分。無奈在2005年5月、6月時，法國與荷蘭分別以公民投票否決批准歐洲憲法條約，使得歐洲憲法條約在批准的過程中遭到空前的挫敗，也造成歐洲聯盟在政治統合發展上的重大危機。

2007年上半年在德國擔任理事會輪值主席積極的推動下，在3月25日的柏林歐洲高峰會議中達成共識，並發表柏林宣言，強調在歐洲聯盟的基礎與架構下，進行新的改革與修改條約，以符合現實的需要。2007年10月19日在葡萄牙舉行的里斯本歐洲高峰會議，決議通過改革歐洲憲法條約的里斯本條約（Treaty of Lisbon）。里斯本條約在2007年12月13日簽署後，交由各會員國進行立法批准的程序，終於在2009年12月完成批准生效。

里斯本改革條約主要的內容為：

1.強化歐洲統合，使人類不可侵犯和剝奪自由、平等和法治的基本價值。

2.歐洲高峰會議主席常設制度。

3.設立外交事務高級代表。

4.精簡執行委員會委員人數。

5.明確規範加重多數決的實施方式，即自2014年11月起，加重多數決議必須有至少15個會員國同意、55%的理事會票數同意與占65%的人口數同意。

6.擴大加重多數決議的適用範圍。

7.加強歐洲議會的職權，明文規定歐洲議會議員的總數為750人。

8.明文規定聯盟人民的請願權。

9. 歐洲基本權利憲章雖不明列於條約內，但會員國應遵守歐洲基本權利憲章。

10. 加強共同打擊恐怖主義與天災人禍的團結互助。

11. 增訂共同努力以解決全球暖化的問題。

里斯本條約生效後，歐盟有自己三權分立特質的官僚體系、自己的人民（聯盟人民）、自己的人權與民權規約、自己的貨幣、經濟政策與稅收、國際條約的締約權、外交政策、對外代表、在聯合國的外交使節團、象徵歐盟的標誌（歐盟的旗幟）等。總之，里斯本條約希望將歐盟由上而下建構成一個更中央集權的歐洲聯邦。

里斯本條約以超國家的歐洲聯盟的憲法形式，建立一個在法律上全新的歐洲聯盟，因此根本的改變了歐盟與其會員國的憲政體制。歐洲聯盟條約第1條第3項明文規定，聯盟的基礎為歐盟條約與歐洲聯盟運作條約；此二條約在法律上位階相同。在里斯本條約生效後，此二修訂的條約成為新的歐洲聯盟事實上的憲法。歐洲聯盟取代歐洲共同體，歐洲聯盟是歐洲共同體法律上的繼承者。依據此一規定，歐洲聯盟條約與歐洲聯盟運作條約不僅有相同的憲法位階，而且歐洲聯盟是歐洲共同體的繼承者，歐洲聯盟條約第47條規定，聯盟享有法律人格，也就是歐洲聯盟是國際法上的主體，享有國際法律人格。

在里斯本條約生效後，自馬斯垂克條約以來，建構在三根支柱上的歐洲聯盟在法律上成為一個具有法律人格的超國家國家組織，在國際社會中如同一個國家，例如在聯合國亦得參與外交政策，全體會員國必須以忠誠和共同團結的精神支援歐盟的共同外交與安全政策；歐盟與全體會員國均為WTO的會員國，歐盟以一個聲音在國際社會積極參與國際事務。

二、無內部邊界的歐洲

歐洲聯盟之目標為：以下列的方式實現會員國間經濟活動的協調發展。

1. 追求貿易與經濟成長、對第三國實施共同關稅稅率與共同貿易政策、以及在聯盟內消除關稅與限額。

2. 廢除對人員、勞務與資金自由流通的內部障礙。

3. 實施共同農業、漁業與交通政策。

4. 促進無扭曲的競爭制度。

5. 協調會員國的法律，以期使共同市場正常順利的運作。

另外，並實施特別的政策，包括競爭規範、租稅、國營事業獨占、自由流通、交通、關稅同盟、農業、傾銷、國家補貼、區域發展、貨幣政策、貿易關係、商業政策、社會政策，以及歐洲投資銀行。

發展共同市場並不容易，會員國的法律與利益常會阻礙條約的規範與區域政策的施行。為解決在貿易與經濟成長遲緩發展的困境，1987年生效的單一歐洲法（Single European Act）大幅修改了歐洲經濟共同體條約，單一歐洲法主要的內容為：消除非關稅的貿易障礙與促進自由流通、加強對勞工健康與安全的政策、促進外交政策上的合作、加強研究與發展，以及關注環境保護議題等，最重要的目標是要在1992年底前完成一個無內部邊界的單一市場（Internal Market）。為實現單一市場，原來的歐洲經濟共同體公布許多的法規，以期實現一個真正的共同市場。

單一市場（Binnenmarkt; Single Market）是歐洲聯盟的一個重要基礎，係歐洲同體條約之實現，依據歐洲共同體條約第14條第2項之定義規定，單一市場係指一個無內部邊界的區域，在此一區域內應依據本條約的規定保障自由的商品流通、人員自由遷徙、自由的勞務流通與資金的自由流通。申言之，歐洲聯盟之目標，係要在自由的商品流通、人員自由遷徙、勞務自由流通與資金自由流通的基礎上，建立一個共同市場（Gemeinsamer Markt; Common Market）。

　　對人員流通要實現一個無邊界的歐洲，卻是一個相當困難與高度挑戰的任務，因此荷蘭、比利時、盧森堡、德國、義大利、法國、希臘、西班牙與葡萄牙率先於1985年簽署申根公約（Schengen Accord），以廢除彼此間對人員的內部檢查。最初申根公約只是一個政府間的協議（intergovernmental agreement），並非歐洲共同體的法規[8]。在阿姆斯特丹條約生效時，將申根公約納入原來的歐洲共同體條約中。

　　申根公約的內容涵蓋了許多敏感的議題，例如簽證、庇護、移民、槍枝管制、引渡、警察的越境追捕權，引起爭議的主要是關於移民與犯罪跨國的非法交易，尤其是恐怖份子與毒品走私犯。申根公約的簽署國承諾透過政府間合作解決這些問題。值得一提的是，申根公約的締約國透過電腦連線交流資訊，就是所謂的申根資訊系統。

　　2009年12月生效的里斯本條約首次將自由、安全與司法區域規定為實現跨領域指導原則運作的主要目標。自由、安全與司法區域之目標，為在歐盟全部區域內保障聯盟人民與第三國人民免受人員檢查與在法治國家架構下自由遷徙，在區域內建立一個法治國家的安全制度，而真正實現單一市場四大自由的目標。

三、聯盟法之性質

　　歐洲聯盟條約與歐洲聯盟運作條約性質上是主權國家間的國際條約，會員國移轉部分主權給歐洲聯盟行使，歐洲聯盟運作條約授權歐洲聯盟締結國際協定與條約，例如依據歐洲聯盟運作條約第3條之規定，歐洲聯盟對於共同貿易政策享有專屬權，因此歐洲聯盟對於貿易協定亦享有專屬的締約權。

　　目前歐洲法（European Law）主要包括了歐洲聯盟運作、歐洲原子能共同體條約與歐洲聯盟條約，會員國必須將歐洲法視為國內法（national

---

8　Folsom/Gordon/Spanogle，前揭書，p.199.

law），例如英國在1972年時為準備加入歐洲共同體前，公布了歐洲聯盟法
（European Communities Act of 1972），第2條第1項明文規定，由歐洲共同體
基礎條約創設或產生的權利、權力、責任、義務等，在英國不需要公布任何
的施行法規，這些原來歐洲共同體的法規即有法律效力。

　　通常歐洲法係以規章（Regulation）或指令（Directive）的形式公布，依
據歐洲聯盟運作條約第288條第2項之規定，規章具有普遍與一般的法律拘束
力，就其全部範圍有拘束力，並且直接適用於全體會員國。規章對於會員國
與其國民創設了權利與義務。

　　歐洲聯盟運作條約第288條第3項規定，指令的目標對於會員國具有法律
拘束力，會員國可以自行決定施行指令的方法與形式，會員國必須轉換立法
指令為其國內法。指令通常是用來協調會員國關於共同市場不同的法規，例
如租稅制度、公司法、職業資格的相互承認、投資管制、勞工的遷徙、產品
製造人的瑕疵責任、環保法規等。

　　歐洲法可以直接影響會員國的國民，而不會干預會員國的立法程序。由
於歐洲法具有直接適用的性質，會員國法院必須直接施行歐洲法，個人可以
在會員國的法院直接援引適用歐洲法。依據歐洲聯盟條約第19條第1項之規
定，歐洲聯盟法院[9]在其管轄權內應保證歐洲聯盟條約與歐洲聯盟運作條約之
一致解釋與適用。

　　歐洲法院一貫的見解認為，在條約的規定清楚明確的定義對個人或會員
國，課以具體的法律義務或授與明確的權利時，則這些規定具有直接適用的
效力。例如：GATT第11條廣泛的禁止在國際貿易上採取配額措施，歐洲法
院認為此一規定具有法律拘束力，但不是直接適用的法律，因為GATT的規
定並不是要為個人創設法律上的權利和義務，而是對締約國政府創設法律上

9　依據歐洲聯盟條約第19條第1項規定，歐洲聯盟法院包括歐洲法院、普通法院與專
　業法院。在解釋與適用歐洲聯盟條約與歐洲聯盟運作條約時，歐洲聯盟法院應確
　保權利之維護。全體會員國應建立必要的法律救濟，以期保障在聯盟法所包含的
　領域有效率的權利保護。

的權利和義務。

四、聯盟法之施行

　　聯盟法的直接適用原則與優先原則是歐洲法院解釋歐洲聯盟運作條約的兩大原則。在聯盟法與會員國法產生衝突的情形，歐洲法院認為聯盟法具有優先適用的性質，雖然歐洲聯盟運作條約並未明文規定聯盟法的優先性（supremacy），但歐洲法院一再闡明聯盟法的優先性，這是讓共同市場發揮功能的不二法門。

　　聯盟法直接適用原則係指聯盟人民（union citizen）得直接在會員國的國內法院援引適用聯盟法[10]，也就是聯盟法的規定自生效時起，且在其適用期限內，必須在全體會員國內具有一致的完全效力。聯盟法的規定直接創設在聯盟法所規定法律關係當事人間的權利義務，且不論當事人為會員國或個人，而聯盟法直接適用的效力並延伸至有管轄權的會員國法院，國內法院亦必須保護聯盟法賦予個人的權利[11]。

　　聯盟法的優先性係指聯盟法在適用上的優先，聯盟法不僅優先於會員國的一般法律，而且優先於會員國的憲法。聯盟法具有毫無限制的絕對優先適用的效力。也就是針對同一事實，會員國法與聯盟法發生法規衝突時，應優先適用聯盟法，但會員國法並非因此而無效，只有在聯盟法未規定的情形，會員國法仍得有效的適用[12]。

　　聯盟法與會員國法的位階順序：

---

[10] J. Steiner, Enforcing EC Law, London 1995, p.1.

[11] EuGH Rs.106/77, Simmenthal II, Slg.1978, S.629.

[12] EuGH Rs.106/77, Simmenthal II, Slg.1978, S.629; Rs.C-213/89, Factortame, Slg.1990, S.I-2433.

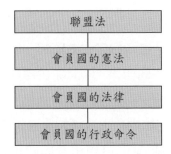

五、歐洲經濟法之基礎：四大市場自由

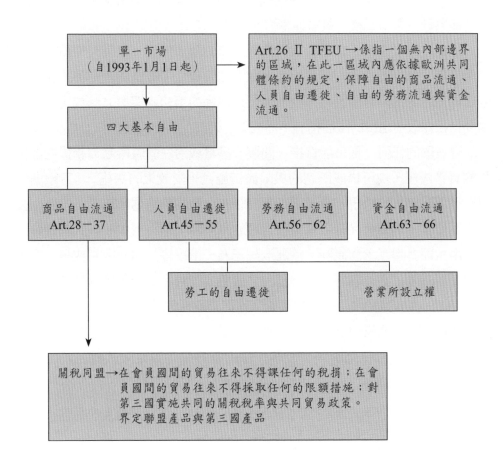

（一）商品自由流通

　　歐洲經濟共同體條約早自1958年生效時起，即要達成商品自由流通之目標，也就是要藉由建立關稅同盟[13]，以消除在會員國間貿易往來的關稅，以及與關稅有相同效力的其他稅捐，這不僅要適用於來自其他會員國的商品，同時也要適用於已經在共同體內自由流通的第三國商品。

　　歐洲聯盟對第三國的商品進口適用共同關稅稅率（common customs tariff），最初共同關稅稅率是會員國的平均關稅稅率，目前則是與第三國簽訂互惠協定，大部分是由執行委員會代表在GATT的架構下達成共同關稅稅率。廢除內部關稅與適用共同關稅稅率的混合效果，已經增加了會員國間的貿易額與減少與第三國的貿易往來[14]。

　　除此之外，亦禁止在會員國間採取進口的限額措施，以及有相同效果的限制措施。執行委員會的許多指令與歐洲法院確立了許多的原則都是在於促進在聯盟內的商品自由流通。歐洲聯盟運作條約第34條與第35條規定在會員國間禁止採取進出口的限額措施，而成為保障商品自由流通的核心規範。

　　會員國的任何一個可能直接、間接、事實或潛在的阻礙歐洲聯盟內部貿易的貿易法規，均可構成所謂的與限額措施有相同效果的措施[15]。若歐洲法沒有發展出適當的法規，會員國得制訂公布合理的與適當的規定，以確保公眾不受侵害。只要產品符合會員國合理的標準時，即得自由的在其他會員國內交易，即為相互承認原則。歐洲法院認為，僅以會員國的限制或禁止規定有必要者為限，必須容忍對於聯盟內部所造成的貿易障礙，特別是有效的稅捐監督、保護公共衛生、公平的商業交易與消費者保護的強制要件[16]。

　　會員國彼此間原則上為自由貿易，不得採取進出口的限額措施與具有相同效果的措施，但依據歐洲聯盟運作條約第36條之規定，基於公共道德、

---

[13] 歐洲聯盟運作條約第30條至第37條規定，關稅同盟是是歐洲聯盟之基礎。

[14] Folsom/Gordon/Spanogle，前揭書，p.226.

[15] EuGH Rs.8/74, Dassonville, Slg.1974, S.837.

[16] EuGH Rs.120/78, Cassis de Dijon, Slg.1979, S.649.

公共秩序與公共安全、為保護人類、動物或植物的健康與生命、保護具有藝術、歷史或考古學價值的本國文物及保護營業或商業財產（例如智慧財產權），則會員國得例外的限制或禁止與其他會員國的貿易往來；但會員國的禁止或限制措施不得是恣意的或造成隱藏的貿易限制；也就是對於本國產品與外國商品不得適用不同的措施，對於本國產品與外國商品必須依據比例原則適用無差別的措施[17]。

（二）人員自由遷徙

歐洲聯盟運作條約第18條規定，禁止基於國籍的任何一種差別待遇，因此對於會員國關於就業、薪酬與其他工作條件的法規不得因勞工的國籍而給予不同的待遇，但基於公共秩序、公共安全或公共衛生得例外的限制勞工的自由遷徙。依據歐洲聯盟運作條約第45條第4項之規定，勞工自由遷徙的規定不適用於公共行政的工作。依據歐洲法院的見解，限制勞工自由遷徙之要件，必須事實上且有足以構成重大的危險和危害社會的基本利益時，才得限制勞工的自由遷徙[18]。

理事會於1968年第1612號規章[19]詳細具體的規定勞工自由遷徙，勞工的權利並適用於其家屬，來自其他會員國的勞工亦享有與本國勞工相同的社會利益、租稅利益，並享有接受職業教育和培訓進修的權利、參加工會的權利，獲得如同本國勞工的住屋津貼、享有社會保障與退休金的權利，而為保障勞工的權益，理事會並公布許多相關的法規。

營業所設立權（right of establishment）主要是規範自由業人士的自由遷徙與跨國的勞務自由流通。營業所設立自由包括在相同的條件下，對全體的人民在全部的共同市場內的設立新營業所的權利和從事商業活動的權利，因此亦包括自由業者設立與經營企業、分支機構、代理或子公司。

[17] EuGH Rs.120/78, Cassis de Dijon, Slg.1979, S.649.

[18] EuGH Rs.30/77, Bouchereau, Slg.1977, S.1999.

[19] ABIEG 1968 L 257/2.

　　由於各會員國在公司法規有許多的差異，因此理事會與執行委員會制訂公布一系列的公司法指令，以協調整合會員國的公司法規，目的就是要能真正的實現在共同市場內人員自由遷徙[20]。

（三）勞務自由流通

　　逐步的廢除對跨國提供服務自由的限制，歐洲聯盟運作條約並規定擴大適用相關的規定於非會員國的國民。對於在每個會員國有相同或類似的活動比較容易達成法規的整合，例如旅行社、觀光旅遊業者、貨運公司、航空貨運代理、航空經紀、海運經紀、海運代理、理髮師、醫師、會計師等。

　　但對於某些行業，卻是很困難達成法律整合，例如律師，由於律師係提供專業的法律諮詢服務，每個會員國有不同的法律制度與不同的法律人養成教育，1998年時理事會公布第5號的律師指令，允許取得一會員國律師頭銜的律師，例如德國的Rechtsanwalt、英國的barrister，亦得在其他會員國提供法律諮詢服務，並在歐洲律師諮詢委員會（Commission Consultative des Barreaux Europeens）的專責下發給律師的身分證（identity card）。由於律師執業的資格仍由各會員國的法律規範，在歐洲法院中亦有許多的案例，涉及律師執業與設立法律事務所的爭議。歐洲法院確認，律師亦適用人員自由遷徙與勞務自由流通的原則，即不得基於國籍、居所或保留在母國執業權的理由，予以差別待遇；藉由參加其他會員國的律師公會（bar），律師亦可取得在其他會員國設立律師事務所的權利。律師指令並規定，只要在一會員國內完成3年的法律教育，會員國相互承認法律的學業。但地主國有權要求一個檢定考試與額外的培訓；若一律師持續3年在一會員國內從事法律工作，可以更容易的加入當地的律師公會[21]。

---

[20] Folsom/Gordon/Spanogle，前揭書，p.233.
[21] Folsom/Gordon/Spanogle，前揭書，p.235.

（四）資金自由流通

　　歐洲聯盟運作條約第63條第1項規定，應廢止在會員國間對於資金自由流通的限制措施，以確保共同市場可以發揮正常的作用。但個別的會員國依據歐洲聯盟運作條約第64條之規定，得對於和第三國資金流通涉及直接投資（包括不動產之投資）、營業所設立、提供金融服務或在資本市場允許持有有價證券所公布的法規限制與第三國的資金自由流通。支付自由流通對於在共同市場內的商品自由流通與勞務自由流通很重要，因此歐洲聯盟運作條約第63條第2項並規定，在會員國間，以及在會員國與第三國間應廢除所有對支付自由流通的限制。

1. 歐元成為單一的法定貨幣

　　相對於共同市場的其他市場自由，資金自由流通進展遲緩，直至實現無內部邊界的單一市場，才算真正完成資金自由流通。在資金流通的立法並結合不同的銀行改革措施，而呈現一個新的金融業。馬斯垂克條約規定由歐洲中央銀行統籌發行一個共同的貨幣，即歐元（Euro）。

　　自1999年1月1日起，進入經濟暨貨幣同盟的第3階段，開始實施共同的貨幣，歐洲聯盟運作條約第143條與第149條在收支平衡有困難的安全條款，仍然適用於未實施歐元的會員國，例如英國、丹麥與瑞典，以及在2004年5月新加入的10個會員國（賽浦路斯、馬爾它、匈牙利、波蘭、捷克共和國、斯洛伐克共和國、愛沙尼亞、拉脫維亞、立陶宛與斯洛維尼亞）與2007年1月1日加入的羅馬尼亞和保加利亞；2013年8月1日，克羅埃西亞亦成為歐盟的會員國。

　　目前共有18個會員國使用歐元，即：

歐元區	非歐元區
比利時	保加利亞
德國	捷克
愛爾蘭	丹麥
希臘	立陶宛
西班牙	匈牙利
法國	波蘭
義大利	羅馬尼亞
塞浦路斯	瑞典
盧森堡	英國
馬爾它	
荷蘭	
奧地利	
葡萄牙	
斯洛維尼亞	
芬蘭	
斯洛伐克	
愛沙尼亞	
拉脫維亞	

　　歐元是歐洲聯盟內歐元區（Eurozone）的官方貨幣，目前共有18個會員國使用歐元，至少有3億2千萬人口使用歐元，全球直接受歐元影響的約有5億人口，歐元已經成為全球一個重要的貨幣[22]。1999年歐元開始在全球的金融市場做為會計帳冊的貨幣，2002年1月1日起開始做為通用的貨幣，同時完全取代過去的歐洲貨幣單位（European Currency Unit；簡稱ECU）。

　　位於德國法蘭克福的歐洲中央銀行（European Central Bank；簡稱ECB）與歐元體系（Euro-System）[23]負責統籌歐元的事宜。歐洲中央銀行為一獨立的中央銀行，對於貨幣政策享有專屬的職權，歐元體系係負責在全體會員國

---

[22] http://en.wikipedia.org/w/index.php?title=Euro&printable=yes, last visited 2008/1/22.
[23] 歐元體系係由歐元區的國家的中央銀行組成。

歐元紙鈔的印製、銅板的鑄造、紙鈔和銅板的分配，以及歐元區支付制度的運作。

在符合一定的貨幣要件時，歐洲聯盟的會員國有權加入使用歐元，1993年馬斯垂克條約生效時，除英國和丹麥外，其他12個會員國開始使用歐元，但2003年時瑞典在公民投票時退出歐元的使用[24]。所有在歐元區內的匯兌，如同國內匯兌，歐元區內的信用卡清算與自動提款機的提款費用亦如同在國內的費用，歐洲中央銀行並設定了一個清算系統TARGET，以進行大額歐元交易的清算[25]。

2. 歐洲經濟暨貨幣同盟

1992年簽署的馬斯垂克條約規定應建立經濟暨貨幣同盟（economic and monetary union），為能參與新的貨幣，會員國必須符合嚴格的標準。例如：財政赤字（budget deficit）低於GDP的3%、負債比例（debt ratio）低於GDP的60%、利率（interest rate）應接近歐洲聯盟的平均值。在馬斯垂克條約中規定英國與丹麥不適用貨幣同盟的階段。

1998年第2866號規章規定會員國貨幣與歐元的兌換率（conversion rate）。1999年1月1日開始實施歐元，但仍局限於旅行支票、電子匯兌、銀行等，歐元取代ECU成為歐洲聯盟歐元區唯一的法定貨幣，2002年1月1日正式使用歐元。會員國貨幣轉換為歐元的轉換期限至2002年2月28日止，而使用歐元會員國的貨幣在2002年3月1日起成為歷史名詞。

2001年希臘加入歐元區，至2004年歐洲聯盟第5次東擴止，丹麥、瑞典與英國為貨幣同盟外的國家，瑞典在2003年時公民投票否決加入歐元區，丹麥是在2000年9月28日時公民投票否決加入歐元區。雖然歐元不是英國和丹麥的法定貨幣，但在大城市的一些商店普遍亦接受歐元，在瑞士亦普遍接受歐元。

---

[24] http://en.wikipedia.org/w/index.php?title=Euro&printable=yes, last visited 2008/1/22.
[25] TARGET, European Central Bank, 2007/10/25.

　　對於2004年5月加入的新會員國，依據其加入條約（Accession Treaties）有義務加入歐元區，這10個新會員國已經加入歐洲匯率機制（European Exchange Rate Mechanism），2007年1月1日斯洛維尼亞加入歐元區；2008年1月1日馬爾它和塞浦路斯加入歐元區。陸續加入歐元區的時間表為：

1.2009年1月1日斯洛伐克[26]。

2.2010年1月1日立陶宛[27]、保加利亞[28]。

3.2011年1月1日愛沙尼亞。

4.2012年1月1日或之後匈牙利、拉脫維亞[29]、捷克共和國[30]、波蘭與羅馬尼亞加入歐洲匯率機制，2014年1月1日拉脫維亞並使用歐元。

　　2007年7月16日時，執委會提出歐元區未來擴大實際準備的第5個報告（Fifth Report on the Practical Preparations for the Future Enlargement of the Euro Area）[31]。

3. 歐元已經成為一個新的儲備貨幣

　　自啟用歐元以來，歐元已經僅次於美元成為一個主要的全球儲備貨幣（reserve currency），目前美元仍是全球最主要的儲備貨幣，而歐元則是第二個主要的國際儲備貨幣。

　　一貨幣對國際交易有吸引力的要素，有：

　　(1)穩定的跡象。

　　(2)對貨幣交易有發展良好的金融市場。

---

[26] Government approved the National Euro change over Plan. Bank of Slovakia, 2005/7/7.

[27] Adoption of the euro in Lithuania. Bank of Lithuania, 2007/2/3.

[28] Agreement between the Council of Ministers and the Bulgarian National Bank on the international of the Euro in the Republic of Bulgaria, Bulgarian National Bank, 2007/1/4.

[29] http://www.baltictimes.com/news/articles/191511, last visited 2008/1/22.

[30] Prague Daily Monitor 2007/2/22.

[31] Fifth Report on the Practical Preparations for the Future Enlargement of the Euro Area, Commission of the European Communities, 2007/7/16.

(3)可接受度高。

歐元持續的進展已經達到上述這三個目標，因此歐元逐漸成為主要的儲備貨幣，相較於美金，歐元仍是一個新興的貨幣，但目前美國因國內次級房貸引發的金融問題，而使得歐元的前景看好。

4. 匯率

歐洲中央銀行主要的目標為統籌利率（interest rate），原則上不干預外匯市場，而是採取浮動的匯率（flexible exchange rate）政策。在單一歐洲法生效後，歐洲聯盟逐步自由化其金融市場，歐洲中央銀行享有貨幣自主、採取歐元浮動匯率機制，歐元為自由浮動的貨幣（free-floating currency）。由於美元與歐元競爭做為儲備貨幣的地位，因此美元與歐元的比值仍舊是誤導的參考值。在啟用歐元後，對其他貨幣歐元的匯率大跌，尤其是對美元的匯率，在2002年正式成為單一貨幣後，歐元開始逐步穩定。

5. 馬斯垂克標準

依據歐洲聯盟運作條約第140條之規定，執委會與歐洲中央銀行必須檢驗一個會員國是否以持續的方式符合下列的條件：

(1)達到高程度的價格穩定。

(2)公共財政的可持續性。

(3)最近2年由匯率機制（Exchange Rate Mechanism；簡稱ERM）提供的正常匯率浮動差額的遵守。

(4)會員國達到的凝聚的耐久力與會員國參與匯率機制，反映在長期的利率水準。

馬斯垂克條約附錄的議定書定義這4個標準：

(1)價格穩定標準係指一會員國必須有持續價格與平均的通貨膨脹率（rate of inflation），在審查前觀察超過1年的時期，表現最好的3個會員國的通貨膨脹率不超過1.5%；

(2)政府公共財政狀況的標準，係指在審查時期，會員國並未超過依據

第126條第6項做成的理事會決定所規定的過度的赤字。

　　歐洲共同體條約第140條規定採用歐元的程序，即每2年，執行委員會與歐洲中央銀行會報導符合馬斯垂克凝聚標準的情形。基於執行委員會的提議且在歐洲議會的諮商後，歐洲高峰會議的討論後，理事會決議一會員國是否可以採用歐元。基於執行委員會的提議，在歐洲中央銀行的諮商後，由理事會決議一會員國的貨幣可否與歐元適用固定的兌換率。

　　當時會員國的主管機關負責準備與協調實施歐元的準備工作，此一文件稱為會員國的轉換計畫（changeover plan），包括施行歐元的目標日期、任命一個委員會以處理轉換的詳細事宜，例如歐元與本國法定貨幣併行的期限、銀行和商店開始收受歐元現金的時間、向民眾宣導歐元的訊息等。

　　ERM II是匯率機制，即參與的貨幣在一個特定的範圍內（+/-15%）、一個固定的，但可調整的對歐元的中心匯率，ERM II取代歐洲貨幣機制與在1999年1月的原始匯率機制。若參與的貨幣在2年參與的期間內，在此一機制中沒有嚴重的緊張情形時，則可考慮可採用歐元。在歐洲中央銀行與會員國的中央銀行間在歐元區外簽定了一個協定，以規範ERM II的運作。目前的ERM II的成員有立陶宛、斯洛伐克共和國與丹麥。

六、歐洲競爭法

（一）概論

　　歐洲聯盟的競爭法主要規定於歐洲聯盟運作條約第101條至第106條，以及許多相關的規章。歐洲聯盟運作條約的競爭法規係特別的規定，自始即直接與企業和消費者的利益有關。歐洲聯盟的競爭法規主要包括卡特爾法與公平競爭法；但違反公序良俗、誤導與禁止的廣告則是規定於商品自由流通、勞務自由流通、營業所設立自由、資金自由流通與支付自由流通的相關規定；公平交易按照歐洲法院的法律見解，是屬於歐洲聯盟運作條約第34條強

制要件的適用範圍[32]。

競爭法與市場自由的關係是競爭規範保證市場自由，而市場自由是競爭規範發揮功能的要件，競爭法規與市場自由的合作就是要建立一個沒有扭曲的競爭制度。此一無扭曲的競爭制度，就是要在歐洲單一市場內不會損害會員國間的貿易與競爭[33]。單一市場發揮功能基本的意義，就是要有一個開放的市場，競爭法規應阻止競爭的限制現象。所謂的競爭的限制，是指市場參與者的約定或行為方式損害形成最佳的市場關係。

歐洲卡特爾法主要規定於歐洲聯盟運作條約第101條與第102條。此二規定的目標，就是要在單一市場內確保能發揮功能的競爭。另外，還有卡特爾規章（Kartellverordnung）[34]與企業合併管制規章（Fusionskontrollverordnung）[35]。卡特爾規章規範執行委員會調查卡特爾的程序規定，企業合併管制規章則是規範調查與界定合法與不合法的企業結合的標準，並有許多的類型豁免（Gruppenfreistellungsverordnung），類型豁免規章基於不同的理由宣告特定類型的企業協議，不適用歐洲聯盟運作條約第101條的禁止規定。歐洲聯盟運作條約第106條主要是規範國營事業去壟斷化的過程，特別是在電信與能源領域。

（二）卡特爾的禁止

依據歐洲聯盟運作條約第101條第1項之規定，所有在企業間之協議、企業協會之協議，以及相互配合的行為方式，會損害會員國間之貿易往來，並在共同市場內意圖阻礙、限制或扭曲競爭，或因而造成阻礙、限制或扭曲競爭之效果時，均為牴觸共同市場，應禁止之。特別是下列的情形：

---

[32]　EuGH Rs.C-315/92, Clinique, Slg.1994, S.I-317.

[33]　Wolfgang Kilian (2003), Europaisches Wirtschaftsrecht, 2.Auflage, München: Verlag C. H. Beck, S.177.

[34]　VO Nr.1/2003, ABlEU 2003 L 1/1.

[35]　ABlEG 1989 L 395/1.

1.直接或間接的規定進貨價格、銷售價格或其他的交易條件。

2.限制或管制生產、銷售、技術發展或投資。

3.市場與供應來源之分配。

4.對交易伙伴，就相同價值的給付適用不同的條件，因而使交易伙伴受到不利的競爭。

5.在締約時附條件，而使契約的相對人受領在客觀上或在商業慣例上與契約標的物無關的額外給付。

卡特爾禁止的適用範圍，原則上涵蓋所有的經濟領域，但不適用於農業與原子能工業。歐洲聯盟運作條約第101條只適用於在企業的協議會影響會員國間的貿易往來，2001年執行委員會的微量公告（de-minimis Bekanntmachung）[36]即規定確定可感覺到門檻的標準，若參與協議的企業總市場占有率不會超過10%，或每個參與協議的企業在相關的市場占有率超過15%時，即為感覺不到的限制競爭。在協議累積的效果可感覺到的門檻值降到5%。

造成限制競爭的效果，是指企業不法的約定阻礙、限制或扭曲競爭。在每個卡特爾程序必須調查約定對相關企業的市場占有率所產生的效果，除了應考量空間上的相關市場、事物的相關市場外，還必須考量產品的品質、價格和用途[37]。

歐洲聯盟運作條約第101條第3項規定豁免的可能性，即：

1.企業間的協議或協議類型。

2.企業協會的決議或決議類型。

3.相互配合的行為方式或其類型。

在消費者參與下所產生的盈餘，致力於改善商品的生產或分配，或致力於促進技術或經濟進步，若不限制參與的企業將無法實現目標，或若不給予

---

[36] ABlEU 2001 C 368/13.

[37] Wolfgang Kilian，前揭書，S.186.

參與企業機會，將對相關商品的重要部分排除競爭。

　　依據歐洲聯盟運作條約第101條第2項之規定，違反卡特爾禁止的協議或決議為無效，且未依據第3項予以類型豁免或個別豁免者，即為自始、確定、當然無效。

（三）濫用市場的優勢地位

　　歐洲聯盟運作條約第102條補充第101條的規定，係規範企業濫用其市場的寡占或獨占地位。此一規定並非處罰形成市場的優勢地位，而是處罰企業濫用市場的優勢地位，其濫用行為是無效[38]。濫用是指扭曲競爭的作用條件[39]，因此一個具有市場優勢地位企業的所有與市場結構有關的限制競爭行為都構成濫用。

　　歐洲聯盟運作條約第102條第2項規定濫用的情形，例如：

1. 直接或間接的強迫接受不相當的進貨價格、銷售價格或其他的交易條件。
2. 意圖損害消費者，而限制生產、銷售或技術發展。
3. 對交易伙伴，就相同價值的給付，適用不同的條件，因而使交易伙伴受到不利益的競爭。
4. 在締約時附條件，使契約相對人受領在客觀上或在商業慣例上與契約標的物無關的額外給付。

　　歐洲聯盟運作條約第102條直接禁止企業濫用其市場的優勢地位，具有市場優勢地位的企業是無法主張適用類型豁免規章[40]。執行委員會可以依據卡特爾規章第3條、第7條與第16條之規定，廢除濫用的行為，可以科處強制金和科以罰鍰。依據2003年新的卡特爾規章會員國的法院應進行合作程序，以適用歐洲聯盟運作條約第101條與第102條規定。

---

[38] EuGH Rs.C-62/86, AKZO/Kommission, Slg.1991, S.I-3359.

[39] EuGH Rs.102/77, Hoffmann/ La Roche, Slg.1979, S.461.

[40] EuGH Rs.T-51/89, ,Tetra Pak, Slg.1990, S.II-309.

（四）企業合併管制

企業合併管制係指在競爭法上審查企業的合併，合併的企業因提高競爭力，有可能會因而造成市場強勢的企業限制競爭，因此對於企業合併進行管制，以便其在法律上符合國民經濟的現狀，以防止在個別會員國或歐洲共同體的經濟上形成過度集中的現象[41]。

企業合併管制規章是依據歐洲聯盟運作條約第103條與第352條之規定制定公布，以補充歐洲聯盟運作條約第101條與第102條，而適用於企業合併具有全聯盟的意義，企業合併並且要符合單一市場。企業合併管制規章判斷企業合併、具有聯盟意義的標準、何時執行委員會可以行使職權與執行委員會在做實體判斷應考量的事項。

僅在全聯盟的企業合併適用合併管制規章，構成在聯盟的合併要件時，應事前申報合併，而執行委員會對於合併的審查享有專屬權。在審查期間不得進行合併，執行委員會最後的決定可以是確認合併符合共同市場，或宣告違反共同市場或命令不應合併。會員國不得適用其國內的卡特爾法於具有聯盟意義的企業合併[42]。

七、歐洲公司法

（一）概論

歐洲公司法係對於在單一市場內，來自會員國或歐洲企業的綱要條件。目前在單一市場內大部分的商品流通、勞務流通與資金流通是由資合公司[43]與人合公司[44]進行，而生產有大部分也是透過會員國間跨國的分工，例如空

---

[41] Wolfgang Kilian，前揭書，S.196.
[42] 企業合併管制規章第22條第2項規定。
[43] 典型的資合公司為股份有限公司。
[44] 典型的人合公司為無限公司。

中巴士（Airbus）即是德國、法國與西班牙三國的航太工業的合作。大約三分之二在歐洲聯盟內生產的產品，也是在單一市場內銷售，因此與生產有關的公司法議題在單一市場內愈來愈重要，例如應如何在一會員國內設立公司、營業所、公司的組織架構、公司最低資本額、公司應負的責任、揭露公司資訊等，均涉及債權人與消費者保護的議題，同時也會影響會員國的利益，而應考慮在單一市場內應如何解決公司設立時所衍生的法律問題，提出歐洲的公司型態；另外，企業法影響企業的設立與跨國的活動，在會員國不同的租稅制度也會影響企業對於設立地的選擇與企業的投資活動。整體而言，歐洲公司法具有策略上的意義，以期可以更加的利用單一市場的優點。

（二）法律基礎

歐洲聯盟運作條約對於歐洲公司法的發展所規定的法律基礎，為歐洲聯盟運作條約第54條規定。依據歐洲聯盟運作條約第48條第1項之規定，在一會員國設立的公司在聯盟內有所在地時，與自然人相同，即可以在聯盟內四處設立營業所[45]。在歐洲聯盟運作條約內，公司係指所有以營利為目的的資合公司與人合公司，亦包括公法上的法人[46]。

近年來，歐洲聯盟與歐洲法院致力於整合歐洲公司法，以期解決因會員國不同的法律傳統與制度所衍生出來在公司法上的問題，例如在德國與法國適用所在地說（Sitztheorie），在公司法的適用上，要求企業在其國內有適時的所在地，因此在遷移公司所在地時，必須先解散公司；英國、荷蘭、丹麥則是採取設立說（Grundungstheorie），在國內有效的管理所在地，可以選擇適用外國的公司法，採取設立說不需要事先解散公司，即可遷移公司，而且可以選擇想要適用的外國公司法[47]。歐洲法院在1997年的Centros案[48]，傾向

---

[45] 歐洲聯盟運作條約第49條與第51條。
[46] 歐洲聯盟運作條約第54條第2項。
[47] EuGH Rs.81/87, Daily Mail, Slg.1988, S.5483.
[48] EuGH Rs.C-212/97, Centros, Slg.1999, S.I-145.

於採取設立說的見解，符合歐洲聯盟運作條約第49條與第54條保障的企業設立與經營自由，而接著在2000年的Überseering案[49]，歐洲法院再度肯定設立說的法律見解。2001年第2157號關於歐洲公司法規章第8條第1項亦規定在歐洲公司遷移所在地時無須事前的解散。

（三）個別的公司法規

理事會為完善歐洲公司法規，陸續制訂公布了14個公司法指令與3個規章，並計畫繼續制訂公布新的公司法規，尤其是對於企業相關的稅法指令。理事會的公司法規主要可以分為3類：

1.協調會員國的公司法。

2.協調企業的課稅。

3.創設歐洲公司類型，以作為特別規定。

1. 協調會員國的公司法

理事會制定公司法規的目標，並不是要單一化會員國的公司法，因為歐洲聯盟對於公司法並沒有立法權，而是要在單一市場透過法律上的調適措施，簡化跨國的企業合作。隨著單一市場內部邊界的廢除，企業可以自由的決定在單一市場的何處、以何種形式進行業務活動，會員國的公司法規不得限制企業在單一市場內的活動，對於製造型的企業較少爭議，但對於服務類型的企業，例如銀行、保險等則比較困難。這些協調會員國公司法的指令，主要目標是保證投資人與第三人同等的保護，以及促進公司的營業所設立自由。

2. 協調企業稅法

最主要有企業稅法指令、企業合併課稅指令與關係企業課稅指令，企業稅法指令主要的目標是要簡化資金自由流通與避免對公司有不同的課稅待

---

[49] EuGH Rs.C-208/00, Überseering, Slg.2002, S.I-9919.

遇。企業合併課稅指令即為對跨國的企業改組實施共同的租稅制度，改組包括公司的合併、分割與在不同會員國的公司間的持股或換股，這些過程均不得課徵公司所得稅（Korperschaftssteuer）。關係企業課稅指令適用於母公司與子公司的所在地在不同的會員國，子公司的利潤亦應與母公司的所得合併申報，關係企業課稅指令即為避免對關係企業的雙重課稅，並只限適用在應繳納公司所得稅的公司，例如在德國只適用於全部的資合公司，即股份公司、有限公司與股份兩合公司。

3. 特別的法規

創設新的歐洲公司類型，以作為特別的公司法規，尤其是對於中小企業適用的公告指令與財務報告指令。

八、歐洲勞工法

歐洲勞工法包括了綱要條件與對僱傭關係的特別規定。隨著依據歐洲聯盟運作條約第162條至第164條所規定的歐洲社會基金（europäische Sozialfonds）之設立，應致力於職業的可利用性、促進勞動力在地域與職業的流通性，以實現一個有發展能力的制度。依據歐洲聯盟運作條約第153條第1款之規定，理事會應以一致決議制訂公布對勞工的社會保障與社會保護的指令。

歐洲勞工法的法律依據，包括：

1.歐洲聯盟運作條約第45條至第48條規定的勞工自由遷徙。

2.歐洲聯盟運作條約第151條至第161條的社會規定。

3.規章。

4.指令。

隨著馬斯垂克條約與阿姆斯特丹的生效，不僅在內容上，而且在程序上都擴大了歐洲勞工法與社會法的依據。過去的社會法規與社會政策協定（Abkommen über die Sozialpolitik）已經在1989年轉換為歐洲社會憲章

Europäische Sozialcharta），並成為歐洲聯盟運作條約的構成部分，阿姆斯特丹條約將這些規定重新編排成為新的社會法規，為歐洲聯盟運作條約第151條至第161條。除此之外，歐洲聯盟還公布許多協調會員國勞工法的規章和指令。

依據歐洲聯盟運作條約第157條之規定，社會政策廣泛的目標應涵蓋下列的範圍：

1.促進就業。

2.改善生活與工作條件。

3.適當的社會保護。

4.社會對話。

5.針對持續提高的就業水準，發展勞動力的潛力。

6.防制對社會疏離的現象，例如改善遊民、長期失業的現象。

依據歐洲聯盟運作條約第151條第2項之規定，這些目標又必須考量個別會員國不同的習慣與歐盟經濟的競爭力，因此歐洲聯盟運作條約第152條第2項與第3項明確的規定，在考慮存在於個別會員國內的條件與技術規定下，理事會得公布指令，以逐步適用最低的規定，但這些指令不應規定會阻礙中小企業設立與發展，而造成中小企業在管理上、財務上或法律上的負擔。

為防制社會疏離的現象，在經濟暨社會委員會與區域委員會之聽證後，由理事會採取措施，以規定應主動的促進各會員國間的合作，以達成改善知識水準、發展資訊與有效程序的交流、鼓勵革新開端與評估經驗之目標。

另外，依據特別的立法程序基於執行委員會之提案，且在歐洲議會、經濟暨社會委員會與區域委員會之聽證後，由理事會以一致決議規範：

1.勞工的社會安全與社會保護。

2.在僱傭契約終止時，對於勞工的保護。

3.勞方與資方的利益代表與集體保護，包括勞方的共同參與決定在內。

4.在聯盟內合法居留的第三國國民之就業條件。

5.財務上的捐款，以期促進就業與創造工作機會，同時不牴觸關於社會

　　基金之規定。

　　依據歐洲聯盟運作條約第155條所規定的社會夥伴間的社會對話，亦是歐洲勞工法的重要制度，這些社會夥伴包括歐洲工會協會（Europäischer Gewerkschaftsbund）、歐洲產業暨資方協會聯盟（Union der Industrie- und Arbeitgeberverbande Europas）與歐洲公營經濟中央協會（Europäische Zentralverband der öffentlicher Wirtschaft）[50]等，社會夥伴在聯盟法的層次可以進行有法律上拘束力的整合。依據歐洲聯盟運作條約第154條之規定，在聯盟層次，執行委員會必須促進聽取社會夥伴之意見，並公布所有合乎目的之措施，以其改善工作環境與依據歐洲聯盟運作條約第156條第1項之規定，採取在社會保障、職業教育和進修、預防職業事故和職業病、在工作時的健康保護、在勞資雙方的聯合權與團體協商的獎勵措施。

　　歐洲聯盟運作條約第157條規定保障男女同酬原則的歐洲聯盟立法職權，即應落實工資平等無性別上的差別待遇，對於相同計件工作的工資，根據相同的計量單位確定；按時間支付工資的工作，在相同的工作崗位工資相同。理事會應立法保障在工作與就業問題上適用男女機會均等與平等待遇原則，包括在相同的或等值的工作上適用同酬原則。為有效的保障在勞工生活方面男女完全平等，平等待遇原則不得阻礙保留或決議的特別優待，以期減輕從事保障性別的職業、阻礙或平衡在職業經歷上的損害。

　　基本上歐洲勞工法與社會法幾乎包含所有傳統勞工法的範圍，但歐洲聯盟運作條約第153條第4項明文規定，歐洲聯盟無權制定工資、聯合權、罷工權與停工權的法規。整體而言，歐洲勞工法與社會法影響勞動市場的條件、防止勞工遭受經濟風險、並修正依賴競爭的所得分配[51]。

---

[50] R. Schmidt (2001), Das Arbeitsrecht der EG, Baden-Baden, Rn.57.

[51] E. Mestmacker, Wirtschaftsrecht, RabelsZ (1990), S.418.

九、歐洲金融市場法

（一）金融市場法的範圍

所謂的金融市場法，主要是指銀行法、證券交易法、有價證券法，以及關於資合公司部分的公司法[52]。由於歐洲經濟法亦包括服務業的範圍，因此歐洲金融市場法包括在單一市場內規定金融業與有價證券業綱要條件的法規[53]。

歐洲單一市場涵蓋商品與服務業的交易，並以資金支配發揮功能為前提要件，因為企業主要係運用他人的資金經營業務，在競爭條件下，必須使資金可以自由流通，也因此資金自由流通是歐洲單一市場最重要的支柱。而在單一市場內外的國際競爭力，取決於金融市場發揮作用的能力，金融市場致力於一個有效率的資源分配，因而促進結構的改變。由於高度的資金流通與利用資訊和通訊技術，因此必須規劃歐洲層次與會員國的法律綱要條件，以期保證資金流通自由、滿足市場參與者對於融資的需求，以及保護投資人的信心[54]。

金融市場法的原則[55]，主要有：

1.保障金融市場發揮作用的能力，以做為一個制度。

2.在初級市場與次級市場上，參與者的平等待遇原則。

3.對於最佳的交易費用決定建立在質量與數量合理性的綱要條件。

4.等值的資訊水準。

5.投資人保護與消費者保護。

6.得監督的透明化原則。

---

[52] Buxbaum/Hopt (1988), Legal Harmonization and the Business Enterprise, Berlin/New York, p.189.

[53] Wolfgang Kilian，前揭書，S.290.

[54] Wolfgang Kilian，前揭書，S.290.

[55] Wolfgang Kilian，前揭書，S.290.

（二）法律基礎

歐洲聯盟運作條約第63條至第75條規定為制定資金自由流通與支付自由流通的法律依據，早在1988年第361號指令[56]列舉定義資金流通，即下列的交易類型均屬於資金流通：

1.直接投資：例如設立公司、持有一企業的股份、借款；

2.土地交易行為：例如本國在外國或外國人在本國的土地交易行為；

3.證券交易：例如買賣有價證券、上市、證券交易；

4.貸款；

5.銀行行為：例如國內外的轉帳與儲蓄交易；

6.信用業務；

7.擔保與保證業務；

8.與保險契約有關的金融交易實施；

9.個人的支付流通；

10.有形的金錢運送；

11.其他的資金流動：例如支付稿費、律師酬勞、佣金等。

在歐洲聯盟內的資金與支付流通建立了一個歐洲金融區域（europäischer Finanzraum），是由有價證券、銀行與保險市場組成[57]。因此，每個企業可以在歐洲每個證券交易所掛牌上市，私人可以到處取得有價證券。原則上，銀行與保險公司可以在單一市場內銷售其產品，而不需設立子公司或分支機構，但為保護在本國的金融市場上資金投資人的信心，可例外的要求設立子公司或分支機構[58]。

由於目前全球化的資訊技術交易條件，在地理上很難界定金融的單一市場，必須補充使用需求與銷售有關的協助。關鍵的因素為銷售行為產生的影

---

[56] ABlEG 1988 L 178/5.

[57] Europäische Kommission, Binnenmarkt, Band 1, Juli 1994, S.3.

[58] EuGH Rs.C-384/93, Alpine Investment, Slg.1995, S.I-1141.

響與應在何處履行契約，例如證券交易所所在地[59]。自2002年1月1日起，歐洲金融單一市場的一大部分形成所謂的歐元區，歐元成為歐元區內唯一的法定通貨[60]，在歐元區的會員國內，歐元取代了這些會員國的貨幣，例如馬克、法朗、盾、里拉、匹索等均成為歷史名詞，而不再成為流通的貨幣。

　　在1987年公布的穩定與成長公約（Stabilitäts- und Wachstumspakt）[61]明定應確保歐元的穩定，同時理事會又公布兩個規章[62]，以規定財政監督程序和在過度的財政赤字的程序。

（三）個別規定

1. 銀行法

　　依據對金融機構單一市場自由化的原則，一會員國的金融機構可以自由在共同體內其他會員國內設立營業所。無須特別的允許、批准或登記，即得在單一市場內設立子公司或分支機構，以及提供在綜合銀行模式廣泛的服務。

　　基本上由理事會公布的關於銀行法的指令都是以整合會員國的銀行法規為目的，規範進入市場，涵蓋信用市場與市場風險的自有資金額度、債權人保護、銀行監督的任務、會計的形式與內容，以及關於洗錢防制、評估信貸風險綱要條件的特別規定。

2. 證券交易法與有價證券法

　　證券交易單一市場在會員國內對於市場進入與監督方面，有很大的差異，因此理事會所公布關於有價證券的指令，均是以建立一個歐洲資本與金融市場為宗旨。初級市場與次級市場共同形成資本市場，雖然已經協調整合

---

[59] Peter Kiel (1994), Internationales Kapitalanlegerschutzrecht, Berlin, S.302ff.

[60] VO (EG) Nr.974/98, ABlEG 1998 L 139/1.

[61] ABlEG 1987 C 236/1.

[62] ABlEG 1997 L 209/1; ABlEG 1997 L 209/6.

了許多相關的法規，但整體而言不應單一化這些法規，而是要致力於下列事項：

(1)消除結構上的差異。

(2)規定最低的條件。

(3)交易透明化。

(4)投資人保護。

(5)在單一市場內相同的投資條件。

(6)來源國監督證券公司的相互承認原則。

(7)禁止跨國的內線交易。

上述這些原則亦適用於來自非會員國的證券公司，在聯盟內亦有來自第三國的證券公司從事證券交易活動，因此亦屬於歐洲聯盟運作條約第115條所規定的單一市場發揮功能的條件，因而也應一併規定在聯盟內第三國證券公司從事證券交易活動。

證券市場對於企業與企業的管制有很大的影響[63]，尤其是歐洲聯盟會員國內有不同的法律制度與傳統，英美法與大陸法在敵意收購、透明化、會計、公司治理，以及內部和外部監控制度上都有不同的觀點，因此整合會員國間不同的證券法規，對於促進實現歐洲單一的資本市場具有重大意義。當然理事會在證券交易所法與證券交易法領域公布了許多的綱要指令，而使得證券交易的單一市場更加自由化。

十、歐洲農業法

（一）適用範圍

歐洲單一市場亦涵蓋農業與農產品的交易，依據歐洲聯盟運作條約第38條第1項之規定，共同市場包括農業與農產品的交易，農產品係指土地作物、

---

[63] Klaus J. Hopt, Grundsätze der Corporate Governance in Europa?, ZGR 2000, S.779-818.

畜牧產品、漁業產品,以及與這些產品有直接關聯的初級加工品。

(二)法律依據

歐洲聯盟運作條約第39條第1項規定,共同農業政策有下列的目標:

1. 藉以促進技術進步、農業生產合理化與盡可能最佳利用生產要素,特別是勞動力,以提高農業的生產力。
2. 特別是以提高每個從事農業人口所得的方式,以保障農業人口相當的生活水準。
3. 穩定市場。
4. 確保供應。
5. 考量以適當的價格供應消費者。

這些目標不需所有同時與完全實現,對於一般商品原則上應考量競爭與市場的因素,要實現這些目標,依據歐洲聯盟運作條約第40條第1項之規定,應建立農產品的共同市場規範。所謂的共同市場規範,並非指市場,而是要管理農業市場,以實現共同農業政策的目標,也就是在農業是要建立一個有管理的市場,本質上並不是市場,而是一個計畫經濟的管理制度[64]。歐洲聯盟以共同市場規範實現對農業的管理制度。所謂的共同市場規範,係指一套整體的法律制度與規定,主管機關依據共同市場規範以監督與操縱市場[65],以期達成穩定市場、保障農民相當的生活水準與提高農業生產力之目標。

歐洲聯盟運作條約第40條第1項明文規定,為實現共同的農業與漁業政策之目標,應建立一個共同的農業市場規範。共同的農業市場規範係依據產品,以下列的規範形式組成:

(1)共同的競爭規範;

(2)有拘束力的協調不同的個別會員國市場規範;

(3)歐洲的市場規範。

---

[64] Wolfgang Kilian,前揭書,S.411.

[65] EuGH Rs.90-91/63, Kommission/Luxemburg und Belgien, Slg.1964, S.1331.

歐洲聯盟運作條約第40條第2項規定，在共同農業市場規範內應採取下列的措施：

1.價格規定。

2.對不同產品生產與分配的補貼。

3.儲藏措施與補償措施。

4.為能穩定進出口而設立共同的機構，例如農業調整基金或保證基金。

共同農業市場規範涵蓋將近90%的農產品[66]，至目前為止，對於酒類與馬鈴薯仍無共同市場規範；對於外國的農產品的主要銷售市場，並不屬於基礎的農業生產，而是包括在加工品內，屬於對最終消費者的產品。共同市場規範的制度涵蓋許多的施行規章，而執行委員會也會做成許多相關的決定，歐洲法院至今已經有超過700個農產品的案例，會員國也採取了許多的調整措施，以期達成共同農業政策的目標。

每個共同市場規範均包括下列的構成部分：

1.依據規定的制度，對於包含的產品分類，不僅適用在共同市場規範內，而且也適用在關稅稅率。

2.適用在單一市場內的價格規定。

3.保證最低價格，但供應者可以嘗試取得更高的價格。

4.與第三國貿易往來的規定。

在單一市場內的價格規定應防止因世界市場價格的干擾而受影響，應禁止價格競爭，農業部長理事會在每個年度開始時都會規定每個產品不同的人為價格，即指標價格、門檻價格與干預價格。

指標價格	必須是支付農產品交易的價格，應盡可能接近正常的聯盟市場價格。
門檻價格	是進口產品可以賣的最低價格。
干預價格	是保證價格，也就是農產品價格下跌時，由會員國指定的干預機購買進一定數量儲存的價格。

---

[66] http://europa.eu.int/scadplus/scad_de.htm, last visited 2008/07/01.

　　歐洲聯盟運作條約第42條規定，基於執委會之提案，針對(1)為保護因結構或自然造成的條件而受不利益的經營、(2)在經濟發展計畫綱領的範圍，理事會得批准給予補貼。歐洲聯盟還會給予農民以面積大小支付的補貼和獎金、生產補貼、為鼓勵畜牧或平衡收益的補貼；配額與會員國的保證數量會管制農業生產與限制生產過剩和庫存量[67]。

參、北美自由貿易區

　　北美洲的經濟統合始於1989年生效的美加自由貿易協定（Canada-U.S. Free Trade Agreement；簡稱CFTA），成為之後北美自由貿易協定（North American Free Trade Agreement；以下簡稱NAFTA）的基礎，但NAFTA並未廢止CFTA[68]。

一、北美自由貿易區概論

　　北美自由貿易協定係由加拿大、美國與墨西哥於1992年12月簽署的自由貿易協定，在北美洲形成一個貿易集團，並有兩個補充協定，即北美環境合作協定（North American Agreement on Environmental Cooperation，簡稱NAAEC）與北美勞工合作協定（North American Agreement on Labor Cooperation，簡稱NAALC），此三個國際協定於1994年1月1日生效，形成北美洲的自由貿易區[69]。1992年時針對勞工與環境保護議題簽署了北美環境

---

[67] Wolfgang Kilian，前揭書，S.413.

[68] R. H. Folsom (2004), NAFTA and Free Trade in the Americas, 2nd Ed., St. Paul, MN, p.19.

[69] North American Free Trade Agreement，http://en.wikipedia.org/w/index.php?title=North_American_Free_Trade_Agreement，last visited 2007/12/4.

合作協定與北美勞工合作協定，作為NAFTA的補充協定。實際上NAFTA是1988年簽署的美加自由貿易協定的延伸，雖然美國法中將NAFTA定位為國會的行政協定，但本質上NAFTA是國際法上的條約（Treaty）。

　　北美環境合作協定與北美勞工合作協定並未規定額外的實體法規，基本上只是創設法律施行的機制[70]。此二協定要求每個會員國必須設置環境和勞工機構，以監督適當的遵守和施行國內法。位於蒙特婁（Montreal）的環境合作委員會（Commission for Environmental Cooperation）與三個國家勞工管理局（National Administrative Office）有權接受控訴，接著進行磋商，以解決控訴；若未達成協議，則分別進行爭端解決程序。

　　組成北美自由貿易區的三個國際協定為：

（一）北美自由貿易協定

　　北美自由貿易區的目標[71]，為：

1.廢除貿易障礙。

2.促進公平競爭。

3.擴大投資機會。

4.保護智慧財產權。

5.為實施協定和爭端解決設立有效率的程序。

6.為提高協定的利益，確立三邊的、區域的與多邊的合作架構。

---

[70] Folsom/Gordon/Spanogle，前揭書，p.286.

[71] NAFTA第102條。

NAFTA在美國、加拿大與墨西哥間廢除商品交易大部分的關稅,並且規定在10年內逐步的廢除其他的關稅,對部分產品在15年內分階段逐步的廢除關稅;並且亦廢除許多商品類型的限制,包括汽車、電腦、紡織品與農產品的限額措施。除此之外,NAFTA亦保護智慧財產權(專利、著作權與商標),以及規定在三個締約國間消除投資限制。

NAFTA在GATT烏拉圭回合談判結束前、且在1995年WTO設立前生效施行,在NAFTA的談判過程中,時間上與烏拉圭回合談判同時進行,雖然互相影響,但在內容上仍有明顯的差異,例如NAFTA規定國營事業與競爭政策,但烏拉圭回合卻未涉及此這些議題;烏拉圭回合亦談及關稅估價與裝船前的檢查,但NAFTA並未規範此二議題;針對市場進入、投資、服務業貿易、智慧財產權保護等議題,NAFTA有更進一步的規定;但WTO對於農業議題則比NAFTA有更深入的規範;烏拉圭回合亦涉及基礎電信,但NAFTA並未規範基礎電信,而是規範加值的電信(value-added telecommunications)。

雖然美國、加拿大與墨西哥確認在GATT的權利和義務,但在有衝突的情形,將優先適用NAFTA的規定。例如針對紡織品貿易應優先適用NAFTA的規定[72]。NAFTA性質上為一個三邊的(trilateral)協定,也就是所有的條款係平等的適用於三個締約國,但農產品為敏感的產品,適用特別的規定,與特別選定應受保護的產業,則是在雙邊的(bilateral)的基礎上諮商談判達成的協定。

NAFTA的第103條確認每個會員國在1947年GATT的權利和義務,但卻又明文規定NAFTA的優先適用性(supremacy)[73],即在NAFTA與其他協定相互牴觸時,除NAFTA有其他規定者外,應優先適用NAFTA的規定,例如NAFTA的規定應優先於關於紡織品的多種纖維協定而適用,但在1995年WTO成立時已經規定在2005年時由紡織品與服裝協定(Agreement on Textiles

---

[72] Folsom/Gordon/Spanogle,前揭書,p.261.
[73] R. H. Folsom,前揭書,p.71.

and Clothing）取代。NAFTA的附件608.2明文規定，NAFTA並不優先於國際能源計畫協定（Agreement on An International Energy Program）。依據NAFTA第104條之規定，在適用上，NAFTA並不優先於下列的國際協定：

1. 華盛頓瀕臨絕種物種國際貿易公約（Washington Convention on International Trade in Endangered Species）。

2. 蒙特婁耗盡臭氧層議定書（Montreal Protocol on Substances that Deplete the Ozone Layer）。

3. 巴塞爾管制跨國有害垃圾及處理公約（Basel Convention on Control of Trans-boundary Movements of Hazardous Wastes and their Disposal）。

4. 美加跨國運送有害垃圾協定（Canada - U.S. Agreement Concerning Trans-boundary Movements of Hazardous Waste）。

5. 美墨邊界地區環境保護與改善合作協定（Mexico - U.S. Agreement on Cooperation for the Protection and Improvement of the Environment in the Border Area）。

（二）北美環境合作協定

北美環境合作協定主要是回應環保人士擔憂若美國、加拿大與墨西哥三國未達成相關的環境規定時，美國將會降低其環保標準，因此三國簽署了北美環境合作協定。北美環境合作協定僅要求締約國應施行其自己的環保法，並沒有對環境法規創設實體的標準[74]。

北美環境合作協定不僅只是要制定一系列的環保法規，更進一步成立了北美環境合作委員會（North American Commission for Environmental Cooperation）、北美開發銀行（North American Development Bank）與邊界環境合作委員會（Border Environmental Cooperation Commission）三個機構。

---

[74] North American Free Trade Agreement，http://en.wikipedia.org/w/index.php?title=North_American_Free_Trade_Agreement，last visited 2007/12/4.

北美環境合作委員會負責貿易與環境的協調機制，北美開發銀行則是負責協助與資助投資於降低污染。透過36個計畫（主要是在水資源領域），北美開發銀行與邊界環境合作委員會提供給墨西哥許多的經濟利益[75]。以北美環境合作協定補充NAFTA，使得NAFTA有最環保貿易協定（greenest trade agreement）之稱，NAFTA在這方面算得上是先驅，將貿易與環保結合在一起。

（三）北美勞工合作協定

北美勞工合作協定為NAFTA另一個補充協定，主要是要在這三個國家間創設一個合作的基礎，以解決勞工問題，以及要促進在工會和社會組織間更多的合作，以期努力改善工作條件。雖然大部分的經濟學家同意，很難評估北美勞工合作協定的直接衝擊，但在北美洲已經整合了勞工標準。然而北美勞工合作協定並沒有在北美洲針對就業、生產力和工資趨勢形成整合的現象。

美國、加拿大與墨西哥三國對於第三國各自有不同的貿易政策，例如墨西哥與40個以上的國家簽署了12個自由貿易協定，因此美國、墨西哥與加拿大很難達成設立一個關稅同盟（customs union）。NAFTA的適用範圍尚包括在貿易談判中敏感的議題，例如農產品自由化與環境法規，許多美洲國家表示參與NAFTA高度的興趣，但有些國家例如智利都希望與美國、加拿大與墨西哥三國個別談判簽署個別的雙邊協定。

---

[75] Reforming the North American Development Bank and the Border Environment Cooperation Commission，http://yosemite1.epa.gov/oia/MexUSA.nsf/61906db6hif4145 6608825679f006db802/e889668b1624197OpenDocument，last visited 2007/12/4.

二、NAFTA的內容

（一）北美自由貿易區的宗旨

NAFTA第101條規定，墨西哥、加拿大與美國根據GATT第24條的規定，正式建立一個自由貿易區（Free Trade Area）。NAFTA的宗旨，是廢除貿易障礙、創造公平競爭的條件、增加投資機會、對智慧財產權提供適當的保護、建立施行協定與解決爭端的有效程序，以及促進三邊的、地區的和多邊的合作。墨西哥、加拿大與美國並遵守國民待遇原則、最惠國待遇原則、透明化的程序，以實現NAFTA的宗旨。

（二）NAFTA的基本內容

1. 商品貿易

(1)原產地原則

根據NAFTA第四章之規定，三國將在10年至15年的時間內逐步廢除進口關稅和其他非關稅障礙。為確定可享受優惠關稅待遇的產品，必須制定原產地規則（rules of origin），以確保優惠只給予北美地區生產的產品。全部在北美國家生產的產品，其原產地為北美地區；凡含有地區外原料或半成品的產品，在任何一個會員國內加工，加工程度足以改變其關稅稅號時，亦有北美地區的原產地。在特定的情況下，除需具備關稅稅號變更的條件外，商品還應含有當地成分（local content）的一定比例，才取得北美地區的原產地。例如對於汽車必須占62.5%的價值源自於北美洲，才取得北美的原產地。2004年開始，美國汽車製造商不再因要在墨西哥銷售，而在墨西哥製造汽車[76]。

在NAFTA中，對於紡織品與服裝的自由貿易適用特別的規定，對於大部分的產品適用紡紗區內原料規則（yarn forward rule），即產品所使用的紡

---

[76] Folsom/Gordon/Spanogle，前揭書，p.264.

紗必須是出產於NAFTA的會員國，另外有纖維區內原料規則（fiber forward rule）適用於棉與人造的纖維紗；至於絲、麻與特定的纖維在NAFTA內供應短缺時，則是適用優惠的規定；在過渡時期，若造成紡織與服裝貿易嚴重的損害時，得課徵保護的進口關稅與採取限額措施。對於電子產品亦適用特別的原產地規定，若在北美洲製造主機板，但在NAFTA內加工成電腦改變了關稅稅號，電腦得在NAFTA內自由貿易。

(2)能源與基礎的石化產品

對於能源與石化產品有不同的規定，依據NAFTA第601條之規定，應完全尊重會員國的憲法規定，墨西哥憲法規定石油、天然氣、煉油、基礎的石化工業、核工業與電業仍為國營，對於非基礎的石化工業、民營的電力設施、廢熱發電與獨立的發電可以允許新的投資機會，在GATT的規範下，禁止對能源產品規定最低或最大的進出口價格管制，但卻可以使用特許制度，僅在特定的情形，才可以採取貿易配額或其他的限制措施，例如能源供應短缺的情形，亦適用國民待遇的一般原則。墨西哥並未如加拿大承諾能源短缺時分享能源。

(3)糧食產品

NAFTA對於農產品貿易有許多明確的規定，原則上在美國與墨西哥、加拿大與墨西哥間適用不同的雙邊協定，在美國與墨西哥間的非關稅貿易障礙改成關稅或關稅配額（tariff rate quota），而將在15年逐步削減；糖的貿易亦有特別的規定，在15年內應逐步廢除所有的限制，而達到完全的自由貿易。依據NAFTA第703條之規定，會員國應通力合作，以減少或消除對農產品的進口障礙，以改善其市場的進入。

加拿大、美國與墨西哥都同意，不應對農產品出口予以補貼（export subsidy），應諮商與採取共同行動，以對抗第三國會影響任何一個市場的補貼。在農業領域，適用特別的原產地規則，並協調殘餘殺蟲劑的標準與檢查[77]。

---

[77] NAFTA第717條。

　　其他與食品相關的議題為防制健康、疾病、污染物或添加物的衛生與檢疫措施。依據NAFTA第712條之規定，每個會員國採取、維持或適用必要的衛生與檢疫措施，以保護在其領域內人類、動物或植物的生命或健康，包括比國際標準、準繩或建議更嚴格的措施。衛生與檢疫措施必須依據科學的原則與風險的評估，僅在有必要時才得適用衛生與檢疫措施，不得產生不公平的差別待遇或隱藏的貿易限制之結果。每個會員國承諾接受其他會員國的衛生與檢疫措施是等同於自己所規定出口國顯示其措施達到進口國所選擇的保護水準。程序上的透明化原則有助於執行此一規定，應公告所有會影響NAFTA貿易的衛生與檢疫措施。應設置一個衛生與檢疫措施的委員會，以致力於達成所有這些原則與解決爭端。

　　(4)產品標準

　　技術標準與產品的檢定程序為傳統的非關稅的貿易障礙[78]。NAFTA重申每個會員國在GATT架構下，於1979年簽署的貿易技術障礙協定（Agreement on Technical Barriers to Trade）內的承諾；另外，每個會員國應規定國民待遇原則與最惠國待遇原則。

　　就像在糧食產品一樣，常會使用國際標準，但NAFTA第904條允許每個會員國規定更嚴格的要件，亦適用程序透明化原則與設置一個標準委員會。企業或其他的利害關係人可以直接參與在NAFTA內發展新的標準；所有的會員國並同意不適用低於現有的環保、衛生與安全標準，並且嘗試協調更高的標準。國家與地方政府得立法規定更嚴格的產品標準，但以在科學上係合法正當、透明的、且平等的適用於本地與進口的產品為限。所有的衛生、安全與環保規定必須使用限制貿易最少的方法達到這些目標，同時必須根據科學原則和風險評估。由北美開發銀行（North American Development Bank）提供貸款，以協助在美國與墨西哥邊界清理的財務支出。

---

[78] Folsom/Gordon/Spanogle，前揭書，p.267.

(5)進口防禦

NAFTA原則上在美國與墨西哥間的貿易適用除外條款（escape clause）的規則與程序。這些規定允許暫時的貿易防禦（safeguard），以對抗大量的進口，在10年的過渡期限內，除外條款的防禦可以作為NAFTA關稅降低的結果，但僅適用於每個產品在過去3年最常出現的情形。在過渡時期結束後，僅得在相互同意下，採取除外條款的措施。若由一NAFTA的會員國適用全球的除外條款程序，除非是其他NAFTA的會員國出口總額是占了很高的進口率（前5個供應國）、且造成嚴重的損害（serious injury）或有損害之虞時，才得排除其他的NAFTA會員國的進口。所謂的有嚴重的損害或有損害之虞，係指NAFTA進口的成長率應不是低於總進口量。

(6)政府採購

NAFTA第十章關於政府採購（government procurement）的規定亦對會員國的許多法規造成衝擊，除國防與國家安全的需要外，政府採購原則上在商品、服務與工程服務亦應適用禁止差別待遇原則。在政府採購適用NAFTA的採購金額門檻，商品與服務的金額為5萬美元以下，公共工程則為650萬美元；在國營事業為買方時，採購金額的門檻為25萬美元，政府機關為買方時採購的門檻為800萬美元。在政府採購上，對地方的買進或供應商禁止使用抵銷（offset）或其他的要件。

每個會員國應規定獨立的招標機制，以適當的揭露資訊在招標程序落實透明化原則。這些關於政府採購的規定非常的重要，因為墨西哥並不像加拿大是GATT政府採購協定[79]的簽署國，因此NAFTA的政府採購協定具有重要的意義。

2. 服務貿易

NAFTA第十二章對於服務貿易採取負面表列（negative listing）的方式，

---

[79] GATT的政府採購協定是複邊協定。

即各會員國承諾對所有服務業實施國民待遇原則和最惠國待遇原則，除非在附件中明確規定不適用的例外規定[80]。三國對於跨國提供勞務者給與國民待遇與最惠國待遇，並且相互承認專業勞務人員的資格證照與證書，在NAFTA生效的兩年後，各會員國對於在其領土工作的專業勞務人員簽發許可證和證書時，取消國籍和居住的條件，但對於某些特定的部門，墨西哥仍保留由其政府或墨西哥公民經營。在NAFTA中，跨國的服務貿易必須要適用國民待遇原則，每個會員國均不得規定，提供服務者必須在其國內設立或維持居所、當地辦公室或分支機構，以作為提供跨國服務的條件。相互承認專業證照，特別是法律諮詢與工程師，專業證照的相互承認並非自動生效，所有的國民或有永久居留權人不受專業證照取得要件的限制，及三國的國民與有永久居留權人可以在其他會員國取得專業的證照。

　　值得一提的是，若服務的來源事實上是第三國，且在自由貿易區內無實質的商業活動時，NAFTA的會員國得拒絕適用在跨國服務規定的利益規定。若運輸業使用的設備不是登記於NAFTA的會員國時，得不適用因跨國服務所產生的利益規定；但這些利益規定不適用於大部分的航空、海運、基礎電信與社會服務，也不適用於政府採購、金融服務與能源。基本上NAFTA擴大自由貿易於服務貿易的適用範圍，例如會計、廣告、商業教育、建築工程、諮商、加值的電訊服務（enhanced telecommunication）工程學、環保技術、健康照護、陸地運輸、法律諮詢、出版與觀光旅遊等。

　　NAFTA規定了一個時間表，以廢除對於跨國陸地運輸業的障礙和建立可相容的技術、環保與安全標準，包括適用於巴士、卡車、通埠與鐵路的服務。應取消在邊界應轉換當地運輸業者提供運輸設備的規定。對於卡車，由於美國擔憂墨西哥運輸業者的標準不符合美國的標準，因此對於卡車運送貨物的跨國服務延緩完成自由貿易。至於巴士的載客服務在3年的過渡時期內已經完全的自由流通。自2004年起，美國與加拿大可以在墨西哥100%投資於卡

---

[80] Folsom/Gordon/Spanogle，前揭書，p.270.

車貨運與巴士公司；通埠港口的服務投資則是立即開放，但對於國內的貨物運送仍保留國家的限制。墨西哥開放金融市場，允許美國與加拿大的銀行和證券公司在墨西哥設立分行和子公司。

會員國必須依據合理的和禁止差別待遇的條件對需要網絡進行商業的公司與個人開放公共電信網絡與服務，這些網絡例如公司內部通訊、擴大的電訊與資訊服務。1995年以後，美國與加拿大的電信公司可以自由進入墨西哥的電信市場。僅得在為保護網絡經營者的公共責任或保護技術網絡的完整，才得適用進入與使用條件。對於公共電信傳輸服務的費率應反應經濟成本，對於租用的電路應適用平價的費率。NAFTA並不禁止在公共運輸業間的交叉補貼，也不禁止公共網路或服務的獨占提供者，這些獨占者在其獨占的區域外不得進行違反競爭的行為，而對NAFTA的國民造成不利的影響。創設在公共網絡與服務不同的資訊取得權；NAFTA限制技術標準的類型，得適用於公共網絡的設備附件。

3. 跨國投資

在投資方面，類似服務貿易的規定，除非有特別的規定，投資享有國民待遇、最惠國待遇與待遇最低標準，甚至也對在NAFTA內有重要商要經營的非NAFTA的投資人有利，例如亞洲或歐洲的投資人在加拿大的子公司有重要的商業經營時，將被視為是加拿大的投資人。因此，投資有非常廣泛的適用範圍，包括所有的財產所有類型與活動，例如投資不動產、股票、債券、契約與技術。

各國給與會員國的投資者的投資符合國際法上合理公平的待遇、充分的保障和保護，此即為待遇最低標準。NAFTA給與三國投資者基本的保障，廢除重要的投資障礙，僅在為公共目的才得直接或間接徵收NAFTA投資人的投資，在進行徵收時亦必須在禁止差別待遇的基礎下遵守法律的公平程序，且亦立即給與依據公平的市場價值加上利息的補償權。並建立一個解決投資者和會員國間可能發生爭端的機制。在投資爭議時，NAFTA的投資人可以選擇透過位於華盛頓的國際投資爭議解決中心（International Center for Settlement of Investment Disputes）的法定仲裁（在兩個都是締約國時）、國際投資爭議解決中心公約的附帶處理規則（在一會員國是締約國時）或聯合國國際貿易法委員會（UNCITRAL）的仲裁規則。當然投資人亦得向地主國法院請求法律救濟。

NAFTA的投資規定不適用於墨西哥憲法保留的部門，例如能源、鐵路、邊界與海岸不動產，亦不適用於加拿大的文化產業。墨西哥廢除對美國與加拿大投資人的投資額在2,500萬美元的外資管制；在2004年時，提高至1億5000萬美元的投資額；在1998年後，NAFTA的投資人並得投資於墨西哥的採礦業。海運、航空、廣播、漁業、核能、基礎電信與政府資助的技術聯合不適用NAFTA的投資規範。全體NAFTA的會員國同意，不適用低的環保標準，以吸引投資與得對外資主張因環保衝擊的意見；但除了諮商外，並無報復的救濟措施。

4. 金融服務

在NAFTA第十四章中，對於由銀行、保險、證券與其他公司提供的金融服務，適用個別的規定，也就是對於金融業貿易原則上適用會員國特別的自由化承諾與過渡時期。金融服務的提供者，包括在NAFTA內透過子公司經營的非NAFTA的提供者，有權在NAFTA內設立自己的商業據點（commercial presence），以服務顧客。應凍結適用對於現行跨國的限制金融服務提供的規定與不得在採取新的限制措施。在NAFTA內對於金融服務提供者應適用國民待遇原則與最惠國待遇原則，包括競爭機會平等在內，避免使外國的服務提供者比本國的服務提供者受到更不利的待遇。另外有許多不同的程序透明化原則，以期能促進NAFTA的金融服務提供者的進入和有平等的機會，地主國可以立法規定從事金融業的公司應遵守合理的誠信要件，且在特定的情形得限制金融服務提供者以維護支付的平衡。

NAFTA的會員國分別對金融業的承諾有：

(1)美國允許墨西哥已經在美國經營證券業務的銀行仍繼續進行業務至
　　1997年7月止。

(2)加拿大將適用於美國的金融業25%以上持股限制的豁免擴大於墨西哥。美國與墨西哥的金融機構得在加拿大設立數個分支機構,而不需經加拿大財政部之同意。

(3)墨西哥的承諾,對來自美國和加拿大的證券與保險公司能以其子公司的市場占有率限制至2000年止,對於銀行與證券公司的市場占有率限制適用至2004年止。金融公司得設立獨立的子公司於墨西哥,以提供顧客、商業、貸款或信用卡的服務;在1996以後,現有的美國和加拿大的保險公司可以將持股比例擴大至100%完全獨資的公司。對於周轉性短期貸款、保證、外匯與共同基金的管理公司並沒有持股或市場占有率的規定。

5. 智慧財產權

NAFTA第十七章要求在全體會員國內有適當與有效率的智慧財產權保護,包括國民待遇與有效率的內部和外部執行權,對於所有類型的智慧財產權,包括專利權、著作權、商標權、植物育種、工業設計、營業秘密、半導體晶片與地理標示,都有特別的承諾。著作權包括對電腦程式、資料庫、電腦程序錄製和聲音錄製費用、以及50年的錄音保護期限。對於專利保護,NAFTA規定至少應有20年的保護期限,幾乎適用於所有的產品,也包括藥品與農化產品在內。

NAFTA並規定應廢除所有特別的或有差別待遇的專利制度;有限制的適用強制授權;服務標章與商標應有平等的待遇;衛星信號的竊取是違法的;原則上亦應保護營業秘密。NAFTA並規定會員國應立法規範在智慧財產權領域的損害賠償、強制命令、反剽竊與一般正當的程序救濟。

6. NAFTA的其他規定

(1)商業簽證

NAFTA第十六章還針對商業人員、貿易商、投資商、以及公司專業人員的臨時入境問題予以自由化規定。白領階級的商業人士僅需證明公民身分

與在出示其他NAFTA會員國從事商業目的的文件，即得享有5年的商業簽證（business visa）；對於勞工並沒有像在歐洲聯盟架構的自由遷徙權。

(2)國家獨占與反托拉斯

NAFTA第十五章亦規定競爭政策，原則上係在對國營事業處罰壟斷的情形，國營事業在所有的政府層級都必須遵守NAFTA的規定。政府或私人擁有的以國家獨占為目的之事業，也必須在其交易中遵守商業的要素與避免對其他NAFTA會員國的商品或服務造成差別待遇。每個NAFTA會員國必須確保這種類型的壟斷不會濫用其在市場上的地位，而在市場上進行違反競爭的行為。由於每個會員國必須立法以對抗反競爭的商業行為與在執行競爭法上通力合作。墨西哥因而大幅修改了其反托拉斯法。NAFTA並規定應設置一個貿易與競爭諮商委員會，以審查競爭政策相關的議題。

(3)混合的協定

NAFTA第1606條尚有許多值得注意的規定，例如對於所有會影響貿易商、投資人對政府的措施有獨立的行政或司法審查應遵守法定透明化一般的義務、公平與合法的程序；對於為保護國家安全和國家利益，例如公共道德、衛生、國家寶藏、自然資源、為執法以防制詐欺或違反競爭的行為、對貿易恣意的差別待遇或隱藏的限制等均有例外的規定；依據國際貨幣基金（International Monetary Fund）的規定，因收支平衡所造成的貿易限制，至於租稅議題則是依據雙邊的避免雙重課稅協定處理，也因此美國與墨西哥簽署了一個避免雙重課稅協定；過去在美加自由貿易協定內的文化產業保留條款目前亦適用加拿大與墨西哥，但在美國與墨西哥間則不適用文化產業（cultural industries）的保留條款。

(4)退出權與加入權

NAFTA並非永久的適用，依據NAFTA第2205條之規定，任何一個會員國得在6個月的通知期限後，宣布退出NAFTA。NAFTA第2204條則規定，若美國、加拿大與墨西哥同意、且在其國內批准新的成員加入時，則其他國家亦得加入NAFTA。

三、NAFTA爭端解決機制

NAFTA有自己的爭端解決機制，由會員國的部長或內閣層級的官員組成一個三邊的貿易委員會（Trade Commission），每年至少開會一次，以確保共同有效率的執行NAFTA。除此之外，在NAFTA架構下，還有許多的政府間委員會，以期盡監督之責而使自由貿易區發揮功能。這些委員會係以共識為基礎，對於有爭議的議題則提報貿易委員會。

NAFTA對於投資、傾銷與補貼、金融服務、環保與標準的爭端有特別的爭端解決程序。以下分述各種類型的爭端解決程序：

（一）一般爭端解決程序

在NAFTA第二十章規定一般的爭端解決程序。NAFTA的爭端解決機制為協商、貿易委員會干預和專家小組仲裁。

1. 協商

只要有任何影響會員國權利義務的情事，該國政府可要求和其他相關國家的政府進行協商，相關國家的政府應儘快予以答覆，第三國有權參加兩國間的協商或自己進行協商。

2. 貿易委員會的干預

若協商在30至45日內仍無法達成解決辦法的協議，任何一國都可要求貿易委員會召開全體會議，貿易委員會將力求通過調停、斡旋、協商或其他調解爭執可選用的方法，以期迅速找到解決的方法。

3. 仲裁

在貿易委員會干預後，若仍無法找到互相滿意的辦法，任何當事國都可要求組成解決爭端的小組。若爭端可同時依據GATT與NAFTA的規定解決時，原告國可自由擇一進行爭端解決；若第三國希望提交另一個爭端解決小組時，爭端的兩造當事國應協商解決選擇一個；若兩造當事國無法達成協議

時，通常會成立仲裁小組進行爭端解決。仲裁小組由5位專家組成，通常是三方一致同意的名單中選任，包括法律、貿易或其他相關方面的專家，而這些專家可來自任何國家，包括NAFTA以外的國家。

仲裁小組會在成立後的90日內向爭端當事國提出一份保密的初步報告，除非爭端當事國在此一期限內達成其他的協議；爭端當事國在14日內向仲裁小組報告對報告的評論；仲裁小組在提出初步報告後的30日內，向爭端當事國提出最終報告，並送交貿易委員會，之後由貿易委員會公布報告。

4. 裁決的執行

自收到仲裁小組報告之日起，爭端當事國應對爭端解決辦法達成協議，通常應遵循仲裁小組的建議。若仲裁小組確認被告國的行為不符合NAFTA的義務時，原告國在仲裁小組提出建議後的30日或互相商定的其他期限內仍無法達成協議，原告國可中止執行所得到的利益，直到爭端解決為止。

5. 解決私人貿易爭端可供選擇的方式

在NAFTA第十一章對投資的規定中有專門的條款，可向國際仲裁機構訴請解決投資者與NAFTA會員國間的爭端。NAFTA並設有一個諮詢委員會，針對解決投資爭端的方式提供諮詢。

（二）對投資爭議的爭端解決

NAFTA第十一章規定，若美國、加拿大或墨西哥政府[81]的措施對公司或個人的投資有不利的影響時，公司或個人得向這三國訴請補償。

（三）反傾銷與補貼的爭端解決

NAFTA第十九章規定以兩國的爭端解決小組（bi-national panel）審查反傾銷稅和平衡稅的決定。例如：在美國，當事人不服反傾銷與平衡稅的決定

---

81 這裡的政府包括地方政府、州政府或市政府等。

時，當事人得向美國國際貿易法院（U.S. Court of International Trade）訴請法律救濟。但依據NAFTA之規定，當事人有權向由5位相關締約國國民組成的兩國的爭端解決小組上訴，通常爭端解決小組的成員都是精通國際貿易法的法學人士，爭端解決小組負責判斷主管當局對於課徵反傾銷稅和平衡稅的裁決是否符合NAFTA締約國的國內法。NAFTA第十九章的爭端解決機制是很特殊的，並不適用國際法，而是適用NAFTA締約國的國內法。爭端解決小組應依據重要的證據（substantial evidence）來檢驗主管當局的裁決。最近幾年有許多非常有爭議的案件，例如美國與加拿大的軟木傾銷案（softwood lumber）。換言之，NAFTA第十九章的爭端解決小組是在裁決反傾銷稅或平衡稅命令會員國的層次上取代傳統的司法審查，原則上爭端解決小組只局限在會員國的決定是否遵守其國內法[82]。

不服NAFTA第十九章爭端解決小組的裁決時，當事人可以向NAFTA的非常挑戰委員會（extraordinary challenge committee）提起上訴，但非常挑戰委員會並不是作為通常的上訴，依據NAFTA之規定，若非常挑戰委員會認為爭端解決小組的裁決有明顯的和重大的（significant and material）錯誤威脅NAFTA爭端解決制度的完整時，非常挑戰委員會僅得宣告裁判無效或發回裁決。至2006年1月止，並沒有一個當事人在非常挑戰委員會成功地挑戰NAFTA第十九章爭端解決小組的裁決[83]。

另外，若任何一個會員國認為其他國的國內法阻礙相同產業的設立，由這樣的爭端解決小組做成最後的決定或執行決定，得要求組成一個特別的委員會；若無法再對傾銷或補貼決定做獨立的司法審查時，亦得要求組成這樣的特別委員會；若委員會確認事實時，則應進行會員國的磋商；若未達成決議時，控訴國可以中止爭端解決小組的制度或停止給與在NAFTA下的利益。

---

[82] Folsom/Gordon/Spanogle，前揭書，p.285.

[83] North American Free Trade Agreement，http://en.wikipedia.org/w/index.php?title=North_American_Free_Trade_Agreement，last visited 2007/12/4.

（四）環境問題的爭端解決

1. 磋商

若磋商未達成協議，任何一方均可召集理事會，理事會可以請技術顧問進行諮詢，組成工作小組或專家小組，並提出建議。

2. 仲裁

若理事會無法解決因一會員國不能有效實施環境法規，並對其他締約國商品的生產或商業服務造成損害時，任何當事國均得要求成立仲裁小組。

（五）勞工問題的爭端解決程序

北美勞工合作協定的勞工法執行制度，就是一個四個階段的爭端解決機制[84]。首先，會員國的國家勞工管理局得依據北美勞工合作協定規定的勞工原則（Labor Principle）[85]審查與報告11個規劃的勞工法施行事項；接著，可以由國家勞工管理局建議的事項進行部長級的諮商；然後由專家委員會（Committee of Experts）進行評價，得針對與貿易有關相互承認勞工法執行關於8個北美勞工合作協定的勞工原則的實務模式作報告，但不包括罷工、工

---

[84] Folsom/Gordon/Spanogle，前揭書，p.287.
[85] 依據北美勞工合作協定附件一的規定，勞工原則包括：
　1.結社自由與組織權的保護。
　2.團體協約權。
　3.罷工權。
　4.強制勞動之禁止。
　5.兒童與青少年的勞動保護。
　6.最低工作標準，例如最低工資與加班給付。
　7.就業歧視之禁止。
　8.男女同酬。
　9.職業傷害與疾病之預防。
　10.職業傷害與疾病之補償。
　11.流動勞工的保護。

會組織與團體協約在內；若持續無法落實職業衛生與安全、童工或最低工資法時，得進行仲裁與課以罰金。

（六）爭端解決的專家證明

NAFTA的爭端解決機制的最大特徵，就是專家證明程序（expert report）[86]。在爭端當事國要求或專家仲裁小組認為必要時，爭端解決小組可向包括環境問題在內的科學家，針對環境、衛生、安全標準和其他科學性質的事務徵求意見。在爭端解決的過程中，控訴國應負舉證責任，證明NAFTA的某一會員國採取的關於環境或衛生方面的措施違反NAFTA的規定。

北美環境合作協定與北美勞工合作協定的法律執行機制使用相當頻繁，例如有相當多的勞工法執行係對墨西哥提起控訴，主要是控訴墨西哥欠缺獨立的工會組織；亦審查美國的關廠事件與對移民勞工的待遇；針對環境問題，已經有許多對加拿大、美國與墨西哥不適當的執法提起控訴[87]。

肆、東南亞國協

一、成立之經過與發展

1967年8月8日，印尼、馬來西亞、菲律賓、新加坡和泰國在曼谷簽署了東南亞國家協會宣言，即所謂的曼谷宣言（Bangkok Declaration），成立了東南亞國協（Association of South East Asian Nations；簡稱ASEAN）。汶萊（1984）、越南（1995）、寮國與緬甸（1997）、柬埔寨（1999）陸續加入東南亞國協，目前包括了東南亞的所有國家在內，共有10個會員國。有趣的

---

[86] NAFTA第1133條。
[87] Folsom/Gordon/Spanogle，前揭書，p.287.

是，東南亞國協國家在文化上、語言上、地理上有很大的差異性，但這些國家仍企圖進行區域統合[88]。

　　雖然曼谷宣言立下許多區域、經濟、文化和社會的目標，包括促進經濟成長、貿易擴張與產業合作，也建立了一些機制，但卻沒有一個超國家的法律機制，以致力於實現其目標[89]。1987年時，在馬尼拉舉行第三屆的東南亞國協高峰會議，簽署了馬尼拉協議（Manila Agreement），以促進與保護由ASEAN投資人的投資，並明訂國民待遇原則與最惠國待遇原則、修改基礎的ASEAN合資協定（joint venture agreement）與繼續的擴大區域的關稅優惠與非關稅的貿易優惠[90]。

　　1992年1月時，在新加坡舉行的東南亞國協第四屆高峰會議中，東南亞國協會員國簽署了新加坡宣言、東南亞國協加強經濟合作的架構協定和為實現東南亞國協自由貿易區而制訂的共同有效優惠關稅計畫（Common Effective Preferential Tariff Scheme），逐步的降低關稅，目標在於提高區域的競爭利益，以作為結合世界市場的生產基礎，這些規範是作為ASEAN自由貿易區的架構[91]；並宣布自1993年1月1日起，在15年內（即在2008年以前）建立東南亞國協自由貿易區。1994年9月在泰國清邁舉行的第26次東南亞國協經濟部長會議決議將成立東南亞國協自由貿易區的時間縮短為10年。

　　1997年時東南亞國協高峰會議通過「2002年展望」（ASEAN Vision 2002），呼籲進行東南亞國協內部發展的合作，促進區域內更緊密的經濟統合，尤其是要建立一個穩定的、繁榮的與具有高度競爭力的東南亞國協經濟區域。在此一區域內，商品、貨物、服務、投資、資本自由流通，公平發展經濟，降低貧困與縮小社會經濟差別[92]。

---

[88] Folsom/Gordon/Spanogle，前揭書，p.183.

[89] Folsom/Gordon/Spanogle，前揭書，p.183.

[90] Folsom/Gordon/Spanogle，前揭書，p.184.

[91] http://en.wikipedia.org/w/index.php?title=Association_of_Southeast_Asian_Nations, last visited 2008/6/5.

[92] http://www.aseansec.org/64.htm，last visited 2008/2/2.

二、宗旨

東南亞國協成立的宗旨[93]：

1.以平等夥伴精神共同努力，促進東南亞地區的經濟成長、社會進步和文化發展，以便加強建立繁榮與和平的東南亞國家組織的基礎。

2.在東南亞地區國家的關係中，尊重公平正義和法治，並遵守聯合國憲章原則，以促進東南亞地區的和平和穩定。

3.促進經濟、社會、文化、技術、科學和行政管理等領域的積極合作和相互協助。

4.在教育、專業、技術和行政管理等領域，以培訓和研究方式，相互提供幫助。

5.在農業和工業的發展，貿易的擴大包括對於國際商品貿易問題的研究、交通和通訊設施的改善，以及提高人民生活水準等方面，進行更有效的合作。

6.促進東南亞研究。

7.與具有類似宗旨的國際性和區域性組織保持緊密和有益的合作，並尋求更緊密的合作。

三、東南亞國協與其他夥伴的互動

1992年東南亞國協的高峰會議指出，東南亞國協與世界各國互賴程度日益增加，應與其對話夥伴加強合作關係，東南亞國協與其對話夥伴的協商每年在外交部長的層級舉行，這些對話夥伴（dialogue partner）包括澳洲、紐西蘭、加拿大、歐洲聯盟、印度、日本、韓國、俄羅斯、美國、聯合國發展計畫署。1997年東南亞國協「2002展望」強調東南亞國協應在國際社會進一步的發揮作用，以促進東南亞國協的共同利益。東南亞國協努力與亞太地區國

---

93 http://www.asean.org, last visited 2008/6/5.

家建立合作關係。

　　近年來東南亞國協積極的與其他亞洲國家加強經濟方面的合作關係，與日本、韓國和中國建立了協商機制，即為ASEAN+3，並在1997年簽署迎接21世紀的合作架構、在1999年11月發表關於東亞合作的聲明。為促進與其他開發中地區的合作，東南亞國協與其他國際組織，包括經濟合作暨發展組織（OECD）、海灣合作理事會、南亞區域合作協會和南太平洋論壇維持良好的關係[94]。

　　2006年時，ASEAN取得聯合國大會觀察員的身分[95]，也就是取得與聯合國對話伙伴的身分[96]。2007年ASEAN慶祝其成立40週年，並將8月8日訂為東協日。2007年8月26日，ASEAN表明在2013年以前將分別與中國、日本、南韓、印度、澳洲與紐西蘭完成簽署自由貿易協定，而在2015年以前將完成ASEAN經濟共同體（ASEAN Economic Community）。2007年11月時，ASEAN的會員國並簽署ASEAN憲章（ASEAN Charter），以作為規範ASEAN會員國間關係的憲法（constitution）與建立ASEAN成為一個國際的法律實體（international legal entity）[97]。

四、由自由貿易區邁向經濟共同體

　　ASEAN未來的目標，就是要在2015年以前建立一個經濟共同體，而建立ASEAN經濟共同體的基礎就是ASEAN自由貿易區，以一個共同的對外優惠關稅設計，促進在ASEAN內的商品自由流通。ASEAN自由貿易區的依據，

---

[94] http://www.aseansec.org/64.htm, last visited 2008/5/30.

[95] RP resolution for observer status in UN assembly OK'd, Philippine Daily Inquirer, 2007/3/13.

[96] http://en.wikipedia.org/w/index.php?title=Association_of_Southeast_Asian_Nations, last visited 2008/6/5.

[97] http://en.wikipedia.org/w/index.php?title=Association_of_Southeast_Asian_Nations, last visited 2008/6/5.

為1992年1月28日在新加坡簽署的ASEAN自由貿易區協定[98]。

　　1995年12月在曼谷舉行的ASEAN高峰會議通過ASEAN服務貿易架構協定（ASEAN Framework Agreement on Trade in Services），主要是關於區域內在數個部門的服務貿易自由化，這些部門包括航空運輸、商業服務、工程、金融業、海運、電信與旅遊業。雖然像航空運輸很快達成自由化的協議，但其他部門仍繼續進行談判。在2015年以前，將在區域內實施開放天空協議（open-sky agreement）；自2009年1月1日起，航空運輸將在區域內完全的自由化，並在會員國的首都間廢除對航空旅客第三與第四航權的限制；自2011年1月1日起，將在所有會員國的首都自由化第五航權[99]。

　　為鼓勵ASEAN內的投資自由流通，計畫在2010年以前對大部分的會員國、在2015年以前對柬埔寨、緬甸、寮國與越南建立一個ASEAN的投資區（ASEAN Investment Area），主要的原則為[100]：

　　1.除加工的農業、漁業、林業、與礦業外，對投資開放所有的產業。

　　2.立即給與ASEAN投資人國民待遇原則。

　　3.廢除投資障礙。

　　4.投資過程與程序的合理化。

　　5.加強透明化。

　　6.採取促進投資措施。

---

[98] http://en.wikipedia.org/w/index.php?title=Association_of_Southeast_Asian_Nations, last visited 2008/6/5.

[99] http://en.wikipedia.org/w/index.php?title=Association_of_Southeast_Asian_Nations, last visited 2008/6/5.

[100] http://en.wikipedia.org/w/index.php?title=Association_of_Southeast_Asian_Nations, last visited 2008/6/5.

伍、亞太經濟合作會議

一、成立的經過與發展

1967年成立的太平洋地區經濟會議與1968年成立的太平洋地區自由貿易發展會議均是民間組織（non-governmental organization），反映了民間對亞太地區經濟合作的願景，推動了亞太地區經濟合作的發展。1980年在這兩個民間組織的基礎上，在澳洲的坎培拉成立了太平洋經濟合作委員會（Pacific Economic Cooperation Commission；簡稱PECC），由企業界知名人士、學術界和研究機構的人士、以個人名義參與的政府代表三方組成的民間機構。太平洋經濟合作委員會的宗旨，為在自由和開放經濟交流的基礎上，基於夥伴關係，公平和互相尊重的精神，加強經濟合作，以充分發揮太平洋盆地的潛力。

在以太平洋經濟合作委員會為中心的民間和政府各界共同努力下，於1989年11月在澳洲的坎培拉成立政府間組織亞太經濟合作會議（Asia Pacific Economic Cooperation；簡稱APEC），以作為亞太區域主要經濟體高階代表間之經濟諮商論壇，希望藉由亞太地區各經濟體政府相關部門官員的對話與協商，帶動該區域經濟成長與發展。成立時共有12個創始成員[101]，目前成員國包括新加坡、泰國、馬來西亞、印尼、越南、菲律賓、汶萊、中國、臺灣、香港、日本、韓國、巴布亞新幾內亞、澳洲、紐西蘭、加拿大、美國、墨西哥、祕魯、智利與俄羅斯，共有21個會員國。各會員體均係以「經濟體」（Economy）身分參與，此為APEC之特殊設計。另外尚有「東南亞國家協會」（ASEAN）、「太平洋經濟合作理事會」（PECC）及「太平洋島

---

[101] 中華民國外交部：APEC亞太經濟合作會議，http://www.mofa.gov.tw/webapp/ct.asp ?xItem=19399&ctNode=291&mp=1, last visited 2008/6/5.

國論壇」（PIF）3個國際組織為其觀察員。APEC對於亞太地區經濟發展和穩定、對於建立新的世界經濟秩序具有重要的意義。APEC逐漸成為一個制度化和機構化的區域性經濟合作組織。APEC的宗旨，為加強區域內經濟合作、促進區域內投資和貿易自由化。

我國係於1991年加入APEC，當時經APEC主辦會員體韓國居間協調，我國同意以「Chinese Taipei」名稱與中國及香港在1991年同時加入APEC成為會員體（Member Economies）。

APEC是亞太地區最重要的多邊官方經濟合作論壇之一，以其成員涵蓋之地理區域（包括東北亞、東亞、東南亞、大洋洲、北美及中南美地區共21個全球重要經濟體）、整體經濟力量（總人口約26億人，國內生產毛額占全球近6%，貿易總額占全球近5%）及組織活動（最高決策層級達各經濟體元首，所涉議題幾涵蓋各會員體大部分行政部門之業務）而言，APEC均可謂為我國目前實際參與之最重要國際多邊機制之一，APEC所形成的共識對全球經貿政策及規範具有極大影響力。

二、APEC的組織架構

三、我國參與亞太經濟合作會議之成效[102]

（一）積極參與並主辦APEC會議及活動

我國自1991年加入APEC以來，每年均積極參與APEC相關會議及活動。以2005年為例，我國出席的APEC會議及活動多達180次以上，包括4次資深官員會議、2次預算暨管理委員會議、第3次APEC區域貿易安全會議、第11屆貿易部長會議、第6屆電信部長會議、第10屆婦女領導人網絡會議、第12屆中小企業部長會議、第12屆財政部長會議、第2屆海洋部長會議、第7屆能源部長會議及第2屆礦業部長會議、第17屆部長級年會及第13次經濟領袖會議等重要會議。2005年在臺舉辦之APEC相關會議及活動共計16項，包括「APEC社區資訊服務推廣中心訓練營」、「APEC第四屆微型企業次層工作小組會議」、「APEC中小企業產業聚群研討會」及「APEC第二十屆中小企業工作小組會議」、「擴大APEC液化天然氣市場：政策、商業實務及技術」、「高級材料之奈米級特性研習會」、「APEC禽流感國際會議」、「2005年APEC生技政策研討會」、「2005 ADOC資訊週」、「APEC未來能源技術地圖研討會」、「APEC青年科技創新合作會議」、「APEC奈米檢測標準技術研討會」、「新生及再生能源技術專家小組會議」、「第6屆亞太經濟合作私人部門參與海洋環境永續性圓桌會議」、「2005年APEC關務班」、「APEC 2005年藥政管理聯繫網會議」、「APEC研討與訓練會：登革病毒監測、檢驗與分子流行病學」、以及「醫療用電子體溫計研討會」等。廣獲其他會員體支持並踴躍派員參與。

（二）研提及推動計畫與倡議

我國政府各部門在參與APEC各工作小組及次級論壇之活動時均能積極

---

102 中華民國外交部：APEC亞太經濟合作會議，http://www.mofa.gov.tw/webapp/ct.asp?xItem=19398&ctNode=291&mp=1, last visited 2008/6/5.

研辦相關計畫，扮演積極貢獻之角色。另外，我國政府亦在較擅長之專業領域中積極研提倡議，以分享我國相關發展經驗，並對APEC提供實質的貢獻。例如1994年第2次非正式經濟領袖會議中我國提出「農業技術合作」（Agricultural Technical Cooperation）倡議，目的在APEC架構下形成農業技術合作機制，以加強亞太地區農業發展經驗與技術知識的交流，使各會員體的農業得以平衡發展，資源亦能有效利用，並提升農業生產效率及農產品的質量與多樣化。1999年第11屆部長級年會中我國又提出「藉推動新創事業及創業投資振興經濟」（Economic Revitalization through Start-up Companies and Venture Capital）倡議，除獲當屆年會列為正式文件外，會後發表之部長聯合聲明中亦對該項倡議表示歡迎，並盼翌年APEC能就該項議題有具體推動成果。除此之外，2000年第12屆部長級年會中我國復提出「轉化數位落差為數位機會」（Transforming the Digital Divide into a Digital Opportunity）倡議，並獲列入部長聯合聲明中。經我國代表團努力，第13屆部長級年會之聯合聲明對我方上揭「創投」及「數位機會」兩項倡議之工作成果均表歡迎。

2002年的APEC係以「擴大經濟成長及發展之合作利益——落實願景」為會議主題，並著重「新經濟」、「鼓勵中小與微型企業之發展」、「鼓勵婦女參與APEC」以及落實「新經濟之e-APEC策略」等議題。針對該等議題，我於該年便提出並推動包括「轉化數位落差為數位機會倡議第二階段技術訓練計畫案」（Transforming the Digital Divide into a Digital Opportunity - Technical Training Program）、「數位化教育倡議案」（Fostering IT Schools for the Information Age）及「鼓勵婦女企業家精神與新創事業之最佳實務範例案」（Best Practices Guidelines for Enhancing Women Entrepreneurship and Start-up Companies）等三項計畫及倡議，該等提案除均已獲得2002年第2次及第3次資深官員會議通過外，其成果亦獲列入該屆部長會議聯合聲明中。

2003年6月間APEC為因應「嚴重急性呼吸道症候群」（SARS）情勢，特別在曼谷召開首屆衛生部長會議，我國由當時的行政院衛生署陳署長建仁率團出席。我國代表團在會中所提出「成立衛生工作小組」及「設立衛生部

長間熱線」等2項建議，除獲得會員體間之熱烈討論外，其精神亦獲列入會後所發布之「衛生部長會議聲明」中。關於我國提議成立衛生工作小組案，該案經我與泰國及美國合作推動，撰寫討論文件，並積極向各會員體進行遊說工作，終獲當年部長級年會通過成立APEC「衛生任務小組」（HTF），係該年我參與APEC之重要工作成果之一。

我國領袖代表李遠哲於2003年APEC領袖會議期間，曾提出設立APEC數位機會發展中心之倡議，以協助其他會員體發展資訊科技、消弭數位落差，我嗣於2004年兩次資深官員會議期間就成立「APEC數位機會中心」（APEC Digital Opportunity Center, ADOC）案提出進度報告，廣獲各會員體支持與認可。ADOC之工作重點在於提供訓練課程及經驗分享，2004年已推動之計畫包括數位化教育（IT School）、e化經驗交流訪問團、資訊菁英領袖研習營等。2004年部長級年會聯合聲明中曾對ADOC案取得之進展表示歡迎。

在2004年領袖會議期間，我國領袖代表前中研院院長李遠哲曾就人類安全議題（包括反恐及衛生議題）表示：鑒於禽流感在東南亞有死灰復燃之跡象，且已發生人禽相互感染之情形，有關針對流行病疫苗之研發亟需國際合作，APEC應運用此一合作機制，進行流行性疾病疫苗之研究與生產，以促進人類健康、安全及APEC區域之經濟發展。李領袖代表之發言曾獲其他會員體領袖的支持，領袖會議後發表之「聖地牙哥宣言」並將上述有關加強流行病疫苗研發及生產（to strengthen the research into and production of relevant vaccines）的文字正式列入其中。

2005年我國由總統府資政林信義代表出席APEC經濟領袖會議，林資政於會中代表我國提出「APEC數位機會中心進階計畫」（ADOC Plus）倡議，該倡議係結合我國之ADOC計畫及泰國「一鄉鎮一特產」計畫而成，並於經濟領袖會議中獲泰國總理發言支持。我國於2005年有3點工作成果列入部長級年會聯合聲明：第一項為納入我方所提之「執行液化天然氣之公眾教育與溝通倡議」，該倡議亦曾獲能源部長會議採納。第二項為納入本年在臺舉辦工業科技工作小組項下之APEC生物科技研討會，該聲明並指出部長們對我國

舉辦之會議成果表示歡迎，認為透過該項會議確認了生物科技在APEC區域內發展必需的幾個要素。第三項為納入我方所提關於共享知識榮景之內容：「部長們繼鼓勵旨在強化所有APEC會員體數位能力之努力，有鑒於此，部長們注意到APEC數位機會中心（ADOC）所取得之進展，以協助轉化數位落差為數位機會。部長們理解APEC在此一日益重要領域持續努力之必要性，並期盼能使各會員體進一步參與數位經濟之未來進展。」

（三）擔任重要職務

　　爭取擔任APEC各項重要職務，以發揮我國的實質影響力，亦為我國努力的重點。過去我國曾擔任APEC「農業技術合作專家小組」、「貿易推廣工作小組」與「海洋資源保育工作小組」之主導成員（Lead Shepherd）、「貿易暨投資委員會」服務業小組及「貿易暨投資委員會」智慧財產權專家小組之召集人（Convener）、「人力資源發展工作小組」教育分組之國際協調人（International Coordinator），對該等小組的貢獻頗受其他會員體肯定。

　　目前我國擔任「工業科技工作小組」分組B（International Science and Technology Networks）之主席、「電信暨資訊工作小組」人力資源發展指導分組之召集人及合作開發指導分組之副召集等職務，除此之外，我國已於2005年5月接任「漁業工作小組」之主事會員體（Lead Shepherd）。另外，外交部派有1名同仁在新加坡APEC秘書處擔任計畫主任（Program Director）。

（四）雙邊會談

　　APEC除係一多邊經濟諮商論壇外，亦為各會員體提供會外雙邊會談之機會。歷年我均利用出席資深官員會議、專業部長會議、部長級年會及經濟領袖會議等場合安排與各會員體代表進行雙邊會談，就雙方共同關切事項交換意見。以2005年為例，在領袖雙邊會議方面，代表陳前總統出席第13次經濟領袖會議之總統府林資政信義，在會議期間曾與若干會員體領袖舉行雙邊會談。除此之外，林領袖代表也利用領袖會議之其他正式場合與其他會員體

領袖晤談。

　　前經濟部部長何美玥及前財政部部長林全出席第17屆部長級年會時，亦曾與其他會員體之部長或團長舉行雙邊會談。此類雙邊會談對於促進我國與其他會員體之多邊及雙邊關係均有助益，未來我仍將把握APEC此一多邊架構，強化我國與各會員體之合作關係。

陸、南亞自由貿易區

一、南亞自由貿易區成立的經過

　　南亞區域合作協會（South Asian Association for Regional Cooperation；簡稱SAARC）的會員國有孟加拉、不丹、印度、馬爾地夫、尼泊爾、巴基斯坦、斯里蘭卡7國，為加強在SAARC內的經濟合作，以盡力實現區域內的貿易與發展潛力以造福人民的福祉，秉持著互相適應、完全尊重主權平等、獨立與全體國家領土完整的原則，並以在1993年4月11日在達卡（Dhaka）簽署的南亞優惠貿易協定（South Asian Preferential Trade Agreement；簡稱SAPTA），在優惠的基礎上，規範達成貿易自由化不同的方法[103]。

　　1970年代的不結盟運動（Non - Aligned Movement）主要是南半球的開發中國家的結盟，希望形成一個對抗工業先進國家的集團，在2003年WTO的坎昆部長會議後期討論區域貿易協定的未來，在以巴西和印度為首領導的G20，開發中國家集團與已開發國家在談判過程中陷於膠著狀態後，在南亞地區內支持成立南亞自由貿易區（South Asian Free Trade Area；簡稱SAFTA）的呼聲更高，這些支持成立南亞自由貿易區的國家視SAFTA為建立

---

[103] http://www.saarc-sec.org/main_php?t=2.16, last visited 2008/6/5.

南亞合作的契機[104]。

2004年1月6日在巴基斯坦首都伊斯蘭馬巴德（Islamabad）舉行的第12次南亞區域合作協會高峰會議中簽署了南亞自由貿易區協定（Agreement on the South Asian Free Trade Area），其會員國包括印度、巴基斯坦、尼泊爾、斯里蘭卡、孟加拉、不丹、馬爾地夫7國，以期建立一個涵蓋14億人口的自由貿易區[105]。南亞自由貿易區協定於2006年1月1日生效施行。雖然印度與巴基斯坦兩國在政治上仍處於緊張的關係，但SAFTA的締結顯示加強與共同獲利的區域合作的正面指標，並且在締約國間建立一個具體貿易機會的架構[106]。

SAFTA會員國確信在彼此間的優惠貿易作法，將可以刺激加強國家的彈性與南亞區域合作協會的經濟彈性與藉由擴大投資和生產機會發展締約國的國民經濟、貿易和外匯收入，以及發展經濟和技術合作。會員國也體認到許多區域締結此種條約，藉由商品的自由流通加強貿易；同時承認在區域內最落後的國家需要給予特別的和差異的待遇，以滿足其發展的需要。會員國承認有必要超越優惠貿易協定，在區域內藉廢除跨國的商品流通障礙，以更高度的貿易和經濟合作。

2007年在新德里（New Delhi）舉行的第14屆南亞區域合作會議高峰會結束時，與會的南亞各國元首呼籲未來應建立南亞經濟同盟（South Asian Economic Union），並確立四個步驟：優惠貿易協定與/或降低關稅、建立自由貿易區、建立一個關稅同盟、建立一個勞工與資金可以自由流通的自由市場、建立一個經濟同盟[107]。

---

[104] Shahid Irfan Jamil (2004), The South Asian Free Trade Agreement (SAFTA): Towards A Multilateral Framework, Karachi, Pakistan, p.3.

[105] South Asia Free Trade Agreement，http://en.wikipedia.org/w/index.php?title=South_Asia_Free_Trade_Agreement，last visited 2007/12/4.

[106] Shahid Irfan Jamil，前揭文，p.2.

[107] South Asian Economic Union，http://en.wikipedia.org/w/index.php?title=South_Asian_Economic_Union，last visited 2007/12/4 .

二、SAFTA的內容

SAFTA強調永續的發展政策，以提高區域的經濟合作[108]，SAFTA加強與擴大南亞區域貿易對話的範圍，包括競爭議題[109]、以立法的進步協調促進貿易與運輸、銀行程序、總體經濟的諮商、通訊、外匯規範、商業簽證等[110]。另外，SAFTA又實施特別的貿易自由計畫（Trade Liberalisation Program）[111]，以符合WTO的義務，逐步的降低關稅與廢除數量上的限制。SAFTA第20條並詳細規範爭端解決機制，組成一個專家理事會（Council of Experts），類似WTO的爭端解決機構，以負責爭端解決的事宜。

整體而言，SAFTA並未明確的具體規定實施眾多的政策，卻比較像WTO的結構，只是規定政策，除了貿易自由化計畫（Trade Liberalization Program）外，欠缺解決實務的規定與詳細協調區域貿易協定的條件[112]。無論如何，SAFTA是邁向形成一個更大的多邊貿易統合集團的第一步，接下來關於減讓、爭端解決、原產地規則的協議如何進展等，仍有待觀察。SAFTA是邁向納入世界經濟的重要方法，至少南亞地區的開發中國家也從其他的區域組織，尤其是歐洲聯盟，體認到區域合作的重要性與不會被孤立於國際社會之外。

---

[108] SAFTA第2條。
[109] SAFTA第3條。
[110] SAFTA第8條。
[111] SAFTA第7條。
[112] Shahid Irfan Jamil，前揭文，p.4.

第十章
國際商品買賣法

目 次

　　國際商品買賣法是規範跨國的買賣行為的法律總稱。國際商品買賣法主要是規定於國際條約、國際慣例和各國的國內法。

　　國際條約主要為1980年在維也納簽署的聯合國國際商品買賣契約公約（UN Convention on Contracts for the International Sale of Goods）、1978年的聯合國海上貨物運送公約（又稱為漢堡規則）與國際貿易術語解釋通則；國際慣例主要為由位於巴黎的國際商會（International Commerce Chamber）公布的國際買賣模範契約；各國國內法主要為民法與商法，但各國有不同的法律制度與傳統，主要又可區分為(1)大陸法系，以德國與法國為代表，係以成文法為主；(2)英美法系，以英國與美國為代表，法院的案例法形成重要的法律制度。

　　本章以聯合國國際商品買賣公約（以下簡稱聯合國國際買賣法公約）為主要的內容。

壹、聯合國國際買賣法公約之發展經過

　　為適應國際貿易迅速發展的需要，由聯合國國際貿易法委員會1980年4月11日在維也納簽署，並於1988年1月1日生效施行，至2008年止，共有70個締約國[1]。目前聯合國國際買賣法公約是最重要的國際統一的買賣法規，中國

---

[1]　Http://de.wikipedia.org/w/index.php?title=un-kaufrecht, last visited 2008/7/10.

大陸於1980年簽署，並於1986年批准寄存；德國於1990年1月1日生效[2]；歐洲共同體1999年第44號關於消費品買賣與消費品擔保指令[3]、與歐洲契約法原則（Principles of European Contract Law）即受聯合國國際買賣法公約的影響；2002年德國公布的債法現代化法（Gesetz zur Schuldrechtsmondernisierung）亦繼受聯合國國際買賣法公約的許多原則；我國仍未簽署聯合國國際買賣法公約。

貳、聯合國國際買賣法公約之宗旨

聯合國國際買賣法公約的前言表明其宗旨，為：

（一）銘記聯合國第六屆特別會議通過的關於建立新的國際經濟秩序的各項決議的廣泛目標。

（二）考慮在平等互惠的基礎上，發展國際貿易是促進各國間友好關係的一個重要因素。

（三）認為採用考量不同的社會、經濟和法律制度的國際商品買賣契約一致的規則，將有助於減少國際貿易的法律障礙，促進國際貿易的發展。

---

[2] BGBl. II 1989, S.588.
[3] ABlEG 1999 L 171/12.

參、聯合國國際商品買賣法公約的基本架構

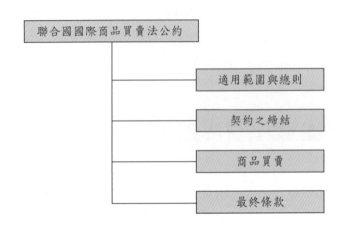

一、適用範圍與總則

（一）適用範圍

聯合國國際商品買賣法公約的適用範圍規定於第1條至第6條。第1條規定，本公約適用於營業所在不同國家的當事人間所訂立的商品買賣契約，(1)若這些國家是締約國；或(2)若因適用國際私法的規則導致應適用某一締約國的法律。

在確定適用本公約時，應不考慮當事人的國籍、當事人或契約為民事或商事性質；一旦適用聯合國國際買賣法公約，即不再適用締約會員國的民商法規定，每個締約國法院的法官在這種情形必須適用聯合國國際買賣法公約，但若當事人約定不適用聯合國國際買賣法公約時，依據第6條當事人意思自治原則之規定即可不適用聯合國國際買賣法公約。

聯合國國際買賣法公約第2條規定，下列的買賣不適用聯合國國際買賣法

公約：

  1.供個人、家人或家庭使用的商品買賣，但出賣人在締約前或締約時，且不知或不可得知係為這種使用目的購買商品時，不在此限。

  2.拍賣的買賣契約。

  3.依據法律授權的執行或其他方式的買賣契約。

  4.股份、股票、投資證券、流通票據、或貨幣的買賣契約。

  5.船舶、船艦、氣墊船或飛機的買賣契約。

  6.電力的買賣契約。

    聯合國國際買賣法公約第3條第1項規定，供應尚待製造或生產的商品買賣契約應視為是買賣契約，但若定貨的當事人係為供應這種製造或生產所需的大部分材料者，不在此限。也就是由定貨的當事人為生產商品提供相關的材料時，則不構成買賣契約，但當事人仍以依據當事人意思自治原則約定適用聯合國國際買賣法公約。

    聯合國國際買賣法公約第3條第2項規定，聯合國國際買賣法公約不適用於供應商品一方的絕大部分義務在於供應勞力或其他服務的契約。此一規定主要是指交付商品與其他提供服務的混合契約類型，因此服務在契約條款中價值所占的比例是決定是否應適用聯合國國際買賣法公約的重要依據。

    聯合國國際買賣法公約只規範買賣契約的訂立與買賣雙方當事人因契約所產生的權利和義務；依據聯合國國際買賣法公約第4條之規定，除聯合國國際買賣法公約有明確的規定外，不適用於：

  1.契約、契約規定或任何慣例的效力。

  2.契約對所出售商品所有權可能產生的影響。

    聯合國國際買賣法公約第4條的除外規定事項與買賣契約有密切關係，但卻不屬於買賣契約，契約的效力、契約規定的效力、慣例的效力、契約對所出售商品所有權可能產生的影響（例如所有權保留的買賣），仍應適用締約國的國內法規加以判斷，也就是要先依據國際私法的衝突法規則判斷應適用哪一個國家的法律來規範，例如當事人的權利能力、行為能力、代理權、抵

銷權、債權轉讓、債務讓與、時效等，均應適用國內法律規範。

聯合國國際買賣法公約第5條之規定，聯合國國際買賣法公約不適用於出賣人對於商品對任何人造成死亡或人身傷害的責任。也就是將因死亡或人身傷害所產生的權利排除適用聯合國國際買賣法公約。聯合國國際買賣法公約原則上不規範產品責任的法律問題，產品責任仍適用國內法的規定；至於因產品瑕疵對於財產所造成的損害，仍得依據第74條之規定請求損害賠償。

聯合國國際買賣法公約第6條規定，契約雙方當事人可以約定不適用聯合國買賣法公約，或依據第12條之規定，由契約雙方當事人得以書面外的任何形式不適用買賣契約之允許、變更或依協議終止、要約或承諾、或其他的意圖，但若當事人一方的營業所係在已依據本公約第96條聲明的一締約國內時，則當事人不得減損或變更本條規定的效力。

（二）總則規定

1. 條約之解釋與漏洞填補：聯合國國際買賣法公約第7條

在解釋聯合國國際買賣法公約時，應考量國際的特徵與必要性，以促進在國際貿易上一致的適用聯合國國際買賣法公約與誠信之維護。而依據聯合國國際買賣法公約第7條第2項之規定，應以國際私法的原則填補聯合國國際買賣法公約的漏洞。

2. 意思表示之解釋與行為：聯合國國際買賣法公約第8條

若締約他方當事人明知或可得而知締約的意圖時，應依該意圖解釋契約一方當事人所做的意思表示和其他的行為。若不適用前述的規定，應依照一個與他方當事人同等資格、通情達理的人在相同的情況下解釋一方當事人的意思表示和其他行為。在判斷一方當事人的意圖或一個通情達理的人應有的解釋時，應適當地考慮與事實有關的所有情況，包括談判、當事人間確立的任何作法、慣例和當事人接續的所有行為。

3. 商業習慣與慣例：聯合國國際買賣法公約第9條

雙方當事人同意習慣和由其所確立的任何慣例拘束時，對於雙方當事人都有拘束力。除當事人另有約定外，雙方當事人默示同意當事人已知或可得而知在國際法上公認的、且為這類契約當事人經常遵守的慣例應適用於其彼此間的契約。

4. 營業所的確定：聯合國國際買賣法公約第10條

若一當事人有一個以上的營業所時，則以與契約和契約履行關係最密切的營業所作為其營業所，但應考慮雙方當事人在締約前或締約時已知或所設想的情況。若一方當事人無營業所時，則應以其慣常的居住地為準據。

5. 不要式原則：聯合國國際買賣法公約第11條

買賣契約不以書面訂立或書面證明為必要，在形式上亦不受任何其他條件的限制；可以任何證明方式，包括證人在內，證明有買賣契約存在。

6. 關於不要式保留的效力：聯合國國際買賣法公約第12條

個別的締約國可以聲明不適用聯合國國際買賣法公約第11條的不要式原則，例如阿根廷、智利、中國、俄國和匈牙利，均為聲明保留的國家[4]。若衝突法轉致適用其他國家的法律，而該國法律亦規定不要式原則時，則應適用不要式原則。若當事人在契約中適用書面條款時，則應注意第29條之規定，即應以書面才得變更或終止契約。

7. 書面的意義：聯合國國際買賣法公約第13條

聯合國國際買賣法公約之書面，係包括電報和電傳。為避免爭議，當事人應將傳真或電子郵件傳遞的意思表示列印下來，而將有重要法律意義的意思表示確定下來，才符合書面的意義。

---

[4] Http://www.de.wikipedia.org/w/index.php?title=un-kaufrecht, last visited 2008/7/10.

二、契約之締結

聯合國國際買賣法公約第二部分規定契約之締結與生效，第14條定義要約的概念，即應足以定義和指出要約人在承諾時的意圖，也就是應指明商品、且明示或默示的確定數量和價格、或規定判定數量和價格即可認為要約已經十分確定。非向一人或向多數人為意思表示時，僅視為是要約引誘，但若表意人明確的為相反的意思表示時，仍為要約的意思表示。

聯合國國際買賣法公約第15條規定要約的效力與撤回，應在要約到達前、或撤回的意思表示與要約同時到達，才會發生要約撤回的效力。聯合國國際買賣法公約第16條規定，在訂立契約前，得解除要約，但應在承諾前解除。聯合國國際買賣法公約第17條規定要約之消滅，即拒絕的意思表示到達要約人時，要約即消滅。聯合國國際買賣法公約第18條規定承諾之意義，即承諾人與要約的意思表示一致時，即為承諾；緘默或不為意思表示並不視為是承諾。承諾於同意的意思表示到達要約人時發生效力，同意應在規定的時間內為之；未規定時間者，應在合理的時間為同意的意思表示，未在合理的時間內為同意的意思表示時，則視為無效的承諾，但必須適當的考量交易的情況，包括要約人所使用的通訊方法的速度。口頭的要約原則上必須立即承諾，才會發生效力。若根據要約或依據當事人所確立的作法和習慣，承諾人為一定行為時即視為同意，而無須向要約人為同意的意思表示。

聯合國國際買賣法公約第19條規定對要約為補充、限制或其他變更時，即視為拒絕原要約，而構成新要約。對於商品價格、付款、商品品質和數量、交貨地點和時間，一方當事人對他方當事人的賠償責任範圍或解決爭議等補充或不同的條件，都視為是實質上的變更要約的條件。

聯合國國際買賣法公約第20條規定承諾的期限，要約人在電報或信件內規定承諾期限時，應自電報發出時或信件上載明的發信日起算，若未載明發信日期，則自信上載明的日期起算。在計算承諾期間時，正式的假日或非營業日亦應計算在內。逾期仍得為承諾的意思表示，要約人應立即以口頭或書

面通知承諾人。聯合國國際買賣法公約第22條規定，撤回通知於承諾應生效前或同時到達要約人時，承諾發生撤回的效力。

聯合國國際買賣法公約第23條規定，契約生效時間為要約承諾時。第24條規定到達的意義，即口頭通知對方或以其他方式送交對方本人、或其營業所或通訊地址。

三、商品買賣

聯合國國際買賣法公約第三部分規定商品買賣，第25條至第29條為一般規定，例如一方當事人違反契約，若造成他方當事人的損害時，而實際上影響他方當事人依據契約規定有權期待的標的，即構成違反契約。僅在向他方當事人通知時，宣告契約無效的聲明才會發生效力。雙方當事人得以協議、變更或終止契約；但應以書面為之者，不得以其他方式變更或終止契約。

聯合國國際買賣法公約第30條至第51條規範出賣人的義務，即出賣人應依據契約交付商品與移交文件，出賣人交付的商品必須與契約所約定的數量、品質和規格一致，並必須依照契約所規定的方式裝箱和包裝。出賣人違反契約時，買受人可以請求出賣人依據第46條至第52條的補救辦法、與依據第74條至第77條之規定請求損害賠償。

聯合國國際買賣法公約第53條至第65條規定買受人的義務，即支付買賣價金與受領買賣標的物，相同的買受人違反其義務時，出賣人得行使第62條至第65條規定的權利，並得依據第74條至第77條之規定請求損害賠償。

聯合國國際買賣法公約第66條至第69條規定危險移轉，即商品在危險移轉到買受人承擔後遺失或損壞時，買受人支付買賣價金之義務並不因此而解除，但若遺失或損壞是由出賣人的作為或不做為所造成者，不在此限。若買賣契約涉及到商品運輸，但出賣人無義務在一特定地點交付商品，自商品按照買賣契約交付給第一運送人以轉交給買受人時，危險就移轉給買受人承擔。若出賣人有義務在一特定地點交付商品給運送人時，在商品於該地點交

付給運送人前，危險不移轉到買受人承擔。出賣人有權保留持有商品處置權的單據，並不影響危險的移轉。在商品加標記、或以裝運單據、或向買受人發出通知或其他方式明確的註明相關契約前，危險不移轉到買受人承擔。對於在運送途中出售的商品，自訂立契約時起，危險移轉給買受人承擔。若依情況有必要時，自商品交付給簽訂運送契約的運送人時起，危險由買受人承擔。若出賣人在締約時已知或可得而知商品已經遺失或損壞，但又未將事實告知買受人時，則應由出賣人負遺失或損壞的責任。

聯合國國際買賣法公約第74條至第77條規定請求損害賠償，即一方當事人違反契約應負損害賠償責任。在契約無效時，得以合理的替代方式購買商品或轉賣商品，並得請求賠償差額，以及可以請求的損害賠償。若無替代方式時，則應賠償差價和其他的損害賠償。主張他方當事人違反契約時，必須按情況採取合理的措施，減輕由他方當事人違反契約所引起的損失，包括利潤方面的損失；若未採取合理的措施時，違反契約的一方可以要求自損害賠償中扣除原可減輕的損失數額。依據第78條之規定，若一方當事人未支付價金或有其他拖欠金額之情事時，他方當事人得收取利息。

聯合國國際買賣法公約第81條至第84條規定契約因解除而無效時，應負損害賠償責任者，仍應負損害賠償責任，且原則上應回復原狀，出賣人應反還買賣價金，且必須自付款日起支付利息。

聯合國國際買賣法公約第85條至第88條規定商品的保全，若買受人遲延受領商品時，或在支付買賣價金和交付商品應同時履行，但買受人未支付買賣價金或仍支配這些商品時，出賣人必須視情況而定採取合理措施，以保全商品；若買受人已受領商品，但有權行使契約或聯合國買賣法公約的權利將商品退回時，買受人必須視情況而定採取合理措施，以保全商品；有義務採取措施以保全商品的契約當事人，得將商品寄存於第三人的倉庫，由他方當事人負擔費用，但費用必須合理。

四、最終條款

聯合國國際買賣法公約第89條至第100條為最終條款，聯合國秘書長為聯合國買賣法公約的保管人。以雙方當事人的營業地均在特定的國際協定的締約國為限，聯合國買賣法公約不先適用於已經締結或可能締結、並載有屬於聯合國買賣法公約所規範事項相關條款的任何國際協定。聯合國買賣法公約應經簽署國批准、接受或核准；批准書、接受書或核准書和加入書應送交聯合國秘書處存放。

參考文獻

一、中文

張淑靜（2006），歐盟東擴後的經濟一體化，北京：北京大學出版社

黃立／李貴英／林彩瑜（2002），WTO國際貿易法論，臺北：元照出版有限公司

羅昌發（2004），國際貿易法，臺北：元照出版有限公司

陳麗娟（2005），歐洲共同體經濟法，增訂二版，臺北：五南圖書出版公司

陳麗娟（2008），法學概論，第四版，臺北：五南圖書出版公司

王文宇（2003），新公司與企業法，臺北：元照出版有限公司

王文宇（2006），公司法論，臺北：元照出版有限公司

廖大穎（2006），公司法原論，臺北：三民書局股份有限公司

丘宏達（2008），現代國際法，修訂二版三刷，臺北：三民書局股份有限公司

郭土木，我國公司治理法令架構之探討論，法官協會雜誌，2006年6月，頁67-82

二、英文

Bhagwati/Hudec (1996), Fair Trade and Harmonization: Prerequisities for free Trade?, Vol.2, Legal Analysis, Boston: The MIT Press

R. Bhala (2000), International Trade Law: Theory and Practice, 2nd Edition, New York

Brewer/Young (1998), The Multilateral Investment System and Multilateral Enterprises, Oxford: Oxford University Press

Buxbaum/Hopt (1988), Legal Harmonization and the Business Enterprise, Berlin/New York

Howard F. Chang, Toward a Greener GATT: Environmental Trade Measures and the Shrimp - Turtle Case, 74 Southern California Law Review 2000, pp.31-47

Natalie Collins, European Environmental Policy and Its Effects on Free Trade, 26 William and Mary Environmental Law and Policy Review 2001, pp.185-213

Layla Hughes, Limiting the Jurisdiction of Dispute Settlement Panels: The WTO Appellate Body Beef Hormone Decision, 10 Georgetown International Environmental Law Review

1998, pp.915-942

Di Mascio/Pauwelyn, Non-discrimination in Trade and Investment Treaties: Worlds Apart or Two Sides of the Same Coin?, 102 American Journal of International Law 2008, pp.48-89

Dolzer/Stevens (1995), Bilateral Investment Treaties, The Hague

R. H. Folsom (2004), NAFTA and Free Trade in the Americas, 2nd Ed., St. Paul, MN

Folsom/Gordon/Spanogle (2004), International Trade and Economic Relations, St. Paul, MN

John H. Jackson, International Economic Law: Reflections on the "Boilerroom" of International Relations, 10 American University Journal of International Law and Policy (1995), pp.595-606

Jackson/Davey/Sykes (2002), Legal Problems of International Economic Relations, 4th ed.

Joost Pauwelyn, The Role of Public International Law in the WTO: How Far Can We Go? 95 American Journal of International Law 2001, pp.535-578

Suzanne Pyatt, International Tribunals the WTO Sea Turtle Decision, 26 Ecology Law Quarterly 1999, p.815-838

T. J. Schoenbaum, International Trade and Protection of the Environment: The Continuing Search for Reconciliation, 91 American Journal of International Law 1997, pp.268-313

Lisa K. Seilheimer, Environmental Survey of WTO Dispute Panel Resolution Panel Decisions Since1995: "Trade at All Costs"?, 24 William and Mary Environmental Law and Policy 2000, p.89-119

Shahid Irfan Jamil (2004), The South Asian Free Agreement (SAFTA): Towards A Multilateral Framework, Karachi, Pakistan

Ibrahim F. I. Shihata (1993), Legal Treatment for Foreign Investment: The World Bank Guidelines

J. Steiner, Enforcing EC Law, London 1995

P. L. Stenzel, Why and How the World Trade Organization must Promote Environmental

Protection, 13 Duke Environmental Law and Policy Forum 2002, pp.1-53

D. Swann (1992), The Economics of the Common Market, 7th ed., New York: Penguin

Joel P. Tractman, The International Economic Law Revolution, 17 University of Pennsylvania Journal of International Economic Law (1996) pp.33-55

UNCTAD: World Investment Report, 2005

J. D. Wagster (1996), Impact of the 1988 Basle Accord on International Banks, Journal of Finance No.4, pp.1321-1346

J. H. H. Weiler (2000), The EU, the WTO and the NAFTA, Towards a Common Law of International Trade, Oxford: Oxford University Press

J. H. H. Weiler, The Transformation of Europe, 100 Yale Law Journal (1991), pp.2403-2483

World Bank (1999), Corporate Governance: A Framework for Implementation, Washington, D.C.

World Bank (2005), World Development Report, Washington, D.C.

三、德文

Escher/Schäfer, Gesprachskreis "Investitionsrecht und -schiedsgerichtsbarkeit", SchiedsVZ 2006, S.95-98

Grabitz/Hilf, Das Recht der Europäischen Union, Stand 32, EL 2007, München: Verlag C. H. Beck

Graf Vitzthum (Hrsg.) (2004), Völkerrecht, 3.Auflage

Matthias Herdegen (2008), Internationales Wirtschaftsrecht, 7.Auflage, München: Verlag C. H. Beck

Hommelhoff/Hopt/von Werder (Hrsg.) (2003), Handbuch Corporate Governance - Leitung und Überwachung börsennotierter Unternehmen in der Rechts- und Wirtschaftspraxis, Köln/Stuttgart: Verlag Dr. Otto Schmidt

Klaus J. Hopt, Grundsätze der Corporate Governance in Europa?, ZGR 2000, S.779-818

Ipsen-Epping/Gloria (2004), Völkerrecht, 5.Auflage

Peter Kiel (1994), Internationales Kapitalanlegerschutzrecht, Berlin

Wolfgang Kilian (2003), Europäisches Wirtschaftsrecht, 2.Auflage, München: Verlag C. H. Beck

Markus Krajewski (2006), Wirtschaftsvölkerrecht, Heidelberg: C. F. Müller Verlag

E. Mestmäcker, Wirtschaftsrecht, RabelsZ (1990), S.409-430

R. Schmidt (2001), Das Arbeitsrecht der EG, Baden-Baden

國家圖書館出版品預行編目資料

國際經濟法精義／陳麗娟著. －－二版.－－

臺北市：五南，2014.08

　面；　公分

ISBN 978-957-11-7776-2（平裝）

1.國際經濟法規

579.94　　　　　　　　103016125

1U75

國際經濟法精義

作　　者 — 陳麗娟（266.1）

發 行 人 — 楊榮川

總 編 輯 — 王翠華

執行主編 — 劉靜芬

校對編輯 — 許珍珍

封面設計 — P.Design視覺企劃

出 版 者 — 五南圖書出版股份有限公司

地　　址：106台北市大安區和平東路二段339號4樓

電　　話：(02)2705-5066　　傳　　真：(02)2706-6100

網　　址：http://www.wunan.com.tw

電子郵件：wunan@wunan.com.tw

劃撥帳號：01068953

戶　　名：五南圖書出版股份有限公司

台中市駐區辦公室/台中市中區中山路6號

電　　話：(04)2223-0891　　傳　　真：(04)2223-3549

高雄市駐區辦公室/高雄市新興區中山一路290號

電　　話：(07)2358-702　　傳　　真：(07)2350-236

法律顧問　林勝安律師事務所　林勝安律師

出版日期　2008年9月初版一刷
　　　　　2014年8月二版一刷

定　　價　新臺幣400元